本书列入

2017年国家社会科学基金重大委托项目

"十三五"国家重点图书出版规划项目

中华传统文化百部经典

钱逊 解读

论语

国家图书馆出版社

图书在版编目（CIP）数据

论语／钱逊解读． —— 北京：国家图书馆出版社，
2017.9（2025.5 重印）
（中华传统文化百部经典／袁行霈主编）
ISBN 978-7-5013-6226-4

Ⅰ．①论… Ⅱ．①钱… Ⅲ．①儒家②《论语》—
注释 Ⅳ．① B222.22

中国版本图书馆 CIP 数据核字 (2017) 第 218572 号

国家图书馆出版社官方微信

书　　名	论　语	
著　　者	钱　逊 解读	
责任编辑	于春媚	
特约编辑	吴麒麟	
封面设计	敬人设计工作室	

出版发行　国家图书馆出版社（北京市西城区文津街 7 号　100034）
　　　　　010-66114536　63802249　nlcpress@nlc.cn（邮购）
网　　址　http://www.nlcpress.com
印　　装　北京科信印刷有限公司
版次印次　2017 年 9 月第 1 版　2025 年 5 月第 4 次印刷

开　　本　710×1000　1/16
印　　张　28.5
字　　数　336 千字
书　　号　ISBN 978-7-5013-6226-4
定　　价　72.00 元（精装）

中华传统文化百部经典

本册审订

于建福　　郭齐勇

中华传统文化百部经典
编纂办公室

张　洁　　牛淑娟　　马　超　　袁　媛

编纂缘起

　　文化是民族的血脉，是人民的精神家园。党的十八大以来，围绕传承发展中华优秀传统文化，习近平总书记发表了一系列重要讲话，深刻揭示出中华优秀传统文化的地位和作用，梳理概括了中华优秀传统文化的历史源流、思想精神和鲜明特质，集中阐明了我们党对待传统文化的立场态度，这是中华民族继往开来、实现伟大复兴的重要文化方略。2017年初，中共中央办公厅、国务院办公厅印发《关于实施中华优秀传统文化传承发展工程的意见》，从国家战略层面对中华优秀传统文化传承发展工作作出部署。

　　我国古代留下浩如烟海的典籍，其中的精华是培育民族精神和时代精神的文化基础。激活经典，熔古铸今，是增强文化自觉和文化自信的重要途径。多年来，学术界潜心研究，钩沉发覆、辨伪存真、提炼精华，做了许多有益工作。编纂《中华传统文化百部经典》（简称《百部经典》），就是在汲取已有成果基础上，力求编出一套兼具思想性、学术性和大众性的读本，使之成为广泛认同、传之久远的范本。《百部经典》所选图书上起先秦，下至辛亥革命，包括哲学、文学、历史、艺术、科技等领域的重要典籍。萃取其精华，加以解读，旨在搭建传统典籍与大众之间的桥梁，激活中华优秀传统文化，用优秀传统文化滋养当代中国人的精神世界，提振当代中国人的文化自信。

这套书采取导读、原典、注释、点评相结合的编纂体例，寻求优秀传统文化与社会主义核心价值观之间的深度契合点；以当代眼光审视和解读古代典籍，启发读者从中汲取古人的智慧和历史的经验，借以育人、资政，更好地为今人所取、为今人所用；力求深入浅出、明白晓畅地介绍古代经典，让优秀传统文化贴近现实生活，融入课堂教育，走进人们心中，最大限度地发挥以文化人的作用。

《百部经典》的编纂是一项重大文化工程。在中宣部等部门的指导和大力支持下，国家图书馆做了大量组织工作，得到学术界的积极响应和参与。由专家组成的编纂委员会，职责是作出总体规划，选定书目，制订体例，掌握进度；并延请德高望重的大家耆宿担当顾问，聘请对各书有深入研究的学者承担注释和解读，邀请相关领域的知名专家负责审订。先后约有 500 位专家参与工作。在此，向他们表示由衷的谢意。

书中疏漏不当之处，诚请读者批评指正。

2017 年 9 月 21 日

凡　例

一、《中华传统文化百部经典》的选书范围，上起先秦，下迄辛亥革命。选择在哲学、文学、历史、艺术、科技等各个领域具有重大思想价值、社会价值、历史价值和学术价值的一百部经典著作。

二、对于入选典籍，视具体情况确定节选或全录，并慎重选择底本。

三、对每部典籍，均设"导读""注释""点评"三个栏目加以诠释。导读居一书之首，主要介绍作者生平、成书过程、主要内容、历史地位、时代价值等，行文力求准确平实。注释部分解释字词、注明难字读音，串讲句子大意，务求简明扼要。点评包括篇末评和旁批两种形式。篇末评撮述原典要旨，标以"点评"，旁批萃取思想精华，印于书页一侧，力求要言不烦，雅俗共赏。

四、原文中的古今字、假借字一般不做改动，唯对异体字根据现行标准做适当转换。

五、每书附入相关善本书影，以期展现典籍的历史形态。

論語註疏解經序

翰林侍講學士朝請大夫守國子祭酒上柱國賜紫金魚

袋臣邢昺　等奉　勑校定

序解

疏

正義曰案漢書藝文志云論語者
及弟子相與言而接聞於夫子之語也當時弟子各有
所記夫子旣卒門人相輯而論纂故謂之論語然則夫子
旣終微言已絶弟子恐離居已後各生異見而聖言永滅故
相與論撰因採時賢及古明王之語合成一法謂之論
鄭玄周禮註云荅述曰語以此書所載皆仲尼應荅弟子及
特入之辭故曰語而在論下者必經論撰然後載之以示
合也此書萬理故曰論也蘊積故曰論輪轉無窮故曰輪也
旣與論撰因採時賢故曰論者綸也輪也理也次也撰也蘊
三家魯論者魯人所傳即今所行篇次是也漢興山都尉龔
妄謬也以其口相傳授故經焚書而獨存也
常山都尉龔奮

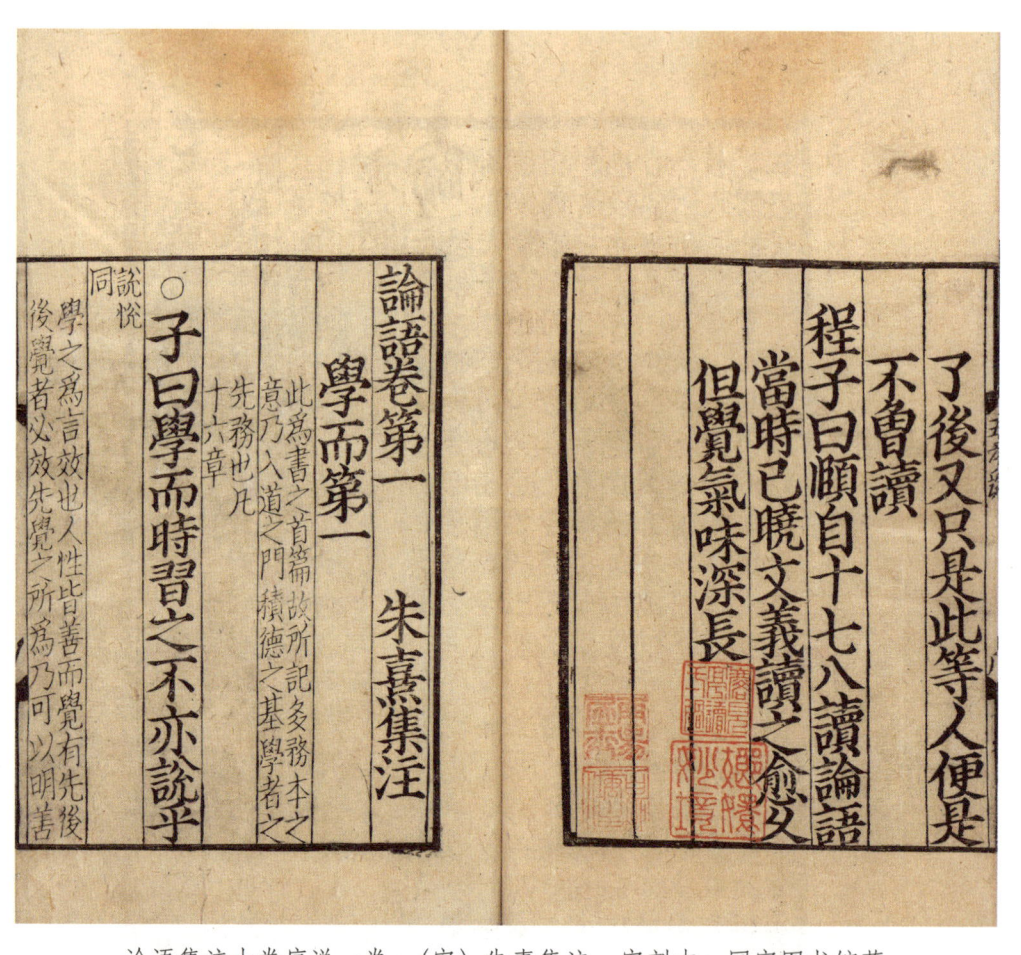

論語卷第一　朱熹集注

學而第一

此爲書之首篇故所記多務本之
意乃入道之門積德之基學者之
先務也凡
十六章

○子曰學而時習之不亦說乎

説悦
同

學之爲言效也人性皆善而覺有先後
後覺者必效先覺之所爲乃可以明善

了後又只是此等人便是
不曾讀

程子曰頗自十七八讀論語
當時已曉文義讀之愈久
但覺氣味深長

論语集注十卷序说一卷　（宋）朱熹集注　宋刻本　国家图书馆藏

目　录

导 读

《论语》是本什么书？

　　《论语》主要是记载孔子的言语和行事的一本书，也记有少量孔子弟子如有子、曾子等的言论。《论语》的"语"是指"谈说"，即与他人讨论应答中所说的话，"论"是指论纂、编纂；"论语"就是把孔子与弟子的对话记录下来、编纂起来的意思。它是儒家最重要的经典，是了解孔子思想的最基本的一本书，同时也是了解儒家思想和中国传统文化的最基本的一本书。

　　《论语》的作者和成书的准确时间已不可考。但可以肯定，它不是一时一人所作，而是由孔子的弟子和再传弟子，以至于三传弟子，经过一个相当长的时间编成的。成书时间有认为在战国初期，也有认为是在战国末期，约在孔子死后数十年至二百年间。关于《论语》最早的确切记载，见于《汉书·艺文志》。据《汉书·艺文志》记载，《论语》一书西汉时有三种本子：《鲁论语》20篇，《齐论语》22篇，出于孔壁的《古论语》21篇。西汉末，张禹以《鲁论语》为基础，吸取《齐论语》《古论语》部分内容合编为一本，称为《张侯论》，为当时多数学者所接受，流行于世。至东汉末年，经学家郑玄又以《鲁论语》为底本，参考《齐论语》和《古论语》，编校成一个新的本子，并为之作注。郑注本在唐以后不传，只留有敦煌遗书残卷。郑玄的注本成为后代流传本的基础。以后《论语》的注本很多，据学者辑录，有三千种之多。其中较重要的有魏何晏的《论语集解》、宋朱熹的《论语集注》和清刘宝楠的《论语正义》，分别代表了不同年代、不同思潮学派研究《论语》的成就。当代学者的注本主要有钱穆的《论语新解》和杨伯峻的《论语译注》。近几年来，又有不少新的《论语》注本出现。

　　《论语》约在三国时期开始被列为经书。宋代理学家把《论语》与《孟子》加上《礼记》中的《大学》《中庸》两篇，放在一起，并称四书，作为入门的必读书，取代五经成为儒学传承的主要经典。以后四书更被定为科举考试的必读材料，《论语》也就成为人人必读的一本书。

孔子生平

　　孔子是两千五百多年前的一位伟大的思想家和教育家，儒学的创立者。儒学是两千多年中华文化的主干，孔子也被尊称为"万世师表""至圣先师"。

　　孔子的先祖是殷商王室的成员。殷亡以后，西周把殷的后裔分封到宋，孔子族人成了宋国的贵族。孔子曾祖父孔防叔的时候，宋国动乱，孔氏族人避乱迁到鲁国。从此失去了贵族身份，成为平民，属于士族。

　　孔子的父亲叔梁纥，是鲁国陬邑（今山东泗水）一位职位不高的武官，是有名的勇士。据记载，一次，他随军去攻打偪阳。偪阳的城门有内外两道，一道普通城门，一道闸门。攻城的士兵进了城，偪阳人突然放下闸门，把攻城的队伍截成两段，进去的出不来，在外边的进不去。此时叔梁纥上前，用双手拉住闸门，不让闸门落地，被关在里面的士兵才得以退了出来。

叔梁纥娶妻施氏，生九个女儿，没有儿子。一个小妾生了个儿子，叫孟皮，是残疾。后来叔梁纥把施氏休了，娶了颜徵在。鲁襄公二十二年（前551），颜氏生下了孔子。孔子的生日，换算成公历是9月28日。因为他父母曾到尼丘山脚下祷告，祈求生子，所以就给孔子取名为丘，字仲尼。仲是排行第二的意思。

《史记》说叔梁纥与颜氏"野合"而生孔子。对于"野合"有各种解释。钱穆著《孔子传》说：

> 此因古人谓圣人皆感天而生，犹商代先祖契，周代先祖后稷，皆有感天而生之神话。又如汉高祖母刘媪，尝息大泽之陂，梦与神遇，遂产高祖。所云野合，亦犹如此。欲神其事，乃诬其父母以非礼，不足信。至谓叔梁老而徵在少，非婚配常礼，故曰野合，则是曲解。

孔子出生后不久，叔梁纥就去世。母亲颜氏去世得也早。母亲去世后，按礼法要与父亲合葬。但父亲去世时孔子年幼，不知道父亲墓地所在，孔子只好先将母亲临时安葬。但这次丧葬的事办得很周到，见到的人都认为是正式的。后来有人把叔梁纥的葬处告诉了孔子，孔子才把父母亲合葬了。

孔子生在鲁国的陬邑，此时他们已是平民，家境贫寒。年轻时，孔子做过管仓库的"委吏"，也做过管放牧的"乘田"，都做得很好。仓库管得井井有条，牛羊养得膘肥体壮，孔子自己说："吾少也贱，故多能鄙事。"（《子罕》）贫贱的家境，使孔子学会了许多本领。

《论语》上说："子曰：'吾十有五而志于学，三十而立。'"（《为政》）15岁的时候立志于学。当时一般士族子弟所学，主要是礼、乐、射、御、书、数六艺，孔子学习的详情，则已不可知。

孔子19岁结婚，妻子亓官氏。一年后生子。鲁昭公送了一条鲤鱼表示祝贺，所以就给儿子取名叫鲤，字伯鱼。

三十而立。孔子30岁的时候学有所成，开始招收弟子，开办私学。这是孔子一生中的一件大事。孔子办学是中国历史上最早的私学之一。在这之前，学校都是官府办的公学，只有贵族子弟能够入学。孔子生活的年代，社会处于动乱变革之中。西周以来，以礼乐为标志的社会制度遭到破坏。作为天下共主的周天子，已经不能控制局面，号令诸侯。诸侯国纷纷扩大地盘，增强兵力，争城掠地，大小战争不断。诸侯国内部也是争斗不断，子杀父，弟杀兄，篡位夺权的事层出不穷。诸侯、大夫有的兴起，有的衰败，一部分原来掌管教育、文化的人，流落到了民间，同时也就把所掌握的文化知识带到了民间。在这样的背景之下，民间私学应运而生，开辟了中国教育发展的一个新时代。孔子办私学，标志着民间教育的兴起，在中国教育发展史上，有着重要的意义。

孔子35岁时，鲁国发生内乱。孔子去到齐国。齐景公曾想重用孔子，但因为当时齐国大臣反对孔子的主张，最终使齐景公改变了想法，对孔子说，我老了，不能用你了。于是孔子就离开齐国，回到了鲁国。

孔子51岁的时候在鲁国出仕，开始是做中都的地方长官中都宰。他因为政绩好，一年之内连升三级，从中都宰升为管工程的司空，再升到掌管司法的大司寇，并代理国相。

孔子在鲁国为政期间，有两件大事。其一，夹谷之会。孔子当大司寇的第二年，鲁定公与齐景公在夹谷（夹谷在齐国，今山东莱芜境内）举行会谈，由孔子辅助。会谈过程中齐景公用了一些阴谋手段，想让鲁国向齐国屈服。孔子挫败了齐国的阴谋，为鲁国赢得胜利。其二，"堕三都"。当时的鲁国，季孙、叔孙、孟孙三家大夫专权，他们建立自己的城邑，拥有自己的武装，削弱和威胁了国君的地位、权力。孔子建议定公毁掉三家所建的城，削弱他们的势力。夹谷之会后两年，开始进行"堕三都"。结果季孙、叔孙两家的城邑先后拆毁成功，而孟孙家则没有拆城。"堕三都"的事受到挫折。夹谷之会后，孔子地位提高，兼任代理相的职位，处理国事。齐国一些大臣对夹谷之会耿耿于怀，又担心鲁国在孔子治理下强大起来，于是设法离间孔子和定公、季孙的关系，又给他们送去美女、骏马，还表演舞乐。定公、季孙受到影响，无心理政。孔子于是离开鲁国，开始了 14 年周游列国的生活。

周游列国期间，孔子去过卫国、曹国、宋国、陈国、蔡国等地，大体上是在现在的山东、河南、山西一带。孔子带着弟子一起边游历，边教学，向各个国家的君主宣传自己的主张，但是没有得到当政者的信任。孔子还多次遇到困境和危险。过匡时，被匡人拘禁；到蒲，被蒲人扣住，经过激烈战斗才得以逃生；到宋国，他带着弟子在一棵大树下演习礼仪，宋国司马想杀他，派人去把大树拔了；到陈国，被围在荒野，以致绝了粮。

孔子 68 岁的时候，返回鲁国。以后专注于教育，一直到公元前479 年，死在鲁国，享年 72 岁。

孔子总结继承了远古以来中国文化的成果。他对古代的文献，做了很多的整理工作。他整理了记载古代历史文件的《尚书》，还对《诗》做了编订，形成了现在人们读到的《诗经》。另外，孔子还删修了当时鲁国史官记载的史书《春秋》。这是中国第一部编年体的史书。《春秋》的内容是鲁国史官所记的历史事实，孔子则对历史事件和人物做了褒贬评价。晚年孔子很重视《周易》，常把《周易》带在身边，随时阅读，以至编连竹简的皮绳竟断了三次。

在整理古代文献的基础上，孔子创立了儒学。

创立儒学，开办私学，是孔子一生完成的两件大事。一方面，总结继承古代文化成果，形成儒学思想体系；一方面又通过办学传授给学生。通过这两个方面，形成了儒家学派。战国时期，儒学就已经成为显学。汉以后又逐步成为后来两千多年中国文化发展的主干部分，对我们民族的历史文化发展有深远的影响。

孔子一生很不得志。有一个故事，说一次孔子到郑国，与弟子们走散了，一个人在城门口等候。有一个善于相面的郑国人见到他，去跟子贡说，东门有个人，他上半身肩和脖子像圣人，下半身却太短，没精打采像只丧家狗。子贡把这话告诉了孔子。孔子说，相貌不重要，不过说我是丧家狗，很对很对。孔子没有因为不为人理解而烦恼，一生没有放弃过为实现自己理想而进行的努力。《论语》第一章中说："人不知而不愠，不亦君子乎？"正是孔子自身的写照。

《论语》产生的时代背景

《论语》的思想，并不只是孔子个人的创造，而是反映了中国文化发展的成果。

孔子生活的时代，正是中华文明经历重大变革和发展的时代。孔子思想学说的出现，是中华文化变革和发展的重大成果和标志。

> 殷人尊神，率民以事神，先鬼而后礼。（《小戴礼记·表记》）

殷商以上，中华文化中天命思想占着主导地位。直到殷商时期，中国人还是受天命思想所支配，一切都要通过占卜，取决于鬼神。在鬼神面前，人完全是被动的，还没有意识到自己的独立地位。

西周初年，中国人的思想有了一个重大的变化。人们从夏、商、周三代的更迭中认识到：

> 天命靡常。（《诗·大雅·文王》）
> 惟命不于常。（《尚书·康诰》）

由此引发了思考。既然夏商都自称秉承天命而号令天下，又为何终至灭亡？天命为何而转移？周本小邦，继商而立，如何才能永保天命不失？思考后得出的结论是：

> 不敬厥德，乃早坠厥命。（《尚书·召诰》）

夏、商之丧失天命，都是因为后王失德，致使百姓生活无着，抱子携幼，向上天哀告。"天视自我民视，天听自我民听。"（《孟子·万章上》引《尚书》佚文）天怜悯小民的痛苦，于是收回了给他们的天命。所以想要永远保持周的统治，就要"敬德"。

> 王其德之用，祈天永命。（《尚书·召诰》）

这样，第一次把人作为与"天"不同的力量，思考人在天命转移中的作用，提出了天人关系问题。天命的最高主宰地位没有改变，提出天人关系问题和敬德的要求，是为了"祈天永命"。但天命已经失去了绝对的地位，人们开始把人作为与天对立的力量，认为人能够影响天命。这是一个意义深刻的转变。有了这个转变，人们开始把目光转向了人，发展了人文方面的思考。

以后中华文化就沿着这个方向发展。西周以至春秋，政治、道德等人文领域的思想和学说迅速发展，人的地位日益提高，天的地位则逐步下降。

至春秋时期，已经有了孝、忠、贞、信、仁、义、勇、知、敏等道德要求，并且形成了"完整的君子人格标准"①。当时提出的"多行不义必自毙"（《左传》隐公元年）的思想，也反映出道德已经代替天命成为衡量是非善恶、决定人事命运的最高标准。

在这样的背景下，孔子在整理古代文献、继承上古以来中华文明的优秀成果，又总结西周以下人文思想发展成果的基础上，创立儒学，标志着关于天人关系问题的思想发展到一个新阶段。

孔子"不语怪、力、乱、神"，"敬鬼神而远之"。他立足于人，提出了一个包括为人之道和为政之道的完整系统的思想体系，即仁学的思想体系。对为政之道，孔子提出"政者正也"，认为治国平天下根本在于正名，君君臣臣，父父子子，即端正社会秩序；正名的根本则在正人，"为政以德""道之以德，齐之以礼，有耻且格"，以道德教化，文之以礼乐，百姓就能知耻而走上正道，社会秩序自然也就归正；而"君子之德风，小人之德草，草上之风必偃"。欲民正，要在当政者、在位者"帅以正"。总之，社会的管理，根本在人不在神，不在物；人自身的提高，是解决一切社会人事问题的基础和关键。对为人之道，孔子提出了理想的人格要求——君子人格，特别指出君子人格养成之路，在于为己、由己、求诸己。他的目标，是求人之正，包括整个人类社会的和谐发展和每个人的健康成长。实现这一目标的途径是依靠每一个人的自觉努力。这是一个从现实人事出发，依靠人自身的努力和提高，来解决问题的思想，是真正以人为本的思想。

从西周初年到春秋时期，人文思想已经有了长足的发展。与同时期其他人的思想相比，孔子思想有两个显著特点：其一，它摆脱了天命的羁绊，一切为了人，一切依靠人，是独立于天的，自主的、自由的人文思想体系；其二，它已经是一个包括为人之道（人道）和治国之道（治道）

的思想体系，而不是一些零散的观点和思想。

　　这样，从西周初年到孔子的时候，人的思想发展经历了两次变化，三个阶段。从殷商时天居绝对主宰地位，到西周时的以德配天，再到孔子建立独立的人文思想体系。在前两个阶段中人与天的地位有所消长，天的地位逐渐下降，人的地位不断上升；但天命始终占有主宰地位，人只是附属于天。孔子摆脱天命的羁绊，建立独立的仁学体系，是一个历史性的突破和转变。从此，中华文化的发展转到了以人为本的轨道上来。

　　所以，我国五千年文明的发展，在殷周之际到春秋战国这数百年间，经历了一次从天到人、从敬鬼尊神到天人合一的深刻的变革发展。孔子正处于这一变革的关节点，他的仁学体系是这一转变的标志。他总结继承了此前两千五百年的文化成果，又开启了此后两千五百年中华文化的发展。儒学成为这两千五百年中华文化的主干，与佛教、基督教、伊斯兰教并列为"人类四大文化思潮"。而《论语》则是儒学和今天中华文化的源头活水。

《论语》的核心思想和主要内容

　　《论语》的中心思想是什么？流传千年的一句话说"半部《论语》治天下"，许多人都认为《论语》的核心内容是讲政治思想、政治哲学，是历代统治者用来巩固其统治的学说，孔子确有治国平天下的抱负，改变天下无道的局面，是他毕生奋斗的终极目标，然而细读《论语》，却可发现，他最关心的是人的完善。他希望通过人的提高和完善，来达到天下有道的目标。《论语》的中心思想在于讲做人的道理。对《论语》精神最好的概括，是《礼记·大学》所说的：

　　自天子以至于庶人，壹是皆以修身为本。（《礼记·大学》）

"政者正也。"孔子治国的根本理念，是一个"正"字。"正"首先是正名。改变"君不君，臣不臣，父不父，子不子"的不正常状态，使社会秩序归于正常。恢复社会秩序正常，关键在"正人"。通过礼乐教化，使人有德而知耻，知耻而有所不为，自觉走上正道，社会秩序自然也就归于正常。"正人"中又有两方面：正人和正己。"正人先正己"。这可以用"为政之本在正名，正名之本在正人，正人之本在正己"三句话概括。他的目标是治国平天下，而他把社会安定天下太平建立在人们道德自觉的基础上。因此孔子重教育，把教育看作为政治国的基础。无论为政还是教育，中心都是"正人"，此乃孔子全部思想的核心。同时，这也是整个儒学的核心思想。全部儒学，它的出发点和终极目标都在于人的提高和完善，也就是以修身为本。

孔子或儒家的这一思想，指出了人类社会发展的基础和根本途径。人的发展是一切发展的基础；世间一切问题，都在于人；一切问题的解决，归根到底在于人自身的提高和完善。在这一思想影响下，在中国和广大儒学文化圈，培育形成了重教育、重道德的优良传统，对这一地区社会文化发展起了深远的影响。这个道理也不断为人类文明发展的历史所证实，愈来愈为人们所认识。当今人类所面临的诸多重大问题，如战争、气候变化、环境污染、经济危机等等，究其根源，无不在于人的贪婪、自私、放任……孔子治国理念包含的以人为本的思想，对于人类持续长远的发展无疑有着特殊的意义。

《论语》的思想，其要点可以概括为以下八题。

一、君子——理想人格的追求

孔子教人，要求弟子成为君子、成人。

子谓子夏曰："女为君子儒，无为小人儒。"（《雍也》）

　　《论语》从多方面谈了对君子的要求，包括君子人格的总体形象，君子的人生理想信念，君子各方面德行的要求，君子在日常言行中表现的风范，君子与小人的对比等等，还特别讲到如何学为。有关君子的这些内容，占了《论语》内容的主要部分。

　　关于君子人格的总体要求和形象，孔子说：

　　　　君子不器。(《为政》)

　　　　子路问成人。子曰："若臧武仲之知，公绰之不欲，卞庄子之勇，冉求之艺，文之以礼乐，亦可以为成人矣。"曰："今之成人者何必然？见利思义，见危授命，久要不忘平生之言，亦可以为成人矣。"(《宪问》)

　　君子应该是有理想，有道德，人格高尚，博学多能，全面发展的人，而不局限于掌握某一方面的专门知识和技能。包括要有智、仁、勇、艺的道德品质和礼乐的修养，能担当大任，为国效力，为民造福。

　　　　子曰："志于道，据于德，依于仁，游于艺。"(《述而》)

　　要成为君子，就要从多方面努力。这四个方面是学为君子的纲要，即应致力在这几个方面学习。

　　"志于道"。立志，确立人生的目标，学做人的第一事。说到立志，一般人想到的往往是，当教师、医生、科学家，或者经商、从政等等。这些都属于个人的职业，或者说是事业，总之是个人的发展。而《论语》说要"志于道"。道是做人的道理，做人的根本原则，是对所有的人共同的要求。"志于道"，立志于追求为人之道，即确立为人之目标、道路，解决人生方向和价值观的问题，职业、事业是可以选择的，各人的选择可以不同，而基本的共同的做人的道理，却是人人都应该懂得的。中华文化所看重的，首先是如何成为一个人，如何做一个好人，而不是个人的发展。也就是我们常讲的"先做人，后做事"。

《论语》中孔子所说的道，就是仁道。

> 曾子曰："士不可以不弘毅，任重而道远。仁以为己任，不亦重乎？死而后已，不亦远乎？"（《泰伯》）

"志于道"就是要以弘扬仁道为己任。具体说，

> 子路问君子。子曰："修己以敬。"曰："如斯而已乎？"曰："修己以安人。"曰："如斯而已乎？"曰："修己以安百姓。修己以安百姓，尧舜其犹病诸。"（《宪问》）

修己，安人、安百姓两个方面的基本要求，回答了两个问题：精神生命和物质生命，义和利的关系；个体和群体，私和公的关系。修己，把精神生命，道义的要求放在第一位；安人、安百姓，把个体的发展和群体的发展，私和公相统一，不只为个人，还要为群体。用传统的话说，一个是"义"，崇德；一个是"群"，乐（yào）群，是为人之道的核心价值。

"据于德"。志道是终身的追求，而道博大精深，不易把握，必须落实于日常行为，一点一点去做，去积累。唯有自己把握了，才能够据之以指导言行。这就是"据于德"。德，得也，道之得于己者为德。"据于德"，即德行之教，将志道的追求落实于行；也唯有日常言行都能据于德而不离，才能达于道之大全。

《论语》多处谈德，提出众多德目。如"夫子温良恭俭让以得之""能行五者于天下，为仁矣。曰：恭、宽、信、敏、惠""刚、毅、木、讷近

仁""行己有耻""仁者不忧，智者不惑，勇者不惧""人之生也直，罔
之生也幸而免""主忠信""弟子入则孝，出则弟，谨而信，泛爱众，而
亲仁"等等。后人择其要，也有以"孝悌忠信"代表孔子所说的德。后
代更有孝悌忠信礼义廉耻，忠孝仁爱信义和平等概括。

　　"据于德"，就要说到礼。礼是德的载体；德通过礼而落实、体现。"据
于德"，也就是要依礼而行。

　　　　颜渊问仁。子曰："克己复礼为仁。一日克己复礼，天下归仁焉。
　　为仁由己，而由人乎哉？"颜渊曰："请问其目？"子曰："非礼勿视，
　　非礼勿听，非礼勿言，非礼勿动。"颜渊曰："回虽不敏，请事斯语
　　矣。"（《颜渊》）

　　克服自己不符合礼的思想行为，照着礼的要求去做，"非礼勿视，
非礼勿听，非礼勿言，非礼勿动"。凡是不符合礼的，不要看，不要听，
不要说，不要做，视听言动都按照礼的要求，这就做到仁了。所以说：

　　　　不学礼，无以立。（《季氏》）

　　"依于仁"。子曰："吾道一以贯之。"孝悌忠信，勇直敬让诸德，其
中有一以贯之之精神。仁，人与人相处的大道，贯穿于诸德的根本精神。
孝悌忠信等都属仁，但只做到这些不意味着就是仁。如说孝悌为仁之本，
并非说人有孝悌之行即是仁；孝悌只是为仁的根本，还需在孝行的基础
上扩而充之，行忠恕之道，安人、安百姓，才能达到仁的境界。有人能
孝父母，不能敬老；甚而有人为给父母治病，当街绑架，勒索钱财，便
是明证。所以在德行之教的基础上还需博学于文、有依于仁的教育。
　　以上三个方面，相互联系，构成一个完整体系。它们相互补充，

相互渗透，相互促进，而非先后次序。志道决定方向，但需通过据德而落实；据德虽偏于行，却可促使志道之心不断深入、坚定以至完成；但又不能止于据德力行，据德的基础上，须博学于文，力求达到依于仁的境界。

"游于艺"。艺，孔子时指礼、乐、射、御、书、数，以后范围扩展，包括琴棋书画、诗词歌赋，以至天文历算、农桑水利、医药百工，都属艺。艺属实务、技艺，非原则。游，游憩，朱熹注："玩物适情之谓。"钱穆《论语新解》："人之习于艺，如鱼在水。""游于艺"与"志于道""据于德""依于仁"属不同范畴。后三项是理性的、道德的，通过博文约礼，学习修养而达到；"游于艺"则是感性的、艺术的，经技艺的学习而得之。前者是社会性的，人所共同；后者是个性化的，随各人兴趣、条件不同而异。

志道、据德、依仁、游艺，此四项可谓君子之道的纲要。四者相比，前三项为本，后一项为末；前三者重，后一者轻。然"游于艺"也是做人所不可缺。实务是人生的一方面，在当今科技发达的社会中愈益占据主要地位，不可忽视；健全人生，技艺也是必备。而且技艺中亦蕴涵着义理。如朱熹所说，"皆至理所寓，而日用之不可阙者也"。游憩于艺，可以涵养性情，潜移默化，以至"不自知其入于圣贤之域矣"。所以，四者都是成人不可或缺的修养，不可偏废。以为学做人只需熟读经典，志道进德，而一切技艺之学都属无用，甚至有害；或将儒学教育局限于琴棋书画、文学武术之类技艺之学，而不及志道进德之学，都是偏于一端，有失儒学教育的真精神。

二、修己安人——君子之道

修己安人，是对君子的基本要求。

修己，提高自己的精神境界。

　　子曰："君子忧道不忧贫。"（《卫灵公》）

　　子曰："士志于道，而耻恶衣恶食者，未足与议也。"（《里仁》）

　　谋道与谋食对举，说的是精神生命和物质生命的关系。在这二者之间，要把精神生命放在第一位，而不要孜孜于衣食等物质生活的追求。

　　子曰："富与贵是人之所欲也，不以其道得之，不处也；贫与贱是人之所恶也，不以其道得之，不去也。君子去仁，恶乎成名？君子无终食之间违仁，造次必于是，颠沛必于是。"（《里仁》）

　　任何情况下，都要坚持"义以为上"，以精神生命的追求指导和节制物质生活的欲求。

　　子曰："志士仁人，无求生以害仁，有杀身以成仁。"（《卫灵公》）

　　子曰："朝闻道，夕死可矣。"（《里仁》）

　　生命的意义，全在精神生命。生与死的抉择，也要以精神生命、道义的追求为标准。生死抉择，惟义所在。

　　如此，从志于道开始，学道，行道，用道指导自己的人生，在一切环境下去弘道、善道，死而后已。对道的追求、学习、力行、弘扬、卫护贯穿一生，构成生命的全部内容和意义。

　　安人、安百姓，即人不能只为个人，还须为他人、为百姓谋福祉。这是说个人与群体的关系。要把个人当作群体的一分子，不只要求个人的发展，还要关心他人、关心群体，为他人、为群体的发展做贡献；在群体的发展中求自己的发展，实现个人的价值，把个人的发展和群体的发展相统一。

　　个人与群体相统一，表现在两个方面。自觉作为群体的一分子，首先表现在自觉承担社会责任的担当精神。孔子为救世而奔走，不为当时人所理解。当时的隐者以为天下乱象无法改变，讥笑孔子是"知其不可而为之"，劝孔子弟子离开孔子，跟随他们退隐山林。孔子听到后说：

　　　　鸟兽不可与同群，吾非斯人之徒与而谁与？天下有道，丘不与易也。(《微子》)

　　在孔子，"知其不可而为之"正体现了他与群体百姓共命运，自觉担负起救世重任的担当精神。

　　群己统一还表现在对个人价值的理解上。

　　　　君子疾没世而名不称焉。(《卫灵公》)

　　君子不愿意碌碌无为，默默无闻地了此一生。这体现了对人生价值的重视。

　　　　齐景公有马千驷，死之日，民无德而称焉；伯夷叔齐饿于首阳之下，民到于今称之。(《季氏》)

　　孔子对齐景公和伯夷叔齐的评价，不是看他们生前拥有的财富和权势，而是看百姓对他们的评价。这体现了中国人对个人价值的一种理解。"民到于今称之"，就是青史留名，就是把个人短暂的小生命融入群体长久的大生命，在历史中求得不朽，这就是人生价值之所在。百姓心中有杆秤，每个人的价值都要在老百姓心中的这杆秤上称出来。一个人的价值不是看他从社会得到了些什么，而是看他给社会做了些什么，他对社会所做的一切，老百姓自然会给出一种相应的评价。这是中国传统的对人生价值的看法。

所以，《论语》讲个体和群体的关系，不是脱离群体孤立地讲个人发展和个人价值，也不是只讲群体否定个人价值，而是在为群体做贡献、求群体的发展中实现个人的发展和个人的价值。这可以叫作群己统一。

义以为上和群己统一，最高的境界是以天下为己任，杀身成仁，要经过长期坚持的修养，才有可能达到；不可能一蹴而就，也不可能人人做到。对一般人来说，道是人们日用当行的路，本身就体现在日常言行的每一件事上。所以，志于道就要从日常每一件事上做起，要在日常言行中践行修己安人，即义以为上、群己统一的原则。《论语》也提出了现实可行的道路。具体说，有两点：

第一，见义勇为。

　　见义不为，无勇也。（《为政》）

见义不为是无勇，反过来说就是要见义勇为。这个要求很简单，每一个人都应该这样做，也都可以做到，但实际上许多人做不到。见义不为，是普遍存在的常见的现象，是道德教育中的一个大问题。他不是不知道应该怎样做，但他不做，致使道德认知与道德实践脱节。这个问题不解决，道德教育就会落空，成为空谈。"见义不为，无勇也"，就是针对这种现象，告诉我们，认识到了就应该去做。认识到了就去做，这是修养的起点。一事当前，做还是不做？是以应该不应该为标准，还是以对自己有利不利为标准？这也就是精神生命和物质生命关系在日常生活中的表现。以应该不应该为标准，是把精神生命的要求放在前面；以有利不利为标准，就是把物质生命的要求放在前面。见义勇为是践行义以为上原则的第一步。

舍己救人是见义勇为的英雄行为，应该宣扬，应该表彰。但是把见义勇为限制在舍己救人上，看起来是提高了见义勇为的意义，实际上却会削弱见义勇为的影响。从应该做的就做来理解见义勇为，没有人会说做不到。所以我们要准确地理解见义勇为，提倡应该做的就做，把这一点作为学做人的第一步。在日常生活中，凡事都以"应该不应该"作为指导自己行动的准则。这是一个起点，从这里一步步提高，贯彻到底，最高的境界就是舍己救人，成仁取义。我们要有高远的目标，同时又要从最近处入手，从日常的每一件事上做起。目标远大，路在脚下。只有目标，不从脚下一步步地走，就只是空谈。

第二，待人忠恕。

曾子曰："夫子之道，忠恕而已矣。"（《里仁》）

忠恕指的是什么？可以看以下两段：

子贡问曰："有一言而可以终身行之者乎？"子曰："其恕乎！己所不欲，勿施于人。"（《卫灵公》）

子贡曰："如有博施于民而能济众，何如？可谓仁乎？"子曰："何事于仁？必也圣乎！尧舜其犹病诸。夫仁者，己欲立而立人，己欲达而达人。能近取譬，可谓仁之方也已。"（《雍也》）

"己所不欲，勿施于人"，自己所不愿意接受的，不要加到别人身上，是恕。恕是对个人行为的自我约束，不要给别人带来不好的影响。"己欲立而立人，己欲达而达人"，自己想要在社会立足，也帮助别人立足；自己想要办事情通达顺利，也帮助别人通达顺利，是忠。"尽己之谓忠"，尽心尽力帮助别人，就是忠。

"己所不欲，勿施于人""己欲立而立人，己欲达而达人"，总的精神就是推己及人，将心比心，从自己的所欲所恶，去理解别人的所欲所恶，也就是"能近取譬"。就是把别人看作和自己一样的人，为人处事心里不只想着自己，也想到别人。简单一句话：心中有他人。这就是修己以安人的具体落实，孔子说是仁之方，即行仁的方法。

以上两点，看起来非常简单，但对于我们修身十分重要。我们不可能要求大家都做到以天下为己任，舍己救人，也不必这样要求。但是，如果我们做每件事情能够把"应该不应该"放在第一位，都能够推己及人，想到他人，就走到了做人的正道上。顺着这个正道走下去，就会不断提升自己，不断把自己的胸怀扩大，最后就能舍己救人，杀身成仁。

三、孝悌忠信——君子之德

古代道和德分别讲。道，为人之道，做人的根本原则。道博大精深，不易把握，必须落实于日常行为，一点一点去做，去积累。而唯有自己把握了，才能够据之以指导言行。这就是"据于德"。德，得也；道之得于己者为德。道抽象而简单，德具体而丰富。只明白道的抽象原则，不能成为行为的依据。只有了解其具体内容，得于己，落实于日常言行中，才能成为行为的依据，所以说"据于德"。"据于德"，即德行之教，将对道的追求落实于行，也唯有日常言行都能据于德而不离，才能达于道之大全。

《论语》多处谈德，提出众多德目。后儒择其要，也有以"孝悌忠信"代表孔子所言之德。后代更有孝悌忠信礼义廉耻，忠孝仁爱信义和平等概括。

众多德目，可分为两类。一类是一般人际交往中普遍适用的，共同的德；一类是只在某一种特定的人伦关系中，对特定的对象适用，是个别的人伦之德。孝悌忠信四项，就分属这不同的两类。孝，善事父母；悌，善待兄弟。是专用于父子兄弟之间的，属于后者，其他如父慈子孝、兄友弟恭，以及妇女之三从四德等等，也属于这一类。忠信并不专限于某种人伦关系，而是适用于一般人际关系。忠，曾子自省，"为人谋而不忠乎？"信，"人而无信，不知其可也"。都不是专对某一类人，而是待人立世的普遍共同要求，属于前者。《论语》提倡的德，如勇、智、直、刚、温、良、恭、俭、让等都属此类。

这两类德，性质有所不同。个别的人伦之德，直接反映社会制度的要求，有较强的时代性，随时代变迁而改变。人际交往的共同的一般之德，则为人与人交往的普遍共同之追求，超越时代及地域之限制，古今中外，概莫能外。这两类不同的德，构成整个德目体系。

从《论语》看，在这两类德中间，孔子重视忠信重于孝悌，重视共同一般的德重于个别人伦的德。《论语》中弟子问仁、问君子、问成人、问如何可以为士，孔子只在回答如何可以为士的问题中，说到"敢问其次"的时候，作为士的次等的要求，才提到"宗族称孝焉，乡党称弟焉"。对于忠信，则多次提到"主忠信"，要以忠信为主，以此作为君子的一项重要要求和标准。还有"子以四教：文、行、忠、信"（《述而》），以忠信为所教之本。"十室之邑，必有忠信如丘者焉，不如丘之好学也"（《公冶长》），都是突出了忠信。还有，子贡问什么是可以终身践行的，孔子回答说是恕，也没有提孝。而曾子还说"夫子之道，忠恕而已矣"。可见，孔子更重视的是忠信、忠恕，以及这一类共同的一般的德。

与古代道、德分言不同，今天道与德连言，统称道德。依此而言，今天所说的道德，实际上包含了《论语》中的道、一般的共同之德和个别的人伦之德这样三个层次的内容。其中道，作为人生的理想信念、人生价值观是根本，德是道的具体体现和践行。德中的两类，又以一般的共同之德为主。这三部分内容，构成一个完整的体系。

有一种观点认为，儒家道德或中国传统道德的特点是人伦道德或角色道德。这种观点似是而非，并不准确。儒家道德是一个包含道和德的体系。个别的人伦道德，或称角色道德，只是儒家德的一个层次，而且并非主要的层次。所以，以此作为儒家道德的特点之一则可，以此作为整个儒家道德的特点则不可。

把儒家道德理解为角色伦理，只把个别人伦的德当作中国传统道德，而把其他中华美德排除在传统道德之外，不能正确反映儒家道德的特点，不能充分反映中华文化的根本价值观和中华民族民族精神的核心内容；同时也自外于世界多元文化，否定了中华文化、儒家道德所有的普遍意义；甚至会导致对传统道德全盘否定的误解。全面认识传统道德，才能更好地与其他文化交流，才能使传统道德更好地与现代社会和中国特色社会主义建设的要求相适应，成为建设当代中华民族共同精神家园的基础。

说到德，就要说到礼。礼是德的载体，德通过礼而落实、体现。

颜渊问仁。子曰："克己复礼为仁。……"颜渊曰："请问其目？"子曰："非礼勿视，非礼勿听，非礼勿言，非礼勿动。"（《颜渊》）

孟懿子问孝。子曰："无违。"……樊迟曰："何谓也。"子曰："生，事之以礼；死，葬之以礼，祭之以礼。"（《为政》）

仁和孝，体现在实际生活中，就是依礼而行。礼的规定体现了德的要求，德通过礼而得到落实和检验。德是内在的灵魂，礼是外在的规范、行为。德和礼不可分。离开德，礼就徒具形式，失去灵魂和意义；离开礼，德就流于虚空，难以落实和检验。

所以，孔子为政，是"道之以德，齐之以礼"；孔子教育，是"博学于文，约之以礼"。"博学于文"，是学道；"约之以礼"，是据于德而行。礼的功能、作用是"齐"是"约"，约束和统一人们的行为。德的教育落实在礼的教育上，同时也是礼的教育。所以说：

> 君子义以为质，礼以行之。(《卫灵公》)
> 不学礼，无以立。(《季氏》)
> 文质彬彬，然后君子。(《雍也》)

四、贵和中庸——待人处事的智慧

《论语》中直接讲到"和"的，有以下两章：

> 有子曰："礼之用，和为贵。先王之道，斯为美，小大由之。有所不行，知和而和，不以礼节之，亦不可行也。"(《学而》)
> 子曰："君子和而不同，小人同而不和。"(《子路》)

"和为贵"是说价值观，"和"是人事追求的最高价值和目标。不过也不是说任何条件下都能够这样，"知和而和，不以礼节之，亦不可行也"。只有仁者能爱其所当爱，恶其所当恶。这样才能有和。和是最高的价值目标，但要以仁、礼为基础。

两千多年前，中国人就提出了"和实生物"的观点。史伯说：

> 夫和实生物，同则不继。以他平他谓之和，故能丰长而物归之，若以同裨同，尽乃弃矣。(《国语·郑语》)

这是说宇宙万物都是不同成分和因素以一定的关系共存的统一体（或称共同体）。这就是"和"。宇宙万物以和为基础，存在于和的状态中。世界是和的世界，万物是和的万物。而如果是同，只是单一成分的存在或叠加，就没有新事物的生长发展。这是中国人的宇宙观，是我们观察和处理一切事物的根本出发点和依据。所以，"和为贵"不单纯是一种善良的愿望，它是以"和实生物"的宇宙观为基础的。认识到"和实生物"，认识到"和"是客观的要求，所以要"以和为贵"。"和实生物"是根本的宇宙观，"和为贵"是由此而生的根本价值观。

"和"是多种不同因素、不同成分共处结成统一事物的状态，用现代的语言来说，就是一种多元统一的状态。多元的统一，多种成分，各个局部共生在一起，表现为一种秩序。在统一的整体中，各个成分、各个局部各有其自己的地位和功能；处于不同地位的各个成分、各个局部构成一定的关系，相成、相济；这种关系的总和形成一种稳定的、和谐的秩序，这就是"和"。总体的"和"，通过各个成分、各个局部特定的地位、功能及其相互关系而确立和维持。对于这种状态，有一个简明的表述，就是"各得其所"。"和"的实质，就是各得其所。

所以，"以和为贵"，要求的"和"的局面，不是单纯的理念、愿望、态度的问题，而是要实际地处理各种关系，努力做到"使万物各得其所"。我们一切工作，无论大小，其实都是寻求各得其所。各得其所是具体的，变动的，不是一成不变的。如何才能做到各得其所，要随着事物的发展，形势的变化而随时调整。

"和而不同"，有两层意义。从宇宙万物的实际状况看，世界本来就是"和"的世界，不是"同"的世界；"和而不同"是事物的本来面目。从人事的方面讲，"君子和而不同，小人同而不和"。"和而不同"，又是待人处事的基本原则。世界是"和而不同"的，我们处理事物也要遵循"和而不同"的原则。

作为待人处事的原则，所谓"和而不同"，首先是承认差异。要懂得差异的存在是正常的、合理的，是事物存在的常态；不能要求取消差别，完全一致。然后在承认不同的基础上，研究事物内部有哪些方面，怎么来协调各种关系和矛盾，以达到"各得其所"的目标。这就是"和而不同"。而不承认和排斥差别，一味追求一致，这叫"同而不和"。承认差异是前提，求各得其所是目标。始于承认差别，终于各得其所。这是一个对"和而不同"自觉认识和追求的过程，"和而不同"的理念贯彻始终。

了解、认识事物各方面及其相互关系，基本的方法、路径就是中庸之道，不偏不倚，无过无不及。

　　　　子曰："中庸之为德也，其至矣乎！民鲜久矣。"（《雍也》）
　　　　尧曰："咨！尔舜！天之历数在尔躬，允执其中。四海困穷，天禄永终。"舜亦以命禹。（《尧曰》）

《论语》直接讲到"中"或"中庸"的，只此两章，对"中"和"中庸"没有更多的说明。不过《论语》里很多内容体现了"中"或"中庸"的思想，可以帮助我们理解。朱熹《中庸章句》把孔子的思想加以概括，说：

　　　　中者，不偏不倚，无过不及之名。庸，平常也。子程子曰："不偏之谓中，不易之谓庸。"

中庸就是不偏不倚，无过不及，平常不变之理。

　　　　子贡问："师与商也孰贤？"子曰："师也过，商也不及。"曰："然则师愈与？"子曰："过犹不及。"（《先进》）

"过犹不及"，过分和不及同样不好。这一点极重要。"过犹不及"，从正面讲，就是要无过无不及，要适度；既不要过头，也不要不够。这就是"中"的要求。《论语》中许多地方体现了这一点。

孔子评说《诗·关雎》：

> 《关雎》乐而不淫，哀而不伤。（《八佾》）

喜怒哀乐，人之常情。而情之所发，都要适度。"乐而不淫，哀而不伤"，有欢乐，但不放荡；有悲哀，但不至于伤身，就是适度。

> 人而不仁，疾之已甚，乱也。（《泰伯》）
> 爱之欲其生，恶之欲其死。既欲其生，又欲其死，是惑也。
> （《颜渊》）

对不仁的人，恨得过分，会导致于乱。对一个人，爱他，就要让他生；厌恶他，就巴不得他死；既想要他生，又想要他死，这就是惑。辨惑，就要懂得无过不及；爱也好，恨也好，不能走极端。走极端就违背了中庸之道，就是惑，就会乱。孟子说："仲尼不为已甚者。"孔子从不做过头的事。

无过无不及是全面的，既要求无过，也要求无不及。可是孔子说"过犹不及"，孟子说"仲尼不为已甚者"，着重在"无过"的方面。这一点也值得注意。长期以来，左比右好，宁左勿右的思想影响深远，危害巨大。孔子特别提出"过犹不及"，实在有深远的意义。

不偏不倚，人们常会理解成在两端之间选择中点，与两端保持等距离；或在不同意见之间调和折中，对双方各打五十大板。这都是一种误解。

> 子曰："不得中行而与之，必也狂狷乎！狂者进取，狷者有所不

为也。"(《子路》)

所谓狂，指有很高的志向；狷，指有所不为。狂者志高，积极进取，但疏于实行；狷者偏于保守，缺乏进取，但是洁身自好，有所不为，不同坏人坏事同流合污。两种态度，一激进，一保守。孔子认为二者都有可取之处，但又都有所短，并非理想；理想的是"得中行而与之"。"中行"，就是不要偏于狂或狷、激进或保守。该进则进，该退则退；既能进，也能退；兼得二者之长，而避二者之短。

子曰："吾有知乎哉？无知也。有鄙夫问于我，空空如也。我叩其两端而竭焉。"(《子罕》)

两端，指事物都有两个方面。叩，叩问，探究。竭，穷尽。"叩其两端而竭"，就是对问题的两个方面都探究清楚。

这两段都是说，事物有两端而非单一，认识事物和为人行事，不能偏执一端。不偏不倚，就是全面认识和把握事物两端，对两个方面都做恰如其分的评估，不偏于一端。

"中"与"和"互相联系，密不可分。"和"是根本的目标，"中"则是达到"和"的前提和基础。从另一个方面说，"中"也是为了求得和谐而各个个体应该努力做到的要求，是立身处事应把握的原则，即凡事都应力求无过无不及，不偏不倚。

五、行己有耻——自觉修身的精神

孔子说君子：

修己以敬，修己以安人，修己以安百姓。(《宪问》)

修己，是根本、是基础。读《论语》，根本就在修身。修身的根本，在"为（wéi）己""有耻"。

子曰："古之学者为己，今之学者为人。"（《宪问》）

儒家道德精神，一言以蔽之，就是"为己"二字。所以儒学亦称"为己之学"。

"为己"，是说所学所为都是出于自己内心要求，既不是畏惧外力的强制，也不是顾虑世人舆论的评议，更不是讨好他人，沽名钓誉；只为求自己心安，除此别无他求。为人，则是所学所为只求人知，借以博取名利，与自身身心修养无关。用今日的语言说，即是作秀，所说所为，都是给人家看。

"为己"的精神，渗透在世世代代中国人的生活中，也已经成为中华美德的重要内容和精神。朱柏庐《治家格言》中有"施惠无念，受恩莫忘""善欲人见，不是真善"；雷锋做好事不留名，都是"为己"精神的体现。

"为己"的一个表现，是知耻。

子贡问曰："何如斯可谓之士矣？"子曰："行己有耻，使于四方，不辱君命，可谓士矣。"（《子路》）

"为己"，自己有做人的标准和底线，就会有羞耻感，就会知耻。为人，自己没有标准，就没有羞耻心。有羞耻心，就会有所不为；无羞耻之心，就会无所不为。无所不为是危险的，不可救药的。所以人不可以无耻。

总之，"为己有耻"，是儒家道德修养的根本精神。从道德精神说，根本精神是"为己";从修身的功夫说,根本的要求是"有耻"。

《论语》还说到修身的其他原则和方法。

> 为仁由己,而由人乎哉?(《颜渊》)
>
> 有能一日用其力于仁矣乎?我未见力不足者。(《里仁》)

道德修养全靠自己,做好做坏完全掌握在自己手中。既不能依靠外力,也不会心有余而力不足。没有什么外在因素可以代替自己的努力,也没有什么外在因素能阻止人自觉向善。

> 君子求诸己,小人求诸人。(《卫灵公》)

遇事首先要求自己,从自己做起,而不怨天尤人。《论语》中多处讲到这个意思。

"求诸己"的另一面,是待人要宽。

> 躬自厚而薄责于人,则远怨矣。(《卫灵公》)

"为己""由己""求诸己",完全立足于每一个人的自觉。

此外,还有修身方法、功夫方面的一些要求。

好学

《论语》首章就谈学,反映孔子对学的重视。

> 好仁不好学,其蔽也愚;好知不好学,其蔽也荡;好信不好学,其蔽也贼;好直不好学,其蔽也绞;好勇不好学,其蔽也乱;好刚不好学,其蔽也狂。(《阳货》)

不学,一切美德都成弊病。

> 孔子曰:"生而知之者,上也;学而知之者,次也;困而学之,又其次也;困而不学,民斯为下矣。"(《季氏》)

人的高下取决于对学的态度,据此把人分为生而知之、学而知之、困而学之、困而不学几等。表明了他对学的重视,以及提倡主动学习的态度。

孔子自称主要长处只是"好学""学之不厌"。他的弟子则说,这一点"正唯弟子不能学也",正是弟子所学不到的。

自省

> 曾子曰:"吾日三省吾身,为人谋而不忠乎?与朋友交而不信乎?传不习乎?"(《学而》)
>
> 子曰:"见贤思齐焉,见不贤而内自省也。"(《里仁》)
>
> 子曰:"已矣乎!吾未见能见其过而内自讼者也。"(《公冶长》)

见贤思齐,见不贤而内自省;择善而从,见不善而改,就是自省。自讼,在自省基础上的自责、自罚。是完全不必借助于外力(如关禁闭,行政处罚之类)的为己行为。

改过

> 哀公问:"弟子孰为好学?"孔子对曰:"有颜回者好学,不迁怒,不贰过,不幸短命死矣。今也则亡,未闻好学者也。"(《雍也》)

"不贰过",同样的错误不犯第二次,孔子说这是好学的表现。实践中错误过失是难免的，不能要求人们不犯错误，只能要求通过总结经验教训，找到错误的原因和避免再犯的方法，从而做到"不贰过"。这是一个学习的过程，也是修身的重要方法。《论语》又说："过，则勿惮改。"（《学而》）"过而不改，是谓过矣。"（《卫灵公》）

> 子贡曰："君子之过也，如日月之食焉：过也，人皆见之；更也，人皆仰之。"（《子张》）
> 子夏曰："小人之过也必文。"（《子张》）

对错误的态度，也是区分君子与小人的一个标志。有过公开改正，接受监督，才能"不贰过"；文过饰非，逃避监督，终将陷于困境而不能自拔。

力行

修养的一个重要要求是言行一致，表里一致，内外一致。《论语》说：

> 君子耻其言而过其行。（《宪问》）
> 子贡问君子。子曰："先行其言而后从之。"（《为政》）
> 子曰："君子欲讷于言而敏于行。"（《里仁》）

讷，原义是迟钝。这里是用讷形容说话谨慎，看起来好像反应迟钝一样。

> 子曰："古者言之不出，耻躬之不逮也。"（《里仁》）

之所以"讷于言"，就是因为担心说了做不到，不是真正的迟钝。

克己

　　颜渊问仁。子曰："克己复礼为仁。"(《颜渊》)

　　克服自己身上与礼的要求不合的东西，按照礼的要求去做，就是仁。礼是标准；复礼，一切按礼的要求做，是目标；克己是手段、方法。

　　子曰："巧言乱德，小不忍则乱大谋。"(《卫灵公》)

　　忍，也就是要克制。学会自我节制，实为青少年修养、成长和维护社会和谐安定的大问题。

守死善道

　　子曰："笃信好学，守死善道。危邦不入，乱邦不居。天下有道则见，无道则隐。邦有道，贫且贱焉，耻也；邦无道，富且贵焉，耻也。"(《泰伯》)

　　子谓颜渊曰："用之则行，舍之则藏，惟我与尔有是夫！"(《述而》)

　　子曰："邦有道，危言危行；邦无道，危行言孙。"(《宪问》)

　　世事复杂多变。如何在多变之时世中坚守其道，是现实的重要问题。"有道则见，无道则隐""用之则行，舍之则藏""危言危行，危行言孙"，见与隐，行与藏，危与孙，都是为善其道。而能做到如此的前提是笃信好学。

　　以道言，要守死善道；邦有道，如矢，邦无道，如矢。以行言，可以见，可以隐；可以用，可以藏；可以去，可以谏。现实中应兼顾二者，恰当配合。如何运用，有赖于智慧。

所有这一切，根本基础在"为己有耻"。没有"为己有耻"的精神，这一切全都谈不上。

六、知命——人生与天命的合一

> 子罕言利，与命与仁。(《子罕》)

对于这段话有不同的解释。一解以为利、命、仁三者均为孔子所罕言。另一解以为本章应读为"子罕言利，与命与仁"，与，赞许义。夫子罕言利而赞许命和仁。钱穆《论语新解》试译本章为"先生平日少言利，只赞同命与仁"。

> 孔子曰："不知命，无以为君子也。不知礼，无以立也。"(《尧曰》)
>
> 孔子曰："君子有三畏：畏天命，畏大人，畏圣人之言。小人不知天命而不畏也，狎大人，侮圣人之言。"(《季氏》)
>
> 子曰："吾十有五而志于学，三十而立……五十而知天命。"(《为政》)

将上引几章联系起来看，可见重视天命是孔子思想中与仁并列的一个重要方面。"知天命"是成为君子的一个条件，是区别君子和小人的标志，是孔子一生中的一个重要阶段。

孔子"不语怪、力、乱、神"，"敬鬼神而远之"。他建立的仁学思想体系，是摆脱了天的主宰，完全立足于人，依靠人的自觉、人的努力的人文思想体系。然而孔子又重视知命。在孔子的思想中，天命何所指？

它与仁学的关系如何？要回答这些问题，要从《论语》中找答案，看孔子是在什么情况下，在什么意义上谈天命的。

> 公伯寮愬子路于季孙。子服景伯以告，曰："夫子固有惑志于公伯寮，吾力犹能肆诸市朝。"子曰："道之将行也与，命也；道之将废也与，命也。公伯寮其如命何？"（《宪问》）

公伯寮在季孙（鲁国的当权者）面前说子路的坏话，想害孔子。孔子说：道能不能得到推行，取决于命。能行，是命；不能行，也是命。公伯寮他能把命怎么样呢？

> 子曰："天生德于予，桓魋其如予何？"（《述而》）

桓魋曾经想要杀孔子，孔子讲了这段话。我的德是天赋于我的，桓魋他能拿我怎么样？意思是说，天赋之德，人力所不能改变；桓魋无力违天，对孔子也就无可奈何。

> 子畏于匡，曰："文王既没，文不在兹乎？天之将丧斯文也，后死者不得与于斯文也；天之未丧斯文也，匡人其如予何？"（《子罕》）

孔子被匡人围困。他说，如果天要废弃这文化，那我这样的后人也不能知道这文化了；如果天没有想要废弃这文化，那匡人又能把我怎么样呢？文化是兴还是废，取决于命。无论孔子和匡人，都不能左右。

这几章有一共同点，都是孔子遇到困境、危难，道的推行遇到阻碍的情况之下，他谈到命、天，认为道的行和废不是人可以决定的，他把这归于天、命。

> 伯牛有疾，子问之，自牖执其手，曰："亡之，命矣夫！斯人也而有斯疾也！斯人也而有斯疾也！"（《雍也》）
> 颜渊死，子曰："噫！天丧予！天丧予！"（《先进》）

伯牛是他很喜欢的一个弟子，病情危重，快要死了；颜渊短命早殇。他不愿意看到这些，可又没有办法。他把这归之于天、命。这反映了一种在无法支配的事情面前无可奈何的情绪。

从《论语》这些记述，可以得出几点认识：

第一，遇到危难、打击，意识到他的道不为人所理解和接受，难以推行，但他无力改变，他归之于命；他的弟子病危将死，他无能为力，他也把它归之于命。在所有这些地方，他说的命，是指人力所不及，人力不能支配的领域。

第二，对天命，他抱着敬畏的态度。命和仁是不同的领域。仁是从现实人事出发，是为了社会的安定和人的完善，又是完全由己，依靠人来完成的，是人的自由、自主的领域。命，则是外在的，必然的，不可抗拒也不可知的领域。命不可知，但可以和必须知有命的存在。知命，就是知有命之存在，亦即知有人力所不及，不可知的领域之存在。因为它是必然的、不可抗拒的，所以对天命应抱敬畏的态度。

对天命的敬畏，也表现在处事时冷静面对的现实态度。

> 子绝四：毋意，毋必，毋固，毋我。（《子罕》）

他"毋必"，不强求非做到不可；在慨叹"知我者其天乎"的同时又说"不怨天，不尤人。下学而上达"，立足于自己的努力。这样的态度，其基础就是知命。

第三，他自信自己行道符合天命。在知命的基础上，尽管不被人理解接受，受到打击，遭遇危难，他不气馁、不灰心，坚持他行道的努力，表现出高度的自信。从这个意义上看，天命也是他的精神支柱。

清醒地认识到有人力所不能支配的领域，从而建立起现实的态度，冷静面对，不盲目妄求；同时又在对命的信仰上建立起坚强的信念，面对挫折、危难而不气馁、不灰心、不动摇，这就是知命的内容和意义。

第四，从以上几点看，在孔子那里"仁"和"命"二者是统一的。仁是发自内心，为己、由己的，同时又是与天命要求相合的。孔子一生弘道行仁，既体现了他对实现自己人生理想信念的追求，也是他敬畏天命的反映。所以说"孔子的人生即是天命，天命也即是人生"（钱穆《中国文化对人类未来可有的贡献》）。

七、政者正也——为政治国的理念

孔子为政治国的理念，可概括为以下四点。

（一）政者正也

> 季康子问政于孔子。孔子对曰："政者正也。子帅以正，孰敢不正？"（《颜渊》）

正，首先是"正名"。

> 子路曰："卫君待子而为政，子将奚先？"子曰："必也正名乎！"（《子路》）

当时社会动乱，礼崩乐坏，君臣父子的关系遭到破坏，形成"君不君，臣不臣，父不父，子不子”的不正常状态，"正名"就是要恢复"君君、臣臣、父父、子子"，各方都能各得其所，恢复社会秩序的正常。这是孔子的基本目标。

孔子当时所追求的"君君、臣臣、父父、子子"的秩序，有其鲜明的时代内容，是为了恢复西周的礼乐制度。这个要求早已经被历史淘汰了。然而在"正名"的主张中包含的使各方各得其所的思想，则有着普遍的意义。任何一个社会或一个事物要正常存在发展，都必须保持自身内部秩序的稳定，要做到内部各个部分、各个元素都处在合适的位置，自身既能得到正常发展，也能对整体的和谐发展发挥应有的作用，这就是各得其所。我们所做的一切，说到底都是寻求各得其所。"君君、臣臣、父父、子子"应该否定，寻求各得其所的思想则应继承，用以指导今天的工作。

（二）为政以德

"正名"，恢复社会秩序正常，关键在"正人"。为达到"正"的目标，孔子主张为政以德。

　　子曰："道之以政，齐之以刑，民免而无耻；道之以德，齐之以礼，有耻且格。"（《为政》）

治国理政是依仗强力还是德教？是两种对立的治国主张。孔子用"免而无耻"与"有耻且格"八个字概括说明法制刑政与道德礼教的不同特点和功能：法制刑政依靠的是强制，它的作用是惩罚犯罪，使人不敢做坏事，却不能使人为善；道德礼教依靠的是教育和自觉，它的作用是使人知耻，不愿做坏事，预防犯罪。他强调以道德教化为治国的基础，把社会秩序的稳定建立在人们道德自觉的基础之上。这成为中国古代治国理政的重要传统。

"道之以德，齐之以礼"，是孔子"为政以德"思想的概括说明。"道之以德"是提高其道德自觉，"齐之以礼"是规范其言行举止。德是礼的内在的精神基础，礼是德的外在表现和落实。德是灵魂，礼是形式。德和礼是统一不可分的两个方面，二者的结合、统一，构成孔子为政以德的思想。

"正人"中又有两方面：正人和正己。正人先正己，对百姓进行道德教化，首先要求在位者自身要正。

> 子曰："其身正，不令而行；其身不正，虽令不从。"（《子路》）
> 子曰："苟正其身矣，于从政乎何有？不能正其身，如正人何？"（《子路》）

身教重于言教。在位者不能以身作则，对百姓的教育就不会有效。

> 季康子问政于孔子曰："如杀无道以就有道，何如？"孔子对曰："子为政，焉用杀？子欲善而民善矣。君子之德风，小人之德草，草上之风必偃。"（《颜渊》）

民风之正，在于君子之风。君子之风正，则民风正；君子之风不正，则民风衰。上梁不正下梁歪，在位者自身不正，下面的风气自然就歪。

由此，孔子十分重视教育，把教育看作为政的一个重要方面。

（三）庶、富、教

> 子适卫，冉有仆。子曰："庶矣哉。"冉有曰："既庶矣，又何加焉？"曰："富之。"曰："既富矣，又何加焉？"曰："教之。"（《子路》）

这是孔子的政治纲领，第一要使人口增长，第二使人们富裕，第三对人们进行道德教化。在当时地广人稀、生产力低下、物产匮乏的情况下，要富国强兵，抵御外来的侵犯，首先要增加人口，有足够的数量，这是一切有见识的政治家共同关心的问题。

在富和教的关系上，富在教之前，先富后教。这反映了对民生问题的重视和关心。在后代儒学发展中，这也成为传统政治的重要传统。

（四）民无信不立

　　子贡问政。子曰："足食，足兵，民信之矣。"子贡曰："必不得已而去，于斯三者何先？"曰："去兵。"子贡曰："必不得已而去，于斯二者何先？"曰："去食。自古皆有死，民无信不立。"（《颜渊》）

足食，有充足的粮食；足兵，有充足的军备；百姓对国家的信任，这是国家稳固的三要素。如果迫不得已，必须去掉其一，孔子说"去兵"。如果迫不得已还要去一条，孔子说"去食。自古皆有死，民无信不立"。一定要保持民信，如果人民对国家没有信任，国家是不能立足的。

先富后教和去兵、去食，是从不同的角度来说。第一，庶、富、教是说为政的次序。庶为第一要务，富与教之间，先富后教。民富，百姓衣食无忧，才乐于接受教化，所以为政必先富后教。庶之、富之、教之乃为政次第三步骤。去食、去兵、民无信不立，则是讲国家稳固的基础和根本。民信重于足食、足兵。民信为本，足食、足兵为末。前者所说是先后，后者所说在本末。第二，庶、富、教说的是正常情况下的安排，去兵、去食是在特殊情况下的处理。正常情况下，应遵守先后次序，按庶、富、教的次第施政；特殊情况下，则应以维护根本为要，宁可去兵、去食，不可失信。

这反映孔子一个重要思想，即把政权巩固的基础放在百姓的信任上。

这也是儒家政治思想中重要的一点。以后孟子提出得民心者得天下，失民心者失天下；荀子提出"君者，舟也；庶人者，水也。水则载舟，水则覆舟"的君民舟水关系论，是继承发展了这一思想，形成了古代政治思想中的一个传统。

"民无信不立"，得民心者得天下，一个政权的巩固，最重要的不是靠国防和军事，也不是靠经济的发展，而是靠民心，靠百姓的拥护和信任。这个道理，已经为古今中外历史所证明，是颠扑不破的真理。一切当权者必须时刻牢记在心，不可须臾忽视和忘却。

以上四点，反映出一些基本的治国理念。为政的目标是维护社会秩序的正常稳定，百姓的安定富足；治国的实质不是管制，更不是镇压，而是"正"；治国的手段主要不是强制，而是教化，恃德不恃力；社会的安定、国家的稳固，基础在人，在民心，不在物。这是一种以人为主体，立足于人的完善的思想。它从人出发，为了人的完善；又依靠人的完善，把治国平天下的希望建立在人们"有耻且格"的基础之上，是真正以人为本的思想。这些理念对于今天也有重要的借鉴意义。在今天的法制建设和执法工作中，从制度、政策的设计、制定，到行政执法、日常管理，都有一个指导思想或理念的问题。是着眼于人的完善提高，还是着眼于工作任务的完成或政绩？是着眼于教，还是着眼于管？学习、继承孔子执政理念的精华，用于实践，就是在法制建设和执法管理中，要树立以人为本的理念。执法、行政是为人、为民，为了人的提高和完善，而不是为事、为物、为工作任务和政绩；为政的本质是教，是引导，而不是管、不是强制。现实生活中所见如"钓鱼执法"、强制拆迁、城管滥用权力甚至打人致死等种种现象，从思想根源上说，都与相关人员的执法理念有关。真正建立"政者正也"的观念，对于健全民主法制，维护社会稳定，实有极重要的意义。当然，《论语》中反映的孔子治国为政理念，也在一定程度上存在对法制的忽视，这也是应该指出的。

八、论教与学

孔子一生，主要精力用于教育。他创办私学，开辟了中国历史上平民教育的新时代。他的教育思想极其丰富，他所传授的为人为政的思想，影响了以后整个中国文化和历史的发展。所以被尊为"万世师表"。他的教育思想，可以概括为以下几点。

（一）对教育本质的认识

孔子重视教育，是从两个基本认识出发的。

> 或谓孔子曰："子奚不为政？"子曰："《书》云：'孝乎惟孝，友于兄弟。'施于有政，是亦为政，奚其为为政？"（《为政》）

前面已经说到，孔子的一个根本理念，是认为人的提高和完善是解决一切问题的根本。从这个观念出发，他把教育看作是为政治国的一项基础工作。

再一点，对人的认识。

> 子曰："性相近也，习相远也。"（《阳货》）

性是先天的、自然的，习是后天的、人文的。在这两个方面中，前者是相近的，现实中表现的人的差别、人的善恶高下，不是天生的，而是由后天的习染所形成的。由此引出一个极重要的认识：人可以，而且也需要在社会生活中不断提高自己，完善自己。从根本上说，人之所以为人的素质不是天然形成的，而是在后天的社会生活中形成的，需要经过学习和修养来得到。人只有在后天的学习修养中才能摆脱禽兽的境界，从自然的、生物的人提升为社会的人，成为真正意义上的人。正是这一点，决定了为什么人类社会要有教育，决定了教育的本质。培养有健全人格的全面发展的人，就是教育的根本任务和本质。简单地说，教育的根本任务就是教人学会做人。

曾经有人批评孔子的教育思想轻视生产劳动。对此要作分析。以历史的观点看，孔子生活的时代社会并没有提出在学校传授生产知识的要求。古代小农经济条件下，农业手工业的经验和技能是通过父辈或师傅手把手地传授，不需要通过学校教育。生产知识进入教育，是近代社会经济发展带来的需要。机器用于生产，要求培养科学家、工程师和各类专业人员，也要求普通劳动者掌握必要的科学知识，由此，科技知识的传授开始进入教育，这才有了近现代的专业生产知识教育。教育的功能、内容是随着社会的发展而发展的，脱离具体条件批判孔子轻视生产劳动，是没有道理的。

教育的本质和根本任务是教人做人，在科学发展的现代，还有传授科学文化知识的使命。在科学技术的飞速发展和它的作用迅速增大的情况下，曾经产生了只重智育，忽视德育的倾向。在纠正这一偏向的过程中，又出现了以为可以放弃科学文化知识的学习，一心只读文化经典，忽视甚至否定智育的现象。这两种情况和主张，都是片面的。对于孔子的教育思想，既要充分肯定和继承他关于教育本质的基本思想，又要适应时代需要，赋予它新的内容，有所发展。

（二）有教无类

子曰："自行束脩以上，吾未尝无诲焉。"（《述而》）

有教无类，即没有身份、财产等的限制，只要奉上一定数量的学费，都接纳为弟子，给予教育。孔子的弟子中，有贵族子弟，而多数是出身贫贱的庶民子弟。这些出身于庶民的弟子，学成后不少都从政为官，曾子、子夏还曾为诸侯师。孔子有教无类的教育，开辟了一条普通庶民子弟进身贵族的途径，为任人唯贤、打破官员由贵族世袭的制度创造了条件，对于中国社会起了深刻的影响。

这里要说到"学而优则仕"。这句话一直被认为是典型的读书做官论。对此要作分析。

子夏曰："仕而优则学，学而优则仕。"（《子张》）

"优"是有余力的意思。从政、治国有余力，有闲暇时间，要学习；学习有余力可以去做官，从政做官的一个前提是要学习。突出的都是一个"学"字。

在这之前，只有贵族可以从政当官，平民永远与从政无缘。提出"学而优则仕"，学习好了，有余力还可以出仕。这对于打破原来那种贵族世袭的传统，有很大的意义。

后来形成了科举，以考试来选官。不是凭出身，不是凭世袭，而是要凭学识。从这方面来讲应该说是一个好的发展。然而科举形成制度以后，学习直接和考取功名挂钩，某些人就把做官作为学习的目的，把学习当作谋取功名的一个手段、一个途径。就是所谓的读书做官论。打破贵族世袭的制度，使普通人也可以通过学习来从政，教育也得到普及，这是应该肯定和继承的。把学习当作谋取功名的手段，为了求官位而学习，则是应该否定和抛弃的。

（三）文、行、忠、信四教

子以四教：文、行、忠、信。（《述而》）

文和行，孔子教育的两个方面。文，指文献知识；行，指德行。忠、信是君子德行中两项主要的要求。

　　子曰："弟子入则孝，出则弟，谨而信，泛爱众，而亲仁。行有余力，则以学文。"（《学而》）

孝悌、谨信、爱众、亲仁都是仁德的要求，属于"行"的范畴。"行有余力，则以学文"，说明孔子是把德行的教育放在首位。但"行有余力"主要是从为学次第上说，并不意味着轻视学文。

　　子曰："君子博学于文，约之以礼，亦可以弗畔矣夫。"（《雍也》）

博文约礼，也就是文、行两个方面，是孔门之教的概括。"博学于文"，是学道悟道，重在内心自觉的提升；"约之以礼"，是力行践礼，重在行为举止的端正。内外兼修，文质彬彬，然后君子。

就本末言，孝悌、谨信、爱众、亲仁之行是末；仁义忠恕之道是本。就先后言，力行在先，行有余力学文。本末先后，不可不辨。力行与学文二者不可偏废。而对少年子弟和对成年人又各有侧重，对少年首重于行，对成年人更重于文。

（四）教学方法

1. 重启发

　　子曰："不愤不启，不悱不发。举一隅不以三隅反，则不复也。"（《述而》）

孔子要求弟子学习的时候能勤于思考，在弟子经过用心思考之后，才对弟子进行启发。要求弟子能举一反三，做不到这一点，他不再重复。

2. 因材施教

　　　　子路问："闻斯行诸？"子曰："有父兄在，如之何其闻斯行之？"冉有问："闻斯行诸？"子曰："闻斯行之。"公西华曰："由也问闻斯行诸，子曰有父兄在；求也问闻斯行诸，子曰闻斯行之。赤也惑，敢问。"子曰："求也退，故进之；由也兼人，故退之。"（《先进》）

　　子路和冉有问同一个问题，孔子根据他们的不同情况做了不同的回答。

（五）关于学

关于学，《论语》中也有许多富有价值的思想。

1. 学无常师

孔子论学，不只是向书本学习，更主张随时随地向一切人学习。

　　　　子曰："三人行，必有我师焉。择其善者而从之，其不善者而改之。"（《述而》）
　　　　子曰："见贤思齐焉，见不贤而内自省也。"（《里仁》）

孔子还特别提出"不耻下问"，向不如自己的人学习。

2. 知之为知之，不知为不知，是知也

知道的就说知道，不知道的就说不知道。这是一个简单而重要的真理。任何一个人要想真正得到一点知识，没有这样的态度是不行的。孔子反对不知而作，反对道听途说，等等，都反映了对"知"的老实态度。

3. 学用一致

　　子曰："诵《诗》三百，授之以政，不达；使于四方，不能专对。虽多，亦奚以为？"（《子路》）

熟读文献，至于能诵，却不能用于政事，又有何用？是说学要用于行。

4. 学思结合，温故知新

　　子曰："学而不思则罔，思而不学则殆。"（《为政》）

学与思二者不可偏废。

　　子曰："温故而知新，可以为师矣。"（《为政》）

　　学习要从已有的知识中有新的体会，要做到这一点就必须善于思考。只学习而不思考，不能有自己新的体会，是死读书；而知新又要以温故为基础，脱离前人已有之成果，凭空"创新"，会流于空谈，没有结果。

　　孔子自称"述而不作，信而好古，窃比于我老彭"（《述而》），实际上他的"述"并非简单传述，而是述中有作。在整理传授古代文化的时候，做到了"温故而知新"。礼是过去就有的，仁也不是他发明的，但是经他整理和解释以后，讲出了很多新的东西，开创了儒学。这是温故知新的一个最好的体现。

　　我们现在学习继承传统文化，也要处理好温故和知新的关系，对于传统，首先要学，要有所了解，也就是要温故；要准确地理解和诠释传统文献，帮助人们了解传统，就是要述，准确地述。这是发展创新的基础。离开对传统文献的学习和准确阐释，光凭自己的一些想法去"创新"，说得再多，只是你自己的东西，和传统文化没有关系。但是也不能温故而不知新，只是重复和照搬传统，不知创新发展。要结合新的情况，做出新的解释，赋予它新的时代内容；再把它用到新的环境中，解决新的问题。继承传统的过程，应该是"温故而知新"的过程。

《论语》在后世的影响

《论语》对中华民族历史文化发展的影响，主要是在其所讲的为人之道上。在长期的历史发展中，《论语》关于为人之道的思想，孔子、儒家提出的"仁以为己任""修己安人、安百姓"的人生理想追求；"己所不欲，勿施于人""己欲立而立人，己欲达而达人"的忠恕之道；以及孝悌忠信，温、良、恭、俭、让等道德要求，为人们所继承，成为中华民族的集体意识和文化传统。

从精英层面看，它培育了无数志士仁人、英雄豪杰，成为中华民族的脊梁，支撑了民族的发展。世代传颂、家喻户晓、代表着中华民族精神的一些名言，如"先天下之忧而忧，后天下之乐而乐""人生自古谁无死，留取丹心照汗青""天下兴亡，匹夫有责""苟利国家生死以，岂因祸福避趋之"等等，正是儒学倡导的为人之道最高的、集中的体现。

文天祥在就义前在腰带上写下遗言："孔曰成仁，孟曰取义。惟其义尽，所以仁至。读圣贤书，所学何事？而今而后，庶几无愧。"他一辈子读圣贤书，所追求的就是孔孟所说"成仁取义"的理想人生境界。最后回顾一生，自信已经做到，宽慰地感到"庶几无愧"。顾炎武说："愚以为圣人之道如之何？曰'博学于文'，曰'行己有耻'。"他又区分亡国和亡天下，以道德沦丧、社会风气败坏为亡天下，从而提出"天下兴亡，匹夫有责"的思想。他们都是以行己有耻、学为君子、传承文化、维护社会道德风气为儒学的根本精神。

从社会普通人的层面看，中国民间孝悌忠信礼义廉耻，忠孝仁爱信义和平的道德风尚，也是儒学为人之道在普通人日常生活中的具体表现。它塑造了中国人的精神品格，使我们赢得了礼仪之邦的美名。美国南北战争时期，有一位将军，退休后住在纽约。他是个单身汉，所以家里经常雇一些佣人。但是这个将军脾气很怪，对佣人常常不是打就是骂，所以他家里的佣人都做不长，经常要换。后来来了一个中国山东人，到他家里去做佣人。这个人叫丁龙。结果这个人也受不了他的打骂，时间不长也跑了。不久，有一天将军家里发生火灾。正当这个将军非常狼狈的时候，他突然发现，丁龙跑回来帮他救火了。将军就很奇怪，说你不是从我这儿走了吗，怎么又跑回来了？丁龙就讲，我以前是在你家做过佣人，后来我跑了。可是现在你家里有困难，我就应该来帮助你啊。这就是我们中国人做人的道理，是孔夫子教导我们的忠恕之道，中国人就应该这样做。这个将军非常吃惊地说，你真有学问，两千多年前孔夫子的教导你都懂，很了不起。可是丁龙说，我不识字，是我父亲告诉我要这样做的。将军又说了，那你父亲一定是个很有学问的读书人。丁龙又说，我父亲也不识字，这是我祖父告诉我父亲这样做的。而且接着他又说，我们家祖祖辈辈都不识字，这些道理都是一代代传下来的，曾祖父告诉祖父，祖父告诉父亲，父亲再告诉我，我就这样做了。原来他们丁家只是世代耕地，却一代代，祖教父，父教子都讲孔夫子的道理。将军不禁肃然起敬，于是说，那这样吧，你就留在我家继续做吧。最终把丁龙留下来了。这以后，两个人的关系当然就跟过去不一样了。丁龙一直做到最后去世。丁龙临去世的时候又跟这个将军说，我在你家里做的这段时间，吃的穿的都是你供给的，你还给我工资，我也攒了一点钱，我走了以后，这些钱都留给你。这个将军听了以后很有感触，一个不识字的劳工，竟有这样的品德，可见中国文化一定有它值得研究之处。这引起了他对中国文化的尊重。丁龙去世以后，将军就拿这笔钱，又加上自己的几乎全部家产，捐给哥伦比亚大学，让他们办一个研究中国文化的讲座，讲座的名字就叫丁龙讲座。这是美国第一个专门以研究中国文化为主要内容的讲座。清廷知道此事后，慈禧还捐了五千册书给这个讲座。直到今天这个讲座还存在，是美国研究中国文化的重镇。这个故事生动地说明，中国传统文化塑造了中国人的精神品格，培育了中华民族的民族精神，落实、体现在普通中国人身上。像丁龙那样普通中国人的家庭，不识字，却代代相传，践行着孔子的教导、儒学的传统。这正是中国文化大传统之所在。

在两千多年的历史中，《论语》也逐步传播到中国以外的广大地区，产生了深远的影响。《论语》在国外的传播，最早是在朝鲜。而后又经由朝鲜传入日本。时间约在中国东汉（公元 2 世纪）。公元 16 世纪以后，随着欧洲来华传教士的活动，《论语》也传入欧洲。公元 1594 年（明万历二十二年），利玛窦就开始进行了四书的拉丁文翻译工作，可是他的译文没有出版。正式出版的《论语》第一个西方文字译本，是 1687 年巴黎出版的《中国哲学家孔子，用拉丁文解释这个人的智慧》。[2]朝鲜、日本等国引进、学习儒学，在政治、文化发展中产生了深刻的影响，形成了"东亚文化圈"，也称"儒学文化圈"。日本著名企业家，被誉为"日本近代企业家之父"的涩泽荣一（1840—1931）对《论语》的运用，是一个很好的例证。他把自己的成功归功于《论语》，主张"以《论语》救实业界""将商业的基础置于《论语》之上""右手拿《论语》讲之，左手把算盘计之，做到《论语》与算盘的统一"。他还著有《论语讲义》和《论语和算盘》等书。他对《论语》和儒学思想的运用，获得了巨大的成功，并且带来日本近代经济发展的一系列成就，被人们称为"儒家资本主义"。

在欧洲启蒙运动时期的思想家们那里，孔子和儒家思想也曾是他们构建启蒙思想的重要资源。伏尔泰这样说过："多么可悲，西方人也许应该感到羞愧，……竟要到东方找到一位智者。……他在公元前六百余年便教导人们如何幸福地生活，……这位智者便是孔子。……自他之后，普天之下有谁提出过更好的行为准则？"③孔子提出的行为准则，使得"普遍的理性抑制了人们的欲望，把'己所不欲，勿施于人'这条法则铭刻在每个人的心中"。罗伯斯庇尔起草的1793年法国《人权和公民权宣言》也引用了《论语》里的格言。《宣言》说："自由是属于所有的人做一切不损害他人权利之事的权利；其原则为自然，其规则为正义，其保障为法律，其道德界限则在下列格言之中：己所不欲，勿施于人。"④他们从自身文化的观念来理解《论语》和孔子的思想，赋予了它新的意义。

　　最后说一下本书体例：一、本书以朱熹《论语集注》为底本。二、本书对《论语》全文作注释。本书注释主要参考朱熹《论语集注》，钱穆《论语新解》，刘宝楠《论语正义》，引用旧注一般不注明出处。直接引用原文的加引号，未加引号的是转述，非旧注原文。依《百部经典》编纂体例，按章注释、点评，不设"大意"。注释末尾对本章全文的意思作串讲。三、点评着重讲作者对本章义理及其现代意义的理解。有话即长，无话则短。部分章未作点评。四、少数章有边评。边评随感而发，不拘一格，供读者参考。

---

①　傅道彬《春秋时代的风雅精神和君子人格》，《光明日报》2012年7月23日。
②　顾犇《〈论语〉在海外的传播》，载《北京图书馆馆刊》，1999，（2）。
③　《伏尔泰全集》第三卷，转引自杨焕英《孔子思想在国外的传播和影响》，教育科学出版社1987年版。
④　转引同上书。

论　语

学而篇第一

1·1　子曰[1]："学而时习之[2]，不亦说乎[3]？有朋自远方来[4]，不亦乐乎[5]？人不知而不愠[6]，不亦君子乎[7]？"

[注释]

[1] 子：古时对男子的尊称。《论语》中"子曰"都指孔子说的话。　[2] 学：旧注：学，觉也，效也。觉是觉为人之大道，效是效先觉之所为。时习：时，有两种解释。一说是"在一定的时候"，一说是"时常"。习，温习和练习。旧注：习，鸟数飞也。数，多次反复。为人之学，重在力行实践，须反复练习，如鸟

之习飞。　[3]说（yuè）：通"悦"，愉快的意思。　[4]朋：古
注：同门曰朋。同在一个老师门下学习的叫朋，指志同道合的
人。　[5]乐：快乐。古注：悦在内心，乐则见于外。　[6]人不
知而不愠：知，了解的意思。人不知，是说别人不了解自己。愠，
恼怒。　[7]君子：《论语》里，君子是孔子理想中具有高尚人格
的人，有时也指在位的人。这里是指前者。

这一章的意思是：孔子说："学了又时时温习和练习，不是很
愉快吗？有志同道合的人从远方来，不是很快乐吗？别人不了解
自己，自己却不恼怒，不也就是一个有德的君子了吗？"

[**点评**]

这一章中心是论学。《论语》开篇就说学的喜悦和乐
趣，可见对学的重视。

"君子学以致其道"（19·7），《论语》所说之学，和
现今一般人理解的知识的学习不同，主要是学为人之道。
旧注所说的"觉"，是对为人之道的觉醒，对如何才能做
好一个人的觉醒，与西方思想中说的"自我觉醒"也不
同。这是值得注意的。

这一章三句话叙述学者一生不同学习阶段的感受，
"实亦孔子毕生为学之自述"（钱穆《论语新解》）。第一
句是说初学时自己从学习中感到的喜悦；第二句是说学
习有遇疑难困惑时，有同道自远方来相互切磋，答疑解
惑，从中感到的快乐；第三句是说学有成就，不为人所
知，而心无愠恼，是君子所应有的态度。

《论语》所说，许多是孔子自身的内心感受和体验，
对这一类内容，不能停留在文字和道理上的理解，必须

结合读者自己的经验用心去体会，才能真正懂得。如读本章，对学的悦和乐，一般人常不易体会，而总觉得学是枯燥乏味、劳神费力的苦事。我们要注意联系自身学习的经验来体会孔子学习之乐来自何处，我们如何才能体会到学的乐处。

人生在世，总希望得到他人的了解，为人所知、所用，尤其是在有了一定成就的情况下更是如此。但是，不为人所了解，或被人误解的情况是经常发生的，甚至是不可避免的。一般人常会因此而懊恼，怨天尤人。本章提出"人不知而不愠，不亦君子乎？"孔子一生不为人所知，但他做到了"人不知而不愠"。孔子是怎样做到"人不知而不愠"的？我们自己怎样才能也做到这一点？这些都值得我们深思。

1·2　有子曰 [1]："其为人也孝弟而好犯上者 [2]，鲜矣 [3]；不好犯上而好作乱者，未之有也。君子务本 [4]，本立而道生 [5]。孝弟也者，其为仁之本与 [6]？"

孝悌直接与不犯上作乱相联系，是那个时候宗法制社会状况的反映；对"为仁之本"有两种解释。今天怎样认识孝悌的意义？

[注释]

[1] 有子：孔子晚年的学生，名若。《论语》里对孔子的学生一般都称字，只有曾参、有若、冉求、闵子骞四人称子。　[2] 孝弟（tì）：孔子和儒家提倡的两个基本的道德规范。孝规定了子女对父母应有的态度；弟，同"悌"，规定了弟弟对兄长应有的态度。古注：善事父母为孝，善事兄长为弟。好（hào）犯上者：好，喜爱。

犯，冒犯，干犯。上，指在上位的人。　[3]鲜(xiǎn)：少。　[4]务本：务，专心致力。本，根本。　[5]道：万物所应遵循的路。在中国古代思想里，道有多种不同的含义。这里的道是指为人之道，做人的根本原则。具体说就是孔子所提倡的仁道，即以仁为核心的整个道德思想体系。　[6]为仁之本：仁，是孔子的最高道德范畴。为仁之本，一说孝悌是仁的根本；另一说，"为仁"二字连读，是行仁的意思。也有人说，"为仁"的"仁"字就是"人"字，"为仁之本"就是"做人的根本"。与：同"欤"，语气词，表示探讨的语气。

这一章的意思是：有子说："一个人为人孝悌却又喜欢犯上，这是很少见的。不喜欢犯上却喜欢造反的，从来就没有过。君子专心致力于根本。根本树立了，道也就由此而生了。孝悌，这是行仁的根本吧？"

［点评］

有子从为人孝悌就不会犯上作乱的角度说孝悌的意义，是当时宗法制社会状况的反映。宗法社会下天子、国君由嫡长子继承，其余庶子分封为诸侯、大夫，社会的政治结构是建立在宗法血缘关系的基础上。天子与诸侯、诸侯与大夫的关系，同时也是父子、兄弟的关系。因此遵从孝悌也就不会犯上作乱。这是孝的时代性的内容和意义。秦以后中央集权的统一帝国取代了宗法封建制，孝悌就失去了这样的意义；而在近代宗法等级制度瓦解之后，孝悌与不犯上作乱的联系就已经完全失去了它的基础。

孝悌的本义，是善事父母、兄弟，孝亲敬长，属于家族伦理。家庭是社会的细胞，父母兄弟是每一个人最亲近的人，爱人总是从爱父母兄弟开始，从孝悌开始。人不孝悌便不能爱人，也就无仁心。这是孝悌的普遍性的基础和意义，是不受时代限制的；只要以血缘关系为基础的家庭还是社会的细胞，孝悌就是家庭乃至社会和谐稳定的重要道德基础。

孝悌是仁心的表现，爱人从孝悌开始，但它只是行仁的一个方面，能孝悌未必就能仁。一说认为，"为仁"二字应连读。为仁，就是行仁。孝悌只能说是行仁的根本，而不能说是仁的根本。"谓行仁自孝弟始，孝弟是仁之一事。谓之行仁之本则可，谓是仁之本则不可。"（朱熹《论语集注》）这一解释，比较能与孝悌的本义相合。

1·3　子曰："巧言令色[1]，鲜矣仁[2]。"

［注释］

[1] 巧言令色："巧"和"令"都是美好的意思。这里是指用花言巧语和谄媚的脸色讨好他人。　[2] 鲜（xiǎn）：少。

这一章的意思是：孔子说："花言巧语，装出好看的脸色来讨人喜欢，这样的人，仁心就很少了。"

［点评］

"巧"和"令"，本都是褒义。这里说的巧言令色，是专求讨好他人，待人没有真情实意。仁的实质在于人内心仁爱的情感，美好的语言、和善的脸色是好的，而根本的是内心的真诚。虚情假意，自然谈不上仁。

1·2章有子突出孝悌"为仁之本"，本章曾子每日三省，"传不习"是反映他学习态度的认真。而自身的修养，则独举忠信二端，不及孝悌。可见二人对孔子所教，理解有不同。从《论语》全书看，曾子所说，应较近于孔子。

1·4　曾子曰[1]："吾日三省吾身[2]。为人谋而不忠乎[3]？与朋友交而不信乎[4]？传不习乎[5]？"

[注释]

[1]曾子：孔子晚年的学生，名参（shēn）。　[2]三省（xǐng）：省，察看，检查。"三省"有几种解释：一、三次检查，二、从三个方面检查，三、多次检查。　[3]忠：古注：尽己之谓忠。对人尽心竭力的意思。　[4]信：古注：以实之谓信。诚实的意思。　[5]传：古注：传，谓受之于师。老师传授给自己的。

这一章的意思是：曾子说："我每天三次反省自己。为别人办事是不是尽心竭力了？同朋友交往是不是做到诚实守信了？老师传授给我的学业是不是复习了？"

[点评]

孔子教人，重视修养的自觉性，要求"君子求诸己"，自省是体现"求诸己"精神的自我修养的基本方法，可谓"为学之本"。关于自省，还可参读4·17、5·26、7·21、12·4各章。

本章提到曾子自省的三方面内容。传，指老师传授给自己的；忠、信是孔子重视的两项道德要求，是传的主要内容。"子以四教：文、行、忠、信。"旧注：忠信为传习之本也。《论语》多处讲忠信，说君子要"主忠信"

（1·8），即以忠信为主。可以与5·27、7·24、9·24、12·10、15·5各章参读。

"为人谋而不忠乎"的"忠"，是泛指对一切人，并不专指忠君。《论语》里讲"忠"，大都是作为适用于所有人的一般的道德，与"信"相连讲"忠信"，并不专用于君臣关系。这与后世儒家提倡的忠君思想，既有联系，又有区别。儒家思想在汉以后被定为统治思想，后世儒家对孔子的思想作了许多解释、发挥。经后世儒家解释发挥的孔子思想，与《论语》里记载的孔子本来的思想，在许多问题上也是既有联系，又有不同。这是我们读《论语》和了解、研究孔子思想的时候要特别注意的一个问题。

1·5　子曰："道千乘之国[1]，敬事而信[2]，节用而爱人，使民以时[3]。"

[注释]

[1]道：有的版本写作"导"。治理的意思。千乘（shèng）之国：有一千辆兵车的国家，指当时的诸侯国。乘，古时一车四马为一乘，这里指兵车。　[2]敬：谨慎专一的意思。　[3]使民以时：役使百姓要按照农时，即在农闲时役使。时，指农时。

这一章的意思是：孔子说："治理一个有一千辆兵车的国家，处事要谨慎专一而有信用，要节约财用而爱人，役使百姓要在农闲时。"

［点评］

孔子提出的几点：谨慎专一、讲信用、节约财用、爱护百姓、使用民力不误农时，看来简单浅近，却是治国最基本的要求，一切当政者不可不注意。

1·6　子曰："弟子入则孝，出则弟，谨而信，泛爱众[1]，而亲仁。行有余力，则以学文[2]。"

［注释］

[1]弟子：一般有两种含义：一指年纪较小为人弟和为人子的人，一指学生。这里是指前者。入、出：古时父子住在不同住处，学习则在外舍，入指进到父亲住处，或说在家，出指到外舍就师学习。出则弟：是说要用弟道对待师长，也可泛指对待年长于自己的人。泛：广泛的意思。　[2]行有余力，则以学文：行有余力，指有闲暇时间。文，古代文献。

这一章的意思是：孔子说："弟子在家要讲孝，出外要讲悌，言行要谨慎，要诚实守信，要广泛地爱众人，而亲近其中有仁德的人。这样做了还有余力和闲暇，再去学习文献知识。"

［点评］

本章谈对少年弟子的教育。孝悌、谨信、爱众、亲仁是仁德的几点基本要求。"行有余力，则以学文"，是要求弟子们致力于德行修养，有余力再学习文献知识，说明孔子是把德行的教育放在首位。但"行有余力"主要是从为学次第上说，不是从重要性上说，不可认为重德行就可忽视学文。力行而不学文，就会只知要怎么做，不知为什么要这么做；尽管看来是做了，而他的理解却可能是错的。

文和行是孔子之教的两个方面。从学习的次序上说，要从力行开始；从做人的要求上说，学文是根本。力行和学文二者不可偏废。本章对弟子说，是"行有余力，则以学文"，6·25章谈成人教育，则说君子"博学于文，约之以礼，亦可以弗畔矣夫"，也是说的文和行两个方面，而重点、次序又有不同。两章可联系参读。这个本末终始的问题，是传承传统文化，进行道德教育中的重要问题，要认真研究和正确处理。19·12章也讨论到这个问题，可参读。还可与1·7、7·24、9·10等章参读。

1·7　子夏曰[1]："贤贤易色[2]，事父母能竭其力，事君能致其身[3]，与朋友交言而有信。虽曰未学，吾必谓之学矣。"

[注释]

[1]子夏：孔子晚年的弟子。姓卜，名商，字子夏。　[2]贤贤易色：第一个"贤"字作动词用，尊重的意思。贤贤，尊重有才德的贤人。易，有两种解释：一作改变讲，尊重贤者而改变好色之心；一作轻视讲，看重贤德而轻视女色。有一种解释说，这一句专指妇女而言，全章前四句分指夫妇、父子、君臣、朋友四伦。　[3]致其身：把生命奉献给国君。致，尽的意思。

这一章的意思是：子夏说："一个人能看重贤德而轻视女色，侍奉父母能竭尽全力，服侍国君能献出生命，与朋友相交说话诚实可信。这样的人，尽管他自己说没有学习过，我一定说他是已经学习了。"

[点评]

这一章与前一章联系起来看，更可以看出孔子教育重在德行的特点。不过，如果以为只要能做就可以了，而忽略了对经典文献的学习，就会陷入另一种片面性。这个问题，要把这两章和19·12等章联系起来，全面理解。

1·8　子曰："君子不重则不威。学则不固[1]。主忠信[2]。无友不如己者[3]。过则勿惮改[4]。"

[注释]

[1]学则不固：有两种解释：一、"固"作坚固解，与上句相连，不厚重就无威严，所学也不坚固。二、"固"作固陋讲，见闻浅少的意思；"学则不固"自成一句，学了就可以不固陋。　[2]主忠信：以忠信为主。　[3]无：通"毋"，不要。不如己：一般解释为交友是为了辅助自己修养，择友如择师。与高于自己的人交友，体现了见贤思齐的精神；与不如自己的人交友，无益而有害。所以不要和不如自己的人交友。另有一解释说：如果大家都不和不如自己的人交友，你愿与他交而他不愿与你交，就会找不到朋友。所以"如"是似的意思，不如己，是指不和自己同

"无友不如己者"，人常问，如此岂不将无友可交？其实现实生活中，人都会选择比自己好的人交友。"无友不如己者"几乎可说是人们日常生活的知识。读《论语》要多联系现实生活来理解，不要仅停留在字面或概念上抽象地思考。

道、同类。所谓"道不同不相为谋"也。　[4]惮（dàn）：怕，畏惧。

这一章的意思是：孔子说："君子不厚重就没有威严；学习，就可以不粗鄙浅陋；要以忠信为主。不要同与自己不同道的人交朋友。有了过失不要怕改正。"

[点评]

君子，古时有两种含义，一指在位的人，一指有道德的人。《论语》中的"君子"，主要是指后一个意义，是孔子理想中完善人格的代表。《论语》论及君子品德的内容，是《论语》思想的重要部分。

"主忠信"，为人行事要以忠信为主。《论语》多处讲忠信，如 1·4、5·27、7·24、9·24、12·10、15·5 等章，可参读。

"无友不如己者"，可与 4·1 章"里仁为美"联系起来理解。19·3 章子夏门人和子张关于交友的讨论，也和对这个问题的不同理解有关，可以参读。

"过则勿惮改"，指出了对待过失的正确态度，是闪烁着真理光辉的格言。还可与 6·2、15·29、19·8、19·21 等章参读。

1·9　曾子曰："慎终追远[1]，民德归厚矣。"

[注释]

[1]慎终：指谨慎对待丧事。追远：指祭祀祖先。

　　这一章的意思是：曾子说："谨慎地对待父母的去世，追念久远的祖先，百姓的道德风尚就会日趋淳厚了。"

　　[点评]

　　孔子和儒家不信鬼神，却很重视丧祭之礼。孔子赋予丧祭之礼以道德的意义，把丧祭之礼看作内心孝的情感的寄托和表现。17·21章孔子解释"三年之丧"的必要，对这一点作了具体的说明。3·4章强调哀和敬，也是反映了这一点。这一章说的是另一方面：认真实行丧祭之礼，又可潜移默化地培养人们的道德情感，使"民德归厚"，社会安定。这是理解礼的意义和仁礼关系的重要方面。可与2·5、17·21等章参读。

　　1·10　子禽问于子贡曰[1]："夫子至于是邦也[2]，必闻其政，求之与，抑与之与？"子贡曰："夫子温、良、恭、俭、让以得之。夫子之求之也，其诸异乎人之求之与[3]？"

　　[注释]

　　[1]子禽：陈亢，字子禽。孔子的学生。子贡：孔子的学生，姓端木，名赐，字子贡。　[2]夫子：古代对男子的敬称。《论语》中，孔子的学生称孔子为夫子。　[3]其诸：语气词，表示揣度的语气，相当于"或者""莫非"。

　　这一章的意思是：子禽问子贡说："我们夫子到一个国家，总是预闻这个国家的政事，这是去求得来的呢？还是人家主动告诉他的呢？"子贡说："我们夫子是靠温和、善良、庄敬有礼、节俭、谦逊而得来的。我们夫子去求的方法，或许是与别人的求法不同吧。"

［点评］

一般人为了参与政事，往往费尽心机，拍马奉迎，送礼请托；一些人甚至采用财色行贿、拉帮结派等不法手段，以求谋取一官半职。而孔子并不刻意地追求，只是以自己温、良、恭、俭、让的人格魅力，赢得人们的尊敬，从而得以了解当地政事。这是自然得到的结果，不是刻意追求的结果。求和得的差别，值得仔细体会。

1·11 子曰："父在观其志，父没观其行^[1]，三年无改于父之道^[2]，可谓孝矣。"

［注释］

[1] 观其志、观其行：其，指儿子。没（mò）：去世。父亲在，儿子不能独立处事，所以观其志；父亲死了，儿子独立处事，所以要观其行。　[2] 三年无改于父之道：这里的道是指父亲生前所为，包括其思想和行事。

这一章的意思是：孔子说："父亲在，看儿子是观察他的志向；父亲死了，是观察他的行为。在三年之内能不改变父亲生前的所为，可以说是孝了。"

［点评］

这一章多有不同解释。宋儒把"无改于父之道"看作孝的第一位的要求。认为如果做不到这一点，则"所行虽善，亦不得为孝矣"（朱熹《四书章句集注》）。清人批评这一说法，认为不是以不改为孝，而要看父之道是否正确。所以不改，是因为它是正确的；如果不正确，朝死而夕改也是可以的。钱穆《论语新解》则认为："其实孔子此章，即求之于近日之中国家庭，能遵此道者，尚固有之。既非不近人情，亦非有乖大义。孝子之心，自然如此。孔子即本人心以立教，好高骛远以求之，乃转失其真义。"前二解侧重于道义是非方面，后者侧重于人情人心方面。当代社会下，孝更应与顺应时代潮流的创新精神相协调和结合，无改父之道不利于创新发展，有悖于时代精神。

1·12　有子曰："礼之用，和为贵[1]。先王之道斯为美[2]，小大由之。有所不行。知和而和，不以礼节之，亦不可行也。"

和为贵，代表了中国人最高的价值追求，成为人们日常行事的准则。"和"并不只是人们一种善良、美好的愿望和追求，而是反映了中国人的根本世界观，又贯彻落实到日常生活中成为待人处事的基本原则，有着丰富的内涵。需要结合其他经典认真学习研究。

[注释]

[1]和：和谐，协调。春秋时期就有"和同之辩"。当时的中国人就已经认识到，宇宙万物都是由多种成分共处一体构成的，这种状态就叫作"和"。和的实质是构成事物的多种成分各得其所。只是单一成分，没有差别和不同，叫作同。同就没有发展。　[2]斯：这，此。这里指礼，也指和。

这一章的意思是：有子说："礼的运用，以和谐为可贵。先王治国之道的好处正在这里，不论小事大事都照这样去做。但也有不能这样做的。只知道要'和'而一意求和谐，不用礼来节制，也是不可行的。"

[点评]

"礼之用，和为贵。"礼是中国古代国家、社会管理的基本规范。和的实质是万物各得其所。礼的功能，在于明确人们的不同关系和各自所处的地位，规范其行为，达到和的目标。其特点是别，明尊卑贵贱；其目的和实质是调整好社会关系，使人们各得其所，达到社会的和谐稳定。总的说就是别中求和。

这一章着重强调了"和"是最高价值追求，同时又指出不能为和而和，要以礼节之，说明和不是无原则的调和。13·23章"君子和而不同，小人同而不和"。以和与同对举，提出"和而不同"为待人处事的根本原则，以"和而不同"与"同而不和"为区分君子小人的标志。两章分别说了和的两个方面含义，可以联系起来读。

1·13　有子曰："信近于义，言可复也[1]；恭近于礼，远耻辱也；因不失其亲[2]，亦可宗也[3]。"

[注释]

[1]复：古注：复，践言也。实现诺言的意思。　[2]因：依靠，凭借。　[3]宗：有两种解释：一、宗犹主也；二、尊崇，宗敬。

这一章的意思是：有子说："说话有信用而近于义，那么说的

话就能兑现；态度恭敬而近于礼，就可以远离耻辱；所依靠的都
是可亲的，也就值得崇敬了。"

[点评]

信和恭都是重要的德行。但只有合于义、礼，才能
成为真正的善。不义之信不可复，非礼之恭自取辱。具
体的德行要求必须合于义、礼的原则。8·2、17·23两
章都讲到这一点，可联系起来读。

1·14　子曰："君子食无求饱，居无求
安，敏于事而慎于言，就有道而正焉[1]，可谓
好学也已。"

[注释]

[1]有道：指有道德的人。正：正其是非。

这一章的意思是：孔子说："君子吃饭不求饱足，居住不求安
逸，对工作勤快敏捷，说话却谨慎，又到有道的人那里去辨正自己
的是非，这样可以说是好学了。"

[点评]

如何处理精神生活和物质生活二者的关系，是人生
的大问题。一心求安饱，则无暇顾及修身；一心修身求
道义，则自然亦不孜孜于求安饱。"君子义以为上"，把
精神生命的追求放在第一位。"君子食无求饱，居无求
安"，不是提倡贫穷，而是说用心于修身而不孜孜于安饱。

"敏于事而慎于言，就有道而正焉"，是说修身的态度。这几点都是对君子的要求，也是好学的表现。可联系下章及4·5、4·9、6·9、7·15等章来把握。

1·15 子贡曰："贫而无谄，富而无骄，何如？"子曰："可也。未若贫而乐[1]，富而好礼者也。"子贡曰："《诗》云：'如切如磋，如琢如磨[2]'，其斯之谓与？"子曰："赐也！始可与言《诗》已矣；告诸往而知来者[3]。"

[注释]

[1]贫而乐：有的版本"乐"下有"道"字。作"贫而乐道"。 [2]如切如磋，如琢如磨：见《诗·卫风·淇澳》。有两种解释：一说切磋琢磨分别指对骨、象牙、玉、石四种不同材料的加工，不加工不能成器；一说加工象牙和骨，切了还要磋，加工玉石，琢了还要磨，有精益求精的意思。 [3]告诸往而知来者：诸，这里同"之"。往，过去的事，这里指已经告诉他的话。来，未来的事，这里指还没有说出的话。

这一章的意思是：子贡说："贫穷而能不谄媚，富有而能不骄傲，怎样呢？"孔子说："这也算可以了，但不如贫穷还乐于道，富有还好礼。"子贡说："《诗经》上说：'要像加工牙骨玉石那样切呀，磋呀，琢呀，磨呀'，就是讲的这个意思吧？"孔子说："赐呀，你能从我已经讲的话中领会到我还没有说到的意思，现在可以和你谈《诗》了。"

[点评]

人处贫穷，易自我卑贱，谄媚于人；处富贵，则易骄肆傲慢。能做到贫而无谄，富而无骄，说明他能正确对待贫富，孔子予以肯定。贫而乐道，富而好礼则超越了贫富的考虑；不论贫富，都一心向道。这是孔子希望人们做到的理想境界，也是他进行道德教育想要达到的目标。可参读上章及 4·5、4·9、6·9、7·15、14·11 等章。

孔子回答子贡的问话，在表示可以之后，又提出更高一层的要求。子贡从这里又联系到《诗经》，悟到《诗经》这几句正是说明做学问要不断切磋琢磨，由此得到孔子的赞许。这段对话生动地表现出孔子教育的一个重要的特点，就是重视学生的主动思考，要求学生能“告诸往而知来”。这是孔子教育思想中很有价值的部分。可与 7·8 章参读。

1·16　子曰：“不患人之不己知[1]，患不知人也。”

[注释]

[1] 患：忧虑。

这一章的意思是：孔子说：“不忧虑别人不了解自己，只怕自己不了解别人啊。”

[点评]

“不患人之不己知”可与首章“人不知而不愠”参

读,《论语》中说明这一思想的还有4·14、14·32、15·18、15·20等章,可参读。

患不知人,不能分辨人的是非善恶,会有许多麻烦,是值得忧虑的。12·22章孔子还用"知人"解释"知",并解释说:"举直错诸枉,能使枉者直。"可见知人又是为政治国任用贤才的要求。不知人,无以识贤才。《论语》多处说到"知人",可与2·10、5·9、12·22、13·24、15·22、20·3等章参读。

为政篇第二

2·1　子曰："为政以德，譬如北辰^[1]，居其所而众星共之^[2]。"

[注释]

[1]北辰：指北极星。　[2]所：处所，位置。共：同"拱"，环绕。

这一章的意思是：孔子说："以道德来治理政事，就可以像北极星那样，自己安居在自己的位置上，而别的星辰都围绕着它。"

[点评]

对为政以德，旧注有的解释说，德者无为而治，正像北极星永远不动，而众星围绕在它周围。也有说，主要在其自己的品德，可以感召百姓，推行政事，并非无为。下面2·3章也是讲治国之道，其中说"道之以德，

齐之以礼，有耻且格"，是对为政以德较具体的说明。"道
之以德，齐之以礼"，是说治理民众的基本原则，既非无
为，亦非只是一己品德的感召。联系起来读，可以完整
准确地了解孔子为政以德的思想。

2·2　子曰："《诗》三百[1]，一言以蔽之，
曰：'思无邪[2]'。"

[注释]

[1]《诗》三百：《诗经》实有三百零五篇，三百只是举其整
数。 [2]思无邪：《诗·鲁颂·驹（jiōng）》中的一句话。原文"思"
字是语助词，孔子借用这句话把思作思想讲。"无邪"有两种解释：
一、纯正，没有邪恶；二、直的意思。就是说《诗》都是直接抒
发作者的感情，没有虚伪假托。后一解较近孔子的本意。

这一章的意思是：孔子说："《诗》三百篇，用一句话来概括，
就是'思无邪'。"

[点评]

《诗》，是孔子教育的重要内容之一。本章是孔子对
《诗经》精神的概括。孔子说"吾道一以贯之"，读书学
习重要的是要把握贯穿其中的基本精神。"一言以蔽之"，
就是一以贯之的意思。"思无邪"就是贯穿于《诗经》
三百篇中的核心精神。《论语》谈《诗》的内容的，还有
3·20章，可以参读。

本章讲为政以
德的内容。德和礼
不可分。离开礼，
或把礼与德对立来
讲为政以德，是片
面的。

2·3　子曰："道之以政[1]，齐之以刑[2]，民免而无耻[3]；道之以德，齐之以礼，有耻且格[4]。"

[注释]

[1]道：有两种解释：一、治理，二、引导。这一章两处都是"道"和"齐"并提，解释为引导更通顺些。　[2]齐：整齐。这里是规范人们行动的意思。　[3]免：免于犯罪，免于受罚。耻：羞耻之心。　[4]格：有解释为"至"的，有解释为"正"的，意思相近，都是说百姓能守规矩、走正道。杨伯峻《论语译注》解释为"归服"。

这一章的意思是：孔子说："用法制政令来引导百姓，用刑罚来规范百姓的行动，百姓只是求得免于犯罪受罚，却没有羞耻之心；用道德教化来引导百姓，用礼制来规范百姓的行动，百姓就会有羞耻之心，并且自觉地走上正道了。"

[点评]

这一章孔子比较了两种不同的治国方法，阐述了为政以德的思想。凭借强力，通过法制刑政实行统治，还是立足于道德，通过礼制和教化来治国，是春秋战国时期表现于儒家和法家、王道和霸道之间的两种对立的治国主张。孔子用"免而无耻"和"有耻且格"概括地说明了两者的不同特点和功能，指出依靠行政刑罚等强制力量实行统治，百姓可能因为害怕而免于犯罪，却不会有羞耻心；用道德教化提高百姓的道德自觉，用礼制规范人们的行为，百姓有了羞耻心就会自觉走上正道。由此论证了道德教化在稳定社会秩序方面的重要作用。从这个基本认识出发，他主张"为政以德"，强调以道德教化为治国的基础，把社会秩序的稳定建立在人们道德自觉的基础之上。这一认识基本上是正确的。今天基本的治国方略是依法治国，如何把依法治国和以德治国相结合，是重要的问题。

"道之以德，齐之以礼"，是孔子为政以德思想的两个方面。道之以德，使百姓有耻；齐之以礼，使行为有据。德和礼（即仁与礼）是统一不可分的两个方面。仁和礼的统一，是孔子思想的重要内容，表现于各个方面。把二者割裂开来，只强调一个方面，忽视或贬低另一方面，争论孔子思想的核心是仁还是礼，是片面的。德和礼的关系，《论语》中有许多论述，可联系起来加以理解。

2·4　子曰："吾十有五而志于学[1]，三十而立[2]，四十而不惑[3]，五十而知天命[4]，六十而耳顺[5]，七十而从心所欲不逾矩[6]。"

[注释]

[1]有：同"又"。　[2]立：自立的意思。孔子说，立于礼。所以自立就是自己能够自觉地按照礼的要求来处事。有人把"立"解释为站得住脚，但这一章是讲孔子自己一生学习、修养的不同阶段的不同境界，这样解释与整章文意不合。　[3]不惑：不被外界事物所迷惑。　[4]知天命：这是孔子思想中较难理解的一个重

要问题，人们有许多不同的解释，但颇多牵强。要注意从《论语》中讲到"天命"的各章来理解，在综合有关各章内容的基础上，求得"知天命"的本义。　[5]耳顺：有各种解释。杨伯峻《论语译注》说，"这两个字很难讲，企图把它讲通的也有很多人，但都觉牵强"。可以与"人不知而不愠"联系起来理解。就是听到各种不同的意见，即使是错误的或对自己不利的意见，也能正确对待，不感到违逆不顺。　[6]从心所欲不逾矩：从，遵从。有人以为"从"同"纵"，放纵，但放纵有贬义，与本章文意不合。逾，越过。矩，规矩。

这一章的意思是：孔子说："我十五岁时立志学习，三十岁能自立，四十岁能不被外界事物迷惑，五十能知天命，六十岁能正确对待各种言论，不觉得不顺，七十岁能随心所欲而不会越出规矩。"

[**点评**]

孔子讲他一生学习成长的过程，说明人生是一个不断修养的过程，死而后已。孔子所述成长过程中几个阶段的几种境界，可以借鉴、对照自己，看看达到了什么样的境界，如何追求更高的境界，但不可拘泥于他所说的十五、三十、四十、五十、六十和七十的年龄，勉强要求自己。现代社会比起孔子那个时代，经济、科技高度发达，有人以为，可以更早自立和"不惑"。然而今日之社会，也远较古代复杂得多，又处于迅速发展变化之中，"立"与"不惑"也比孔子那时候难多了。面对迅速的发展变化、形形色色无穷的诱惑和各种思潮的影响，"不惑"已经不是阶段性的标志，而成为毕生的追求。至于"知天命""从心所欲不逾矩"，更是难以达到的境界，但应将其当作激励自己前进的目标，不懈地去追求。总之，学习修养是一个长期的、循序渐进的、死而后已的过程，要活到老，学到老，一步步向更高的境界前进。急于求成是不行的。

2·5　孟懿子问孝[1]。子曰："无违[2]。"樊迟御[3]，子告之曰："孟孙问孝于我[4]，我对曰'无违'。"樊迟曰："何谓也？"子曰："生，事之以礼；死，葬之以礼，祭之以礼。"

[注释]

[1]孟懿子：鲁国大夫，三家之一，姓仲孙，名何忌，懿是谥号。他的父亲孟僖子临死时要他向孔子学礼。　[2]无违：不要违背礼的意思。　[3]樊迟：孔子的学生，名须，字子迟，比孔子小四十六岁。御：驾驶马车。　[4]孟孙：指孟懿子。

这一章的意思是：孟懿子问什么是孝。孔子说："孝就是不要违背礼。"一天，樊迟给孔子驾车，孔子告诉他说："孟孙问我什么是孝，我回答他说'不要违背礼'。"樊迟说："这是什么意思呢？"孔子说："父母活着的时候，要按礼侍奉他们；父母死了，要按礼来埋葬他们，祭祀他们。"

[点评]

孔子说孝就是不要违背礼，就是事之以礼、葬之以礼、祭之以礼。也就是说，孝要落实到礼上。是否做到了孝，以是否依礼而行来衡量。12·1章又说"克己复礼为仁"，具体说是要"非礼勿视，非礼勿听，非礼勿言，非礼勿动"。视、听、言、动一切都依礼而行，就是仁。这都是说，仁与礼不可分，礼的规定体现了仁的要求，依礼而行就是仁，礼是仁的落实，也是仁的标准。也可与1·9章参读。

2·6　孟武伯问孝[1]。子曰："父母唯其疾之忧[2]。"

［注释］

[1]孟武伯：孟懿子的儿子，名彘。武是谥号。　[2]父母唯其疾之忧：有几种解释：一、父母爱子，无所不至，唯恐其有疾病，子女能体会父母这种心情，在日常生活中谨慎小心，就是孝；二、做子女的要使父母只为自己的疾病担忧，不必为自己其他方面的事担忧；三、子女只应以父母的疾病为忧，其他不宜过多操心。第二说较好。

这一章的意思是：孟武伯问什么是孝。孔子说："要让你的父母只为你的疾病担忧。"

［点评］

父母对子女的爱，无微不至。所以子女的孝要体现在不让父母为自己担忧上。说"父母唯其疾之忧"，是因为疾病有自己无法控制的因素，不能全由自己决定；此外，自身的立身行事，则全在自己。让父母只为自己的

疾病担忧，就是把孝体现在自己的修身、成长上，贯彻
到日常生活中做好每一件事的实际行动中。

2·7　子游问孝[1]。子曰：“今之孝者，是
谓能养。至于犬马，皆能有养[2]，不敬，何以别
乎？”

对于孝，《论语》突出一个“敬”字，却未提到“顺”，值得注意。

[注释]

[1]子游：孔子晚年的学生，姓言，名偃，字子游。　[2]至
于犬马，皆能有养：有两种解释：一说狗守门、马拉车驮物，也
能侍奉人，也就是犬马也能养人；一说狗、马也能得到人的饲养。
以后一解为好。

这一章的意思是：子游问什么是孝，孔子说：“现在所谓的孝，
只是说能赡养父母就行了。就是狗马都能得到饲养，如果对父母
不敬，赡养父母和饲养狗、马又怎样区别呢？”

[点评]

这一章孔子讲孝突出了一个“敬”字，强调孝应该
体现在人们内心的道德情感上，而不只是经济上的赡养。
产生于血缘关系的对父母的爱敬之情，是孝的实质。关
于这一点，还可参读17·21章。

孔子以饲养犬马和赡养父母相比，说：“不敬，何以
别乎？”反观今日，一些人对宠物犬马之养，远超于父
母之上，则又何以为人？

2·8　子夏问孝。子曰："色难[1]。有事，弟子服其劳[2]；有酒食，先生馔[3]，曾是以为孝乎？"

[注释]

[1]色难：色，脸色。"色难"有两种解释：一说难在顺承父母的脸色，一说难在侍奉父母时要和颜悦色。前说指父母的脸色，后说指孝子的脸色。讲孝，应是从子的方面讲，因此以后一解为好。　[2]服：从事，担任。　[3]先生：一说指长者，一说指父兄。本章讲孝，似应指父兄。馔：食用。有的解释为陈列，也可通，但不如直接解释为食用。

这一章的意思是：子夏问什么是孝。孔子说："难的是对父母要和颜悦色。只是有事情子女去做，有酒饭给父兄吃，这样就可以算是孝了吗？"

[点评]

人的脸色是内心情感的表露。说难的是对父母和颜悦色，也就是说难的是要有发自内心的对父母的爱敬之情，而不能停留在有事自己做、有饭父兄吃的外在行为上。

赡养父母，是为人子女的义务，也是孝的起码要求。一般人常常只从行为上看，以为能赡养父母就是孝了。这几章孔子论孝，超越了物质生活赡养的外在行为的层次，直指内心的情感。只在行为上依礼而行，而非发自内心，不敬，不能无怨无尤，不惮其烦，也还不能说是孝。

这一点极为重要，要认真体会。3·3章"人而不仁，如礼何？人而不仁，如乐何"，17·21章孔子与宰我讨论三年之丧，说的都是这个道理，可参读。

2·5章说孝要落实到礼上，依礼而行就是孝，这几章则说只是依礼赡养父母不足以为孝，这是从两个方面说明仁和礼的关系，要注意联系起来，全面理解。

2·9　子曰："吾与回言终日[1]，不违如愚[2]。退而省其私[3]，亦足以发[4]，回也不愚。"

[注释]

[1]回：孔子早年的学生，姓颜，名回，字渊。　[2]不违：不提出不同意见和问题。　[3]退而省其私：一说是考察他与其他学生私下讨论学问时的言论，一说是退回去自己研究。如果是自己研究，应写成"自习"或"自省"，而不是"省其私"。　[4]发：发明，启发。

这一章的意思是：孔子说："我与颜回谈话一整天，他都不提不同意见和问题，像是很愚笨。等他退下去之后，我考察他私下的言论，发现他也能对我讲的有所发挥，颜回其实并不愚笨呀！"

[点评]

从孔子对颜回的赞誉，可以看出孔子对弟子的要求。他不希望弟子"终日不违"，提不出不同意见和问题，而欣赏弟子"足以发"，能够对他讲的内容有所发挥。可与1·15章参读。

2·10　子曰：“视其所以^[1]，观其所由^[2]，察其所安^[3]，人焉廋哉^[4]？人焉廋哉？”

[注释]

[1]所以：有几种解释：一、“以”字作“使用”讲，“所以”即所使用的；二、“以”字作“为”讲，“所以”即所作所为；三、“以”作“相与”讲，“所以”即所结交的朋友；四、“以”作“动因”讲，“所以”即所抱有的动机。本书取第四说。　[2]所由：所经由的道路。由，经由。　[3]所安：是指人对于某事的心情、意志。如有了过失，有的心安理得，有的人于心不安，就是所安不同。安，安定，安乐。　[4]廋（sōu）：隐藏，藏匿。

这一章的意思是：孔子说：“看他言行的动机，观察他所走的道路，考察他安于什么，这样，一个人怎样能隐藏得了呢？一个人怎样能隐藏得了呢？”

[点评]

1·16章说“患不知人”，本章就是谈知人的方法。所以、所由、所安，由外而内，由显现而隐秘；视、观、察，由表及里，由浅而深。如此全面观察，人自然无从隐瞒。5·9章还说“听其言而观其行”，可联系起来读。

“故”和“新”的关系是认识论的大问题。在如何对待传统文化的问题上种种摇摆、偏差，多是由于对这个问题认识不清而来。

2·11　子曰：“温故而知新^[1]，可以为师矣。”

[注释]

[1] 温故而知新：有不同的解释：一、一般解释是，在温习已知的知识中有新的体会，开发出新知识；二、把"温故"与"知新"作两个方面来解释，说"既温寻故者又知新者，则可以为人师矣"。前一解强调从温故中知新，可以与1·15章"告诸往而知来者"，7·8章"举一隅不以三隅反，则不复也"，联系起来理解，似更符合孔子的思想。

这一章的意思是：孔子说："能从温习已知的知识中有新的体会，开发出新知识，就可以当老师了。"

[点评]

学都由温故，继承前人已有知识开始，但又必须从温故中开发出新知，才是真正的学。不温故而凭空开发出新知，将是无源之水，无本之木；只温故而不能开发出新知，将是泥古不化，停滞不前。凡此都不能称为学，更不足以为师。古人亦有以"通古今"解释温故知新的，说"故，古也。六经皆述古昔、称先王者也。知新，谓通其大义，以斟酌后世之制作"（刘逢禄《论语述何》）。今天对待传统文化，也宜温故知新也。

2·12　子曰："君子不器[1]。"

[注释]

[1] 器：器具。各种器具都有专门的用途。孔子说"君子不器"，是说君子应该博学多能，不局限于某一专门知识或技能。

　　这一章的意思是：孔子说："君子不像器具那样（只有某种特定的用途）。"

［点评］

　　"君子不器"，是相对于"君子学以致其道"（19·7）来说的。孔子的教育重在学习做人的道理，根本任务是"成人"，培养受教育者成为有理想、有道德、人格高尚、博学多能、全面发展的君子，而不是局限于掌握某一方面专门知识和技能的专才。14·13章讨论到"成人"的标准，反映了孔子对完善人格的要求。这是关于教育、关于人的成长的古今通用的基本思想，值得我们认真研究领会。

　　教育是随社会要求的变化而发展的。自从机器工业发展，科学技术成为生产力以后，社会需要大量科学技术人才，培养各类各级专业人才也成为学校的一项任务和目标。但实践中出现过只重成才，忽视和淡化成人的偏向。在市场经济环境影响下，一些年轻人既不求成人，也不求成才，一心只想"成功"。正确认识成人、成才、成功这三种不同的追求，是重要的问题。成人是做人的根本要求，古今的通义；成才反映了现代社会对人的素质的要求，应当重视，但不能因此而忽视以至于忘掉"成人"的目标。在成人、成才的基础上求成功，才有真正的成功。以成人为目标，"君子不器"，仍然是我们教育工作和人生追求的重要指导思想。

　　"君子不器"的本义是相对于"道"而言的，当代科学技术发展的趋势，愈来愈向综合的方向发展。在科技知识和能力的培养上，也不能局限于某一专业范围，而要力求成为能够进行跨学科综合研究的人才。这也可以说是"君子不器"在现代条件下具有的新含义。

2·13　子贡问君子。子曰："先行其言而后从之。"

[注释]

这一章的意思是：子贡问怎样做一个君子。孔子说："先实行你所要说的话，然后再说。"

[点评]

言行关系，是道德修养中的一个重要问题。重视力行，要求言行一致，是中华民族的传统美德。可与1·3、4·22、4·24、5·9、5·13、12·3、13·27、14·5、14·29诸章参读。

2·14　子曰："君子周而不比[1]，小人比而不周。"

[注释]

[1]周：遍及。比：勾结。周与比对举，是团结众人、不结党营私的意思。另一说，"周"作"忠信"讲。

这一章的意思是：孔子说："君子能团结众人而不结党营私，小人结党营私而不团结众人。"

[点评]

"周而不比"和"比而不周"的差别，实质是公与私的对立。君子以道义为立身行事的准则，出于公心，所以能够团结众人；小人以私利为准则，所以总是结党营私。15·21章说"群而不党"，13·23章说"君子和而不同，小人同而不和"，可以参读。"周而不比""群而不党"是从行为表现上说，"和而不同"是从思想态度上说。"和而不同"是"周而不比""群而不党"的思想基础；"周而不比""群而不党"是"和而不同"的实际表现。

2·15　子曰："学而不思则罔[1]，思而不学则殆[2]。"

[注释]

[1]罔：有几种解释：一、迷惑；二、诬罔，受骗；三、罔然无知。　[2]殆：有几种解释：一、危险；二、疲怠；三、疑惑。

这一章的意思是：孔子说："只学习而不思考，就会罔然无知而没有收获；只思考而不学习，就会疑惑而不能肯定。"

[点评]

孔子既指出"学而不思"的不足，也指出"思而不学"的弊病，主张学和思结合。《论语》中有许多章分别谈到学和思这两个方面，如15·30、17·8等章着重强调了学的重要，7·8、15·2等章则是强调了思的重要，要注意联系起来全面理解。

2·16　子曰：“攻乎异端[1]，斯害也已[2]。”

[注释]

[1]攻：有两种解释：一、治，做某件事，如攻读；二、攻击。异端：过去一般解释为不同于孔子的思想学说，并提出杨、墨、佛、老加以说明。但孔子当时还没有诸子百家。因此杨伯峻《论语译注》译成“不正确的议论”。钱穆《论语新解》则认为异端是泛指，一事必有两头，一线必有两端，从这端看，那端是异端；从那端看，这端是异端。《论语》这一章是告诫人们不要只执一端。　[2]斯：代词，这。也已：语气词。

这一章的意思是：孔子说：“专就反对的一端去下功夫，这就有害了。”

[点评]

这一章有多解。刘宝楠《论语正义》认为本章的意思是，不同意见如果双方各执一端，就有害了；不同意见彼此切磋，不专执一端，害自然就没有了。钱穆《论语新解》试译作：“专向反对的一端用力，那就有害了。”意思相近，都是说本章是告诫人们不要只执一端，是孔子提倡的中庸思想的体现。9·7章说到“叩其两端而竭焉”，也是说的这个意思，可参读。还可与6·27、11·15、13·21等章参读。

人之功过是非，优劣长短；事之成败顺逆，兴亡得失，都是两端并存。而偏于一端，只见其一而不见其二，是人们的通病，人受其害深矣。《论语》此章孔子特别指出其害，实有深意。望读者认真体会，戒之戒之。

2·17　子曰："由[1]，诲女知之乎[2]？知之为知之，不知为不知，是知也[3]。"

[注释]

[1]由：孔子早年的学生，姓仲，名由，字子路。　[2]女：同"汝"，你。　[3]知：同"智"。

这一章的意思是：孔子说："由呀，我教你怎样求知吧！知道的就是知道，不知道的就是不知道，这就是智慧呀！"

[点评]

强不知以为知，是人们认识中常见的通病。"知之为知之，不知为不知，是知也。"反映出孔子对知识的实事求是的老实态度，是纠正这种毛病的良方。关于这个问题，还可参读2·18、3·9、7·27、9·4、17·14等章。

2·18　子张学干禄[1]，子曰："多闻阙疑[2]，慎言其余，则寡尤[3]；多见阙殆，慎行其余，则寡悔。言寡尤，行寡悔，禄在其中矣。"

[注释]

[1]子张：孔子晚年的学生，姓颛孙，名师。干禄：干，求。禄，古代官吏的俸禄。干禄就是求官职。　[2]阙：缺。这里作放置一

旁讲。疑：与后文"殆"，同是怀疑的意思。朱熹《论语集注》认为二者又有不同，疑是指自己感到不很可信，殆是指自己感到还有所不妥。"疑者所未信，殆者所未安。"　[3]尤：过失。

这一章的意思是：子张要学谋求官职的方法，孔子说："多听，有疑问的地方先放在一旁不说，其余有把握的，也要谨慎地说，就能减少过失；多看，有疑问的地方先放在一旁不做，其余有把握的，也谨慎地去做，就能减少后悔。说话少过失，做事少后悔，官职俸禄就在这里了。"

[**点评**]

子张问的是谋求官职的方法，孔子讲的多闻多见，慎言慎行，减少过失和后悔，实际上是学习和日常言行的基本态度和原则。如能做到，职位俸禄也就自然在其中了，谋求官职并没有其他特殊的方法和途径。求职为官，根本在为人。这个道理，古今通用，值得深思。可与1·10章"夫子温、良、恭、俭、让以得之"参读。

2·19　哀公问曰[1]："何为则民服？"孔子对曰[2]："举直错诸枉[3]，则民服；举枉错诸直，则民不服。"

[注释]

[1]哀公：鲁国国君。姓姬，名蒋，哀是谥号。　[2]对曰：《论语》记载对国君及在上位者问话的回答都用"对曰"，以表示尊敬。　[3]错诸枉："错"有两种解释：一、废置，二、放置其上。

诸，相当于"之乎"。"错诸枉"就是放在邪曲的人之上。如果"错"字作"废置"讲，不需"诸"字，"错诸枉"不能通。

这一章的意思是：鲁哀公问："怎样才能使百姓服从？"孔子答道："把正直的人提拔起来放在邪曲的人之上，百姓就服从了；把邪曲的人提拔起来放在正直的人之上，百姓就不服从了。"

[**点评**]

"举直错诸枉"，发现和选拔贤才，任以高位，放到邪曲小人之上，是孔子德治思想的一个重要内容。《论语》讲到这一点的还有6·4、6·12、12·22、13·2等章，可联系起来读。举贤才的思想，比之于当时宗法制度下不问德行和才能、任人唯亲的做法来说，是一大进步。由此也形成了古代政治中任人唯贤的优良传统，也是当今为政治国不可忽视的重要问题。

2·20　季康子问[1]："使民敬忠以劝[2]，如之何？"子曰："临之以庄，则敬；孝慈[3]，则忠；举善而教不能，则劝。"

[**注释**]

[1]季康子：鲁国大夫，姬姓季氏，名肥。康是谥号。　[2]以：连词，与"而"同。劝：勉励。这里是自勉努力的意思。　[3]孝慈：有两种解释：一说当政者自己实行孝慈，一说当政者引导百姓孝慈。

这一章的意思是：季康子问道："要使百姓对当政的人尊敬、

忠心，又能加倍努力，该怎样去做呢？”孔子说：“你用庄严的态度对待百姓，他们就会尊敬你；你对父母孝，对子弟慈，百姓就会忠于你；你提拔善人，又教育能力差的人，百姓就会互相勉励，加倍努力了。”

[点评]

当政者关心的是怎样使百姓忠心、尽力的问题，孔子的回答则是对当政者提出要求。百姓能否尽忠、尽力，全看当政者自己做得好坏。正人先正己，首先对当政者提出要求，这一点贯穿在孔子论为政的所有论述中。12·17章说：“政者正也。子帅以正，孰敢不正？”12·19章说：“君子之德风，小人之德草，草上之风必偃。”都是说百姓的态度、社会的风气，都取决于当政者自身。也可与13·6、13·13两章参读。

2·21　或谓孔子曰：“子奚不为政？”子曰：“《书》云：‘孝乎惟孝，友于兄弟 [1]。施于有政 [2]。’是亦为政，奚其为为政？”

“是亦为政，奚其为为政？”由此看出孔子对教化（教育）和为政关系的认识。

[注释]

[1]《书》：指《尚书》。孝乎惟孝，友于兄弟：见伪古文《尚书·君陈》。是对孝悌的赞美之词。友，亲爱，友好。　[2]施于有政：施，一作施行讲，一作延及讲。施于有政，依前解就是施行到政事中，依后解就是影响到政治上去。

这一章的意思是：有人对孔子说：“你为什么不从事政治

呢？"孔子说："《尚书》上说，孝啊，孝于父母，又爱兄弟。把这孝悌的道理施行到政事上，也就是从事政治了。又要怎样才是为政呢？"

[点评]

　　旧注有说，孔子不仕，有难以向问话人说的，所以用这样一个托辞来回答。不过真正的道理也就在这中间。在孔子思想里，为政和教育是不可分的。从为政方面看，他认为"政者正也"，主张为政以德；要求在位的当政者要"帅以正"；对百姓则要"道之以德，齐之以礼"，使百姓"有耻且格"。所以道德教化是治国的基础。从教育方面讲，他认为教育不是单纯传授知识的文化活动，而是培养人、培养治国贤才，是关系到社会安定、国家治乱的根本大事。如果孝悌之义真能施行于家、国、天下，也就无异于为政了。这一思想影响深远，形成了我国重视教育的优良传统，造就了我们礼仪之邦的美名。可与 2·3 章"道之以德，齐之以礼"及谈教育的 6·25、13·4 等章参读。

人而无信，犹如车无輗、轨。是"信"的根本义。

2·22　子曰："人而无信，不知其可也。大车无輗，小车无軏[1]，其何以行之哉？"

[注释]

　　[1]輗（ní）、軏（yuè）：古代大车是指牛车，小车是指马车。这两种车车辕前面都有一道驾牲口的横木。横木两端和车辕上凿

有小孔，用包有铁皮的木销钉插入圆孔，把横木和车辕连接起来。这两种车的销钉就分别叫作𫐐和𫐄。

这一章的意思是：孔子说："一个人不讲信用，是不可以的（直译是：不知怎么可以）。大车小车，没有了连接辕和前面横木的销钉，还怎么能走呢？"

[点评]

《论语》中的"信"，有两方面的含义：一、对人讲信用。如1·4章"与朋友交而不信乎？"又《论语》中常忠信连用，这种情况下的信，一般也指诚信、信用。二、取得他人的信任，取信于民。如19·10章"君子信而后劳其民"。也有的地方两种含义兼有。本章就两种含义都可解。这两个方面又是互相联系的，只有对人讲信用，才能取得他人的信任。但讲信用不只是为了取得他人的信任，从而给自己带来好处。本章孔子用"大车无𫐐，小车无𫐄，其何以行之哉"做比喻，说明人不可无信，是"信"的根本义。含义深刻，要认真领会。关于信，还可与13·20、15·36、19·10等章参读。

2·23　子张问："十世可知也[1]？"子曰："殷因于夏礼[2]，所损益可知也[3]；周因于殷礼，所损益可知也。其或继周者，虽百世可知也。"

[注释]

[1] 十世可知也：世，古时称三十年为一世。也有的把世解释

为朝代。也，同"耶"，疑问词。子张是问十世以后的事能不能预先知道。　[2]因：因袭，继承。　[3]损益：减少和增加，变动的意思。

　　这一章的意思是：子张问："十世以后的事可以预先知道吗？"孔子说："殷朝继承了夏朝的礼仪制度，所减少和所增加的是可以知道的；周朝继承了殷朝的礼仪制度，所减少和所增加的也是可以知道的。将来如果有继承周朝的，就是一百世之久，也是可以知道的。"

［点评］

　　孔子在这一章中讲到历史发展中的变和不变。殷因于夏，周因于殷，是不变的方面；有所损益，是变的方面。人类社会不断进步，总是继承前代的成果，有不变的方面；同时又会去旧立新，有所变革。有因有革，不变的传统中有变，变革的发展中有不变；不断变革的文化因其中的不变而形成传统，传统通过变革而延续发展，这是社会发展的规律。孔子说，把握了这一点，即使百世以下的发展方向，也是可以预料的。这一点，对于今天我们思考文化的继承和发展，也有重要意义。

　　从孔子实际的态度看，3·14章说："周监于二代，郁郁乎文哉，吾从周。"17·5章说："如有用我者，吾其为东周乎？"说明孔子的基本态度是要继承周礼，但他并不是反对任何改革，而是既有继承，也有损益的。可以与3·1、3·2、3·6、3·22及9·3等章参读。

　　2·24　子曰："非其鬼而祭之[1]，谄也[2]。

见义不为^[3]，无勇也。"

[**注释**]

[1]鬼：有两种解释：一、指死去的祖先，二、泛指鬼神。后解可以包含前解。　[2]谄：谄媚。　[3]义：孔子思想中的一个道德范畴。何晏《论语集解》注：义，所宜为。人所应该做的就是义。和孔子整个思想联系起来看，符合于仁、礼要求的就是义。

这一章的意思是：孔子说："不是你应该祭的鬼神，你却去祭它，这就是谄媚。见到应该做的事而不去做，就是没有勇气。"

[**点评**]

"见义不为，无勇也。"从正面讲，就是要见义勇为。遇到合于道义、应该做的事，就要勇于去做。见义不为，道德认知与道德实践脱节，是社会道德生活中常见的通病。道德的根本在于行，见义不为，一切道德就都成了空话。"见义不为，无勇也"就是针对这一现象和问题的批评。一事当前，做还是不做？每个人都有自己的选择。是以应该不应该为标准，还是以对自己有利不利为标准，这反映了一个人的价值观。见义勇为就是要求以应该不应该为行为准则，应该做的就做，反映了"义以为上"的价值观。

人们常把见义勇为解释为在危难面前舍己救人。舍己救人固然属于见义勇为，然而《论语》中"见义不为，无勇也"的本义，并不在此。把见义勇为理解为舍己救人，事实上既不可能要求多数人做到，也就不能为多数

批评见义不为，就是要求"见义勇为"。见到符合道义、应该做的，就勇于去做。这是"见义勇为"的正解。

人所接受。而把见义勇为理解为克服见义不为的陋习，见到应该做的就勇于去做，这就是每一个人都应该而且可以做到的，是修身的起点。真正这样要求自己，从日常每一件小事做起，以应该不应该为衡量做与不做的标准，坚持不懈，贯彻到底，最后也就可能在生死关头舍己救人。

孔子以"见义不为"为"无勇"，表明勇和义的要求是相联系的。勇不是简单的天不怕地不怕，不怕牺牲，不怕死。见义勇为的勇是勇于战胜自己，克服私心。应该做的就去做，是需要勇气的，做到这一点才是真正的勇；做不到这一点，就是无勇。《论语》中许多道德规范，如勇、直、恭、慎、信等等，都不能离开仁、礼，或者说义的要求。这一点非常重要，希望读者注意。关于勇，还可参读 8·2、8·10、17·23 等章。本章可与 15·35 章"当仁不让于师"参读。

八佾篇第三

3·1　孔子谓季氏："八佾舞于庭[1]，是可忍也[2]，孰不可忍也？"

[注释]

[1] 季氏：鲁国大夫季孙氏。八佾（yì）：佾，行列。古时祭祀时的舞蹈，天子八佾，诸侯六佾，大夫四佾，士二佾。每佾人数有两种说法：一说每佾八人；一说每佾人数与佾数相同，即八佾每佾八人，六佾每佾六人，四佾每佾四人，二佾每佾二人。　[2] 忍：有两种解释：一作容忍讲，一作忍心讲。

这一章的意思是：孔子谈季氏："在自己家庙的庭中使用六十四人的舞列，这样的事他都忍心去做，还有什么事他不忍心做呢？"

[点评]

本篇都是论及礼乐。孔子所处的时代，是社会变动、礼崩乐坏的时代，违礼僭越的行为层出不穷。这一章和以下3·2、3·6、3·22、5·18等章，记载了孔子对当时一些违礼行为的评论。讲的是具体的人和事，却有义理寓乎其间，反映了孔子对时世的基本态度。一部《论语》，像这样讲具体人和事的内容很多，虽不直接谈到仁、礼等等，却也是孔子思想之着精神处。读《论语》不能只注意那些直接谈思想的部分，也要重视谈具体人和事的这些章节，认真体会其中蕴含的思想精神。

3·2　三家者以《雍》彻[1]。子曰："'相维辟公，天子穆穆[2]。'奚取于三家之堂[3]？"

[注释]

[1]三家：鲁国大夫孟孙、叔孙、季孙三家。以《雍》彻：《雍》，《诗·周颂》的一篇。彻，同"撤"。古时祭礼完毕撤去祭品时要奏乐唱诗，《雍》是周天子举行祭礼撤祭品时唱的诗。　[2]相（xiàng）维辟公，天子穆穆：是《雍》诗中的两句。相，傧相，助祭者。辟公，指诸侯。穆穆，端庄盛美貌，这里形容天子的仪态。　[3]堂：庙堂。

这一章的意思是：孟孙、叔孙、季孙三家在祭祖完毕撤除祭品时，命乐工唱《雍》诗。孔子说："《雍》诗唱的是诸侯助祭，天子端庄而美貌。这样的意思，怎么能用在你三家的庙堂里呢？"

3·3　子曰："人而不仁，如礼何？人而不仁，如乐何[1]？"

[**注释**]

[1] 如礼何、如乐何：如何对待礼乐的意思。

这一章的意思是：孔子说："一个人没有仁心，他怎么实行礼呢？一个人没有仁心，他怎么运用乐呢？"

[**点评**]

2·5章说："生，事之以礼；死，葬之以礼，祭之以礼。"12·1章又说："克己复礼为仁。"这都是说，依礼而行就是仁；礼是仁的落实，也是仁的标准。离开礼，仁就会落空，不能落实，无从检验。本章讲的是仁礼关系的另一个方面。礼乐都是外在的，仁则是人们内心的道德情感和要求。仁在内，礼乐在外；仁是灵魂，礼乐是形式。离开仁，礼乐就失去了灵魂，徒具形式，毫无意义。

所以仁和礼不可分，谈仁总是联系到礼，谈礼也总是联系到仁。2·5、12·1、17·11等章侧重于强调依礼而行就是仁；2·7、2·8、17·21章论孝则是侧重于强调仁是礼的灵魂，可参读。

从这一点可以进一步理解为政以德的思想。"道之以德"和"齐之以礼"这两个方面中，"道之以德"是"齐之以礼"的基础，"齐之以礼"是"道之以德"的落实。

3·4　林放问礼之本[1]。子曰："大哉问！礼，与其奢也，宁俭；丧，与其易也[2]，宁戚。"

［注释］

[1] 林放：鲁国人。　[2] 易：有两种解释：一、谦和，平易；二、治办周到。朱熹《论语集注》："夫祭与其敬不足而礼有余也，不若礼不足而敬有余也；丧与其哀不足而礼有余也，不若礼不足而哀有余也。"都是从礼的形式和内容、外部的仪式规定与内心情感的关系来解释。依此，以第二解为好。

这一章的意思是：林放问什么是礼的根本。孔子说："这个问题意义重大呀！对于礼，与其过于奢侈，宁可比较节俭；对于丧礼，与其治办周备，宁可哀伤多些。"

［点评］

本章提出礼之本。礼有两个方面，其具体规定是形式方面，其所体现的内心情感和精神则是实质。二者中，内心情感是灵魂，是本；外在形式是末。一般人常常只注意礼的形式，而忽略了其实质和根本。所以林放提出礼之本的问题受到孔子的赞许。这是对上一章思想的具体发挥，可联系起来理解。只注意形式而忘其实质、舍本逐末的情况，在现实生活中也是常见的，应引起注意。

3·5　子曰："夷狄之有君[1]，不如诸夏之亡也[2]。"

［注释］

[1] 夷狄：古代对于异族的贬称。　[2] 诸夏：古代汉族自称诸夏，或华夏。亡：同"无"。古书"无"多写作"亡"。这一章

有两种解释：一说，夷狄即使有国君，也不如诸夏没有国君哩。另一说，夷狄尚且有国君，不像诸夏却僭越作乱，反而没有君臣上下之分。前一说强调了夷狄之不如诸夏，后一说则强调了尊君的思想。

这一章的意思是：孔子说："夷狄即使有国君，也不如中国没有君主哩。"

［点评］

本章可联系上两章来理解。治国也有内和外、实质和形式两方面。有没有君，是形式；有没有道，是实质。夷狄指周边文化落后的民族或地区。本章的意思就是说，华夏的优于夷狄，不在于有君无君。夷狄虽有君而无道，中原虽可能一时无君，然而有道。所以夷狄之有君，还不如华夏之无君。这是突出了中原之优于夷狄是在于道，即文化高于夷狄。这也就是古代常说的"华夷之辨"。

3·6　季氏旅于泰山[1]，子谓冉有曰[2]："女弗能救与[3]？"对曰："不能。"子曰："呜呼！曾谓泰山不如林放乎[4]？"

［注释］

[1]旅：祭名。"旅于泰山"就是祭祀泰山。按照周礼，只有天子有资格祭祀天下名山大川，诸侯只能祭封地以内的山川。季氏是鲁国大夫，却去祭祀泰山，是僭礼的行为。　[2]冉有：孔子的学生，名求。当时是季氏的家臣。　[3]女：同"汝"，你。救：

这里是谏止的意思。　[4]曾谓泰山不如林放乎：泰山，泰山神。林放见前3·4章"林放问礼之本"。这句话的意思是，泰山神难道还不如林放知礼吗？它怎会接受这非礼的祭祀呢？是对季氏祭泰山的批评，同时赞美林放知礼，也是对冉有的批评。

这一章的意思是：季孙氏去祭泰山，孔子对冉有说："你不能劝阻他吗？"冉有回答说："不能。"孔子说："唉！难道泰山神还不如林放知礼吗？"

［点评］

本章也是反映孔子对当时违礼现象的态度，可与3·2章参读。

3·7　子曰："君子无所争，必也射乎[1]！揖让而升[2]，下而饮，其争也君子。"

［注释］

[1]射：指古代的射礼。大射礼规定两人一组，相互作揖然后登堂，射完再相互作揖退下。各组射完后，再作揖登堂饮酒。　[2]揖：拱手行礼。

这一章的意思是：孔子说："君子没有什么与别人相争的事情。如果有的话，那就是比赛射箭了。比赛时，先相互作揖然后登堂，射完又相互作揖再退下，然后登堂饮酒。这样的争也是君子之争。"

［点评］

孔子儒家提倡谦逊礼让而少言竞争、争斗，本章是《论语》中讲到争的唯一一处。谦逊礼让是中华民族的传统美德，是个人成长和促进社会和谐的重要因素，应该继承发扬。现代市场经济条件下，竞争是经济运行的基本法则，是推动经济和社会发展的动力。现代人必须具有竞争意识，"君子无所争"已是不合时宜了。但经济活动只是社会生活的一部分，竞争法则不能滥用于社会生活的一切方面。对于社会的和谐发展，谦逊礼让仍是重要的，一定条件下不争也是需要的。对于正常、必要的竞争、竞赛，应该是君子之争，古代君子之争的精神也还值得借鉴。要遵守法律、道义的规则，不能不择手段。竞争对手之间，应具有互敬、互学之情感和态度，场上是对手，场下是兄弟，不能以对手为敌人。

3·8　子夏问曰："'巧笑倩兮，美目盼兮，素以为绚兮。'何谓也[1]？"子曰："绘事后素[2]。"曰："礼后乎？"子曰："起予者商也[3]，始可与言《诗》已矣。"

[**注释**]

[1] 巧笑倩（qiàn）兮，美目盼兮，素以为绚（xuàn）兮：倩，笑容美好。兮，语词，相当于"啊"。盼，眼睛黑白分明。何晏《论语集解》："盼，动目貌。"这里是形容眼睛的美丽动人。绚，有文采。前两句见《诗·卫风·硕人》，第三句不见于《诗经》，可能是逸诗。　[2] 绘事后素：有两种解释：一、绘画时先有白底，然后画画；二、古人绘画，先画五彩颜色，然后用粉白线条加以勾

勒。　[3]起予者商也：起，启发。予，我，孔子自指。商，子夏，名商。

这一章的意思是：子夏问道："'笑容是多么美好啊，眼睛是多么动人啊，用素粉来打扮啊。'这几句诗是指的什么呢？"孔子说："这就好比绘画先画了色彩，再加素色。"子夏说："是说礼义是后起的事吗？"孔子说："启发了我的是卜商啊，现在可以和他谈论《诗》了。"

[**点评**]

子夏从"绘事后素"中体会到"礼后乎"，是用绘画做比喻来说明仁和礼的关系。这里包含了两方面的意思：一方面，仁是基础，礼是在仁的基础上加以文饰；另一方面，只有有了礼的文饰，才能最后完成一幅画，所以礼也是必不可少的。6·16、12·8等章也谈到文与质的关系，要求君子"文质彬彬"，说的也是这个问题，可以联系起来参读。

孔子教人重启发，要求弟子能举一反三。1·15章和本章子贡、子夏能从孔子的话中体会到孔子没有直接说出的意思，"告诸往而知来者"，并且反过来也启发了孔子，因此受到孔子的称赞。还可与2·11、5·8、7·8等章参读。

3·9　子曰："夏礼吾能言之，杞不足征也 [1]；殷礼吾能言之，宋不足征也。文献不足故也 [2]。足，则吾能征之矣。"

［注释］

[1] 杞、宋：春秋时二国名。杞是夏禹的后裔，宋是商汤的后裔。征：证明。　[2] 文献：文指历史典籍，献指贤人。与现在文献只指典籍不同。

这一章的意思是：孔子说："夏朝的礼，我能说出来，但杞国不足以证明我的话；殷朝的礼，我能说出来，但宋国不足以证明我的话。这是因为历史典籍和贤人不够的缘故。如果有足够的历史典籍和贤人，我就可以证明了。"

［点评］

孔子这样说，反映了他对知识的慎重和实事求是的态度。可与 2·17、17·14 两章参读。

3·10　子曰："禘自既灌而往者 [1]，吾不欲观之矣 [2]。"

［注释］

[1] 禘（dì）：周朝时天子和诸侯祭祖的大祭。祭祖时先祭始祖，第一次献酒后，再依尊卑亲疏的次序祭祀历代祖先。灌：禘礼中第一次献酒。　[2] 吾不欲观之矣：鲁文公时，在禘祭时把其父僖公排在闵公的前面，僖公虽是闵公的哥哥，但他是继承闵公当国君的，因此把僖公放在闵公之前就是违礼的逆祀。孔子不愿再看，表示对此的不满。

这一章的意思是：孔子说："对于禘，从第一次献酒以后，我就不想看下去了。"

3·11　或问禘之说[1]，子曰："不知也。知其说者之于天下也，其如示诸斯乎[2]！"指其掌。

[注释]

[1] 禘之说："说"字有的解释为理论，有的解释为道理。邢昺《论语注疏》中"正义"解释"禘之说"即"禘祭之礼，其说何如"。可以说是关于禘祭的规定。　[2]示诸斯：斯，指下文"掌"字。"示"有两种解释：一作视讲，示诸斯意思是像看自己掌中物一般，很易明了；一作置讲，示诸斯就是像摆在自己手掌里一样，运用自如。两种解释都通。孔子主张礼治，认为报本追源，意义没有比禘祭更深的了。

这一章的意思是：有人问关于禘祭的规定，孔子说："我不知道。知道这种规定的人，对治理天下的事，就会像放在这里一样。"孔子一面说，一面指着他的手掌。

3·12　祭如在，祭神如神在。子曰："吾不与祭[1]，如不祭。"

[注释]

[1] 与（yù）：参预。

这一章的意思是：孔子在祭祖先的时候，就像祖先真的在受祭一样；祭神的时候，也好像真有神在受祭。孔子说："我如果没有亲自参加祭祀，那就和没有举行祭礼一样。"

［点评］

孔子并不信鬼神，主张"敬鬼神而远之"，但极重视对祖先的祭祀。本章要求"祭神如神在"，祭祀时要带着好像祖先真在受祭一样的虔诚心情，强调的是与祭者在祭祀时的内心情感，而不是鬼神的真正存在。因此祭祀的意义是道德的而非宗教的，对这一点要注意体会。关于祭礼，可与2·5章参读；关于礼的本质和形式，可参读2·7、2·8、3·3、3·4、17·11、17·21等章。

3·13　王孙贾问曰[1]："与其媚于奥，宁媚于灶[2]，何谓也？"子曰："不然。获罪于天[3]，无所祷也。"

［注释］

[1] 王孙贾：卫国大夫。　[2] 与其媚于奥，宁媚于灶：媚，谄媚，奉承。奥，居室的西南角，古时是一家中尊者居住的地方。灶，烹饪做饭的地方。居奥的尊者地位虽高，但不管事，不如灶下做饭的掌握着饮食大事。这里用奥喻指内廷的近臣，用灶喻指外朝的实际执政者。这两句是当时俗语，王孙贾问孔子，暗示要孔子奉承自己。　[3] 获罪于天：对于"天"有不同的解释，有的说天就是理，有的说天是喻指卫君。后一说更接近于孔子原意。

这一章的意思是：王孙贾问道："俗话说，与其在奥处求媚，不如在灶处求媚。这是什么意思？"孔子说："不是这样。如果得罪了天，那就没有地方可以祷告了。"

［点评］

孔子不信鬼神，亦不祷告于天。本章媚奥、媚灶、获罪于天，都是喻指。古注释"天"喻指理，或卫君。今天可以从正义、民心来解释。本章之意，既不要奉承近臣，也无须奉承权臣，重要的是做好自己应该做的事，否则，违背正义，得罪了百姓，奉承谁都没有用。

3·14 子曰："周监于二代[1]，郁郁乎文哉[1]，吾从周。"

［注释］

[1] 监于二代：监，通"鉴"。二代，指夏、商二代。 [2] 郁郁：文采盛貌。文：指礼乐制度。

这一章的意思是：孔子说："周朝的礼仪制度借鉴于夏商二代，是多么的丰富多彩呀，我遵从周朝的制度。"

［点评］

推崇周礼是孔子的基本态度。孔子要求"齐之以礼"（2·3）、"克己复礼"（12·1），所说的礼主要也是指周礼。同时孔子也主张对周礼有所损益。可与 2·23、3·1、3·2、3·6、9·3 及 17·5 等章参读。

3·15 子入大庙[1]，每事问。或曰："孰谓鄹人之子知礼乎[2]？入大庙，每事问。"子闻之，曰："是礼也 [3]。"

[注释]

[1] 大庙：即太庙，天子的祖庙。鲁国祭周公的庙也叫太庙。　[2] 鄹（zōu）人之子：鄹，又作郰，地名，在今山东曲阜东南，孔子在这里出生。孔子的父亲叔梁纥曾做过鄹大夫，《左传》称他为鄹人纥。鄹人之子指孔子。　[3] 是礼也：一般都作肯定语气解释，说孔子每事问是表示他对礼的谨慎和恭敬的态度，这正是知礼。钱穆《论语新解》解释，"也"通"邪"，是疑问词。说孔子每事问，是因为太庙中有许多僭礼之处，孔子提问，是"极委婉而又极深刻之讽刺与抗议"。有人因此以为孔子不知礼，孔子也只反问：这是礼吗？孔子明知故问，正是希望人们有所省悟。

这一章的意思是：孔子到了太庙，每件事都要问。有人说："谁说这个鄹大夫的儿子懂得礼呀，他到了太庙里，什么事都要问别人。"孔子听到了说："这就是礼呀！"

[点评]

对"是礼也"的两种不同解释，各有其道理，也都可给人以启发。对于《论语》中前人的不同注释，读者不必计较其对错，主要看其立论的依据并理解其含义，从中自可得到启发。

3·16　子曰："射不主皮 [1]，为力不同科 [2]，古之道也。"

[**注释**]

[1] 射不主皮：古时行射礼时，用布做成箭靶，叫作侯。在布中心贴一兽皮，叫作鹄。这里的皮就是指箭靶。射不主皮，举行射礼时，主要看是否射中，不是以能否射穿靶子为主。 [2] 科：等级。

这一章的意思是：孔子说："比射箭，主要不是看能否射穿靶子，因为各人力气大小不同。这是古时候的规矩。"

[**点评**]

尚德还是尚力，是政治领域长期存在的两种对立的思想。本章说比赛射箭不以能否射穿靶子为主，反映了尚德不尚力的思想。朱熹注："古者射以观德，但主于中，而不主于贯革。"（《四书章句集注》）

3·17 子贡欲去告朔之饩羊[1]。子曰："赐也，尔爱其羊[2]，我爱其礼。"

[**注释**]

[1] 告朔之饩（xì）羊：朔，农历每月的初一。周礼，天子在每年冬十二月，向诸侯颁发第二年的历书，告知每个月的初一日。诸侯接受后将历书藏于祖庙。到每月初一，杀一只羊祭于祖庙，并向百姓颁告。这就叫告朔。到子贡的时候，鲁国国君不再亲临祖庙，告朔之礼已废而不行。但每到初一还杀一只羊供奉祖庙。子贡认为这样徒具形式，不如连羊也不杀。 [2] 爱：爱惜的意思。

这一章的意思是：子贡想要免去每月初一告祭祖庙用的那只

羊。孔子说："赐呀，你爱惜那只羊，我却是爱惜那种礼呀。"

[点评]

告朔之礼，反映了对历法时令的重视。告朔之礼已经不行，孔子还不愿取消每月初一杀羊供奉的做法。因为杀羊供奉是承载告朔之礼的形式。留下这一形式，也是留下了关于告朔之礼的一个记忆；虽不再告朔，人们还会想到这一天是初一。去掉这一形式，告朔之礼就会从人们的记忆中彻底消失，人们也就不再注意到哪一天是初一了。从中也可理解礼的形式的意义。

3·18　子曰："事君尽礼，人以为谄也。"

[注释]

这一章的意思是：孔子说："完全按照礼的规定来侍奉君主，世人反而认为这是谄媚。"

[点评]

按礼的要求侍奉君主，反被人们视为谄媚。反映了礼崩乐坏环境下的社会风气，也反映了孔子坚持道义的态度和尴尬的处境。可与12·11章参读。在社会风气衰微的环境下，坚持道义，不愿随波逐流的人，也常常会遭遇类似的情况。

3·19　定公问[1]："君使臣，臣事君，如之

何？"孔子对曰："君使臣以礼，臣事君以忠[2]。"

[注释]

[1]定公：鲁国国君，名宋，定是谥号。 [2]君使臣以礼，臣事君以忠：有两种解释：一说"君之使臣以礼，则臣必事君以忠"；一说这两方面都是"理之当然"，君应该依礼，臣应该忠心，双方都要尽心从自己方面去做。

这一章的意思是：鲁定公问："君主使唤臣下，臣子服侍君主，应当怎样做呢？"孔子回答说："君主按照礼的要求去使唤臣下，臣子就会忠心服侍君主了。"

[点评]

对"君使臣以礼，臣事君以忠"的解释，汉儒说，对君和臣各有要求，君上要按礼的要求对待臣下，臣下也就能尽忠于君上，比较侧重于对君的要求，强调君依礼待臣是要求臣下尽忠的前提。宋儒说，两方面都是"理之当然"，君臣双方应各自尽心去做，"使臣不患其不忠，患礼之不至；事君不患其无礼，患忠之不足"（朱熹《四书章句集注》），即使君主无礼，臣下也应尽忠。从此可以窥见儒家思想的发展，在君臣关系上，愈往后对君上的要求愈少而对臣下的要求愈苛，直至发展到不问是非，对君主单方面绝对服从的愚忠。

两种解释，各有其道理。传统道德，对不同地位的人提出不同要求，如父慈子孝、兄友弟恭等，处在不同地位的人都自觉履行自身应尽的义务，遵守自身应遵守的规范，即所谓尽其在我，从要求自己做起，就可达成社会关系的和谐。这是传统道德的基本精神和要求。另一方面，爱人者人恒爱之，敬人者人恒敬之。欲人敬己，应先敬人。对君臣关系，孟子说："君之视臣如手足，则臣视君如腹心；君之视臣如犬马，则臣视君如国人；君之视臣如土芥，则臣视君如寇仇。"（《孟子·离娄下》）体现了首先对在上位者严格要求的精神，这也是传统道德，特别是传统政治道德的基本原则和精神。关于君臣关系，《论语》中还有11·23、14·23、15·37章讲到，可参读。

3·20　子曰："《关雎》[1]，乐而不淫，哀而不伤。"

[**注释**]

[1]《关雎》：《诗经》的第一篇。此篇写一君子追求淑女，思念时辗转反侧、寤寐思之的忧思，以及结婚时钟鼓乐之、琴瑟友之的欢乐。古乐也有《关雎》，有人认为这一章所说《关雎》是指《关雎》的乐，而不是指其诗。

这一章的意思是：孔子说："《关雎》这篇诗，有欢乐，但不放荡；有悲哀，但不至于伤生。"

[**点评**]

哀乐是人之常情，但发而见诸行动，要有所节制。哀乐过度，对己对人都会带来危害。乐而不淫、哀而不伤，是说哀乐都能适度，不致过分，体现了儒家的中庸

思想。可与 11·15 章"过犹不及"参读。而为什么说
《关雎》篇是乐而不淫、哀而不伤呢？怎样才是乐而不淫、
哀而不伤呢？这要从《关雎》本文中细心体会。

3·21　哀公问社于宰我[1]，宰我对曰："夏
后氏以松，殷人以柏，周人以栗，曰：使民战
栗[2]。"子闻之，曰："成事不说，遂事不谏，既
往不咎。"

[注释]

[1]社：土地神，祭土神的庙也称社。古时立国都要建社，选
用宜于当地生长的树木做社主（土地神的牌位）。从宰我的回答
看，哀公问的就是用什么木头做神主。宰我：孔子的学生，名
予。　[2]使民战栗：战栗，恐惧，发抖。宰我解释周朝用栗木做
社主是为了使百姓恐惧。一说，这是宰我讽劝哀公用严政。一说，
当时三桓专政，哀公想进行讨伐，故意用问社相暗示，宰我的回
答，暗示赞成。孔子知哀公无能，三家专权，时间已久，难以很
快改变，不赞成哀公轻率行动，所以说了下面的话。

这一章的意思是：鲁哀公问宰我关于做社主的事，宰我答道：
"夏朝用松木，殷朝用柏木，周朝用栗木，用栗木是要使百姓害
怕得发抖。"孔子听说了，说："已经做成的事不用再说了，已经
在做的事不用再去劝阻了，已经过去的事也不必再追究了。"

[点评]

此章所说是针对鲁国当时的情况，而孔子所说"成

事不说，遂事不谏，既往不咎"仍有借鉴意义。既往不咎也已经是人们熟悉和常用的成语。孔子当时这样说，是针对当时的具体情况，是有条件的，不是一个普遍原则。今天用这个成语，也是有条件的。

3·22　子曰："管仲之器小哉[1]！"或曰："管仲俭乎？"曰："管氏有三归[2]，官事不摄[3]，焉得俭？""然则管仲知礼乎？"曰："邦君树塞门[4]，管氏亦树塞门；邦君为两君之好有反坫[5]，管氏亦有反坫。管氏而知礼，孰不知礼？"

[注释]

[1] 管仲：名夷吾，齐桓公的宰相，辅助齐桓公成为诸侯的霸主。　[2] 三归：有多种解释：一、古时女子出嫁时叫归，管仲娶三姓之女，叫三归；二、"归"通"馈"，管仲家祭用三牲之献；三、三处采邑；四、藏钱币的府库；五、指从百姓身上收取的市租；六、管仲有三处府第可归。一、二两说是说管仲僭越违礼，三、四、五是说管仲富有，都不是不俭的意思。所以采用第六说。　[3] 摄：兼任。　[4] 树塞门：古礼天子诸侯在门口立小墙遮蔽视线，以别内外。小墙叫屏，亦叫树。塞，遮蔽的意思。　[5] 反坫（diàn）：古代国君与别国国君友好会面，互相酬酢时放置空酒杯的土台。

这一章的意思是：孔子说："管仲的器量真小呀！"有人说："管仲是俭朴吧？"孔子说："管仲有三处家，各项职事都有专人，从不兼差，怎能算是节俭呢？"那人又问："那么管仲是不是知礼呢？"孔子说："国君的门口有小墙遮蔽，管仲也有；国君为了招待别国君主，有放酒杯的土台，管仲也有。如果说管仲知礼，那么谁才不知礼呢？"

[点评]

本章谈对管仲的批评。14·17、14·18两章也谈对管仲的评价，却高度赞扬了管仲。可参读。

3·23　子语鲁大师乐[1]，曰："乐其可知也：始作，翕如也；从之，纯如也，皦如也，绎如也[2]，以成。"

[注释]

[1]语（yù）：告诉。大（tài）师：乐官名。　[2]翕（xī）：有两种解释：一解为合、聚，另一解为盛。从：同"纵"，展开。纯：和谐。皦（jiǎo）：音节分明。绎：连续不断。

这一章的意思是：孔子给鲁国乐官讲奏乐的道理，说："音乐是可以知道的：开始演奏，各种乐器合奏，声音丰美；继续展开下去，和谐，分明，连绵不绝，最后完成。"

[点评]

乐是孔子教育的重要内容之一。8·8章说："兴于《诗》，立于礼，成于乐。"《论语》谈乐的还有3·3、3·25、7·13、8·15、9·14、15·10、17·18等章，可参读。

3·24　仪封人请见[1]，曰："君子之至于斯也，吾未尝不得见也。"从者见之[2]。出曰："二三子何患于丧乎[3]？天下之无道也久矣，天将以夫子为木铎[4]。"

[注释]

[1]仪封人：仪，地名。封人，镇守边疆的官。 [2]从者见之：随行的学生引他见了孔子。 [3]丧（sàng）：失掉官位。 [4]木铎（duó）：木舌的铜铃。古代天子发布政教命令时摇木铎来召集百姓。

这一章的意思是：仪邑的边防官要求见孔子，说："凡是君子到这里来，我从没有见不到的。"孔子的随行学生引他去见了孔子。见过孔子出来，他说："你们几位，何必为失掉官位发愁呢？天下无道已经很久了，天将把他老先生当作木铎来向大家传道呀。"

[点评]

《论语》也记载有当时人对孔子的一些评价，本章是其中之一。14·41、14·42、18·6、18·7等章记载了隐者对孔子的评价。

3·25　子谓《韶》，尽美矣，又尽善也；谓《武》[1]，尽美矣，未尽善也。

[注释]

[1]《韶》《武》：《韶》，舜时乐曲名。《武》，周代乐曲名，也

有认为是周武王时乐曲名。美、善：美指乐曲音调、舞蹈的形式而言，善指乐舞的思想内容而言。何晏《论语集解》引孔注："《韶》，舜乐名。谓以圣德受禅，故尽善。《武》，武王乐也。以征伐取天下，故未尽善。"

这一章的意思是：孔子说《韶》乐是美到极点了，又善到极点了；说《武》乐是美到极点了，但不够善。

[**点评**]

旧注都以武王凭借武力征伐得天下解释《武》乐的"未尽善"，反映了尚德不尚力的思想。可与3·16、7·20、14·6、14·35、15·1各章参读。

3·26　子曰："居上不宽，为礼不敬，临丧不哀，吾何以观之哉？"

[**注释**]

这一章的意思是：孔子说："居于当政的地位而不宽厚待人，行礼的时候不严肃恭敬，参加丧礼时不悲痛哀戚，这种情形我怎么看得下去呢？"

里仁篇第四

4·1　子曰："里仁为美[1]，择不处仁[2]，焉得知[3]？"

[注释]

[1] 里仁为美："里"有两种解释：一、乡里、居住的地方；二、借作动词用，里即居，住在某处。"仁"也有两种解释：一指人道，一指仁者。里仁，一说居住在有仁者（或有仁厚的道德风尚）的地方；一说居于仁道，以仁道为立身的根本。里仁为美，即孟子所说"仁，人之安宅也"（《孟子·离娄上》）的意思。　[2] 择不处（chǔ）仁：一说选择有仁者（或有仁厚的道德风尚）的地方居住，一说选择仁道而处。择，选择。处，居住。　[3] 知：同"智"。

这一章的意思是：孔子说："居住的地方要有仁者（或有仁厚的道德风尚）才好。选择住处不选在有仁者（或有仁厚的道德风尚）的地方，哪能算是明智呢？"

[点评]

重视对居住环境和朋友的选择，是儒家关于个人修养的思想的一个重要方面。1·8、15·9两章都谈到这个问题，可联系起来读。1·8章说"无友不如己者"，也要从"里仁为美"这一点上来理解，不要简单地理解成眼睛向上，不与不如自己的人交朋友。

4·2　子曰："不仁者不可以久处约[1]，不可以长处乐。仁者安仁，知者利仁[2]。"

[注释]

[1]约：穷困。　[2]安仁、利仁：安仁，安于仁道。利仁，认为仁有利于己才去行仁，"有利则行，无利则止"。

这一章的意思是：孔子说："不仁的人不能长久地处于贫困中，也不能长久地处于安乐中。仁者是安于仁道，智者则是知道仁对自己有利而去行仁。"

[点评]

不仁者久处贫困就容易为非作乱，久处安乐就容易骄奢淫逸。只有仁者安于仁道，才能经受长久贫困或安乐的考验而不走上邪道。可以与6·9、7·15、15·1等章参读。

这一章还提出了安仁和利仁这两种不同境界的区别，也值得注意。仁者对仁道的追求发自内心，行仁才能心安，所以说仁者安仁。智者则是经过学习知道仁有利于己而行仁，所以说智者利仁。14·25章说："古之学者为己，今之学者为人。"可以参读。安仁是为己的表现，为己才能安仁；利仁则不免为人，终不能说是仁的境界，也不可谓真正的智者。其间的差别，需仔细体会。

人生修养，就在于不断提升自己的境界，《论语》中多处谈到境界问题，希望读者认真研读领会。可与2·4、6·18章参读。

4·3　子曰："惟仁者能好人[1]，能恶人[2]。"

[注释]

[1]好（hào）：喜爱。　[2]恶（wù）：憎恨，讨厌。

这一章的意思是：孔子说："只有仁人才能爱人和恨人。"

[点评]

樊迟问仁，孔子答：爱人。但仁不是只讲爱人，本章提出仁者能好人，能恶人，有好恶两面，爱憎分明。君子的好恶，要以仁为准绳。只有一切从仁出发，才能真正做到爱人和恨人。人有私欲，就有种种算计、顾虑，因而往往不能真正爱其所爱，恨其所恨；甚至还会影响其爱和恨的标准，不能爱其所应爱，恨其所应恨。其结果则是是非混淆，好人不得好报，恶人不受谴责；好人吃亏，恶人当道。唯有仁道通行，才能好人受人爱，恶人被人弃，善道光昌，恶行匿迹，社会和谐。无仁心，好恶也不能适度，"爱之欲其生，恶之欲其死"（12·10），"人而不仁，疾之已甚"（8·10）都是其表现。可与 17·13、17·24 两章参读。

4·4 子曰："苟志于仁矣，无恶也[1]。"

[注释]

[1]恶：有两种解释：一、善恶的恶，与上章"恶"字不同；二、好恶的恶，与上章"恶"字同义。

这一章的意思是：孔子说："如果立志于仁，就不会做坏事了。"

常有人批评传统文化只讲义，不讲利。本章孔子明确肯定富贵是人之所欲，贫贱是人之所恶。问题只在富贵贫贱的取舍要以道义为标准。

4·5 子曰："富与贵是人之所欲也，不以其道得之，不处也；贫与贱是人之所恶也，不以其道得之，不去也。君子去仁，恶乎成名[1]？君子无终食之间违仁，造次必于是[2]，颠沛必于是[3]。"

[注释]

[1]恶（wū）：何，怎么。 [2]造次：急遽，仓促。 [3]颠沛：跌倒，用以形容人事困顿，社会动乱。

这一章的意思是：孔子说："富贵是人人都想要的，但不是依道的要求而得到富贵，就不去接受它；贫贱是人人都厌恶的，但不是依道的要求而得以摆脱贫贱，就不去摆脱它。君子如果丢弃了仁德，又怎能叫作君子呢？君子没有一顿饭的时间背离仁德，就是在仓促匆忙的时候也一定按仁道去做，就是在颠仆困顿的时候也一定按仁道去做。"

[点评]

　　本章谈富贵贫贱的取舍。孔子肯定追求富贵、厌恶贫贱是人之常情，同时又要求按照道义的标准来决定对富贵贫贱的取舍，不用不合道义的手段求富贵，也不以不合道义的手段摆脱贫贱。这涉及人生的一个重要问题：物质生活和精神生活的关系。物质生活，衣、食、住、行，两性生活，是自然的；精神生活，社会的道义规范和个人的道德、理想追求，是人文的。物质生活本于人的生理本能，本质上与禽兽没有不同；精神生活则是人所独有的，是人之所以为人之所在。所以人应该把精神生命的追求放在第一位，以道义的标准指导和约束自己对物质利益的追求。"义以为上"，这是中国传统文化关于人生的核心价值。如果只知追求物质的享受，那就近于禽兽了。4·13、16·10、17·23、19·1各章要求"见利思义""见得思义"，说的也是同样的思想。还可与4·8、4·9、4·11、6·9、14·45、17·23等章参读。

　　本章后半说君子不可有片刻违离仁道，哪怕是造次之间，颠沛之中，无时无处，任何条件下，都无不用心于仁。这一点要认真体会力行。可与15·5章参读。

　　4·6　子曰："我未见好仁者，恶不仁者[1]。好仁者，无以尚之[2]；恶不仁者，其为仁矣，不使不仁者加乎其身。有能一日用其力于仁矣乎？

　　为仁由己，我欲仁，斯仁至矣。为仁没有"心有余而力不足"的情形。

我未见力不足者。盖有之矣^[3]，我未之见也。"

[注释]

[1]好、恶：同4·3章解。　[2]尚：通"上"。此处用作动词，超过的意思。　[3]盖有之矣：盖，疑词，大概的意思。"有之"有两种解释：一、是指有肯用力而力不足者，是联系上句"未见力不足者来理解"；二、是指有肯一日用力于仁者，是联系上句"有能一日用其力于仁矣乎"来理解。

这一章的意思是：孔子说："我没有见到过爱好仁德的人和厌恶不仁的人。爱好仁德的人，是不能再好的了；厌恶不仁的人，他行仁德，不让不仁的东西加到自己身上。有人能把他一天的力量都用在仁上吗？我没有见过力量不够的。大概力量不足的人还是有的，我没有见过罢了。"

[点评]

好仁和恶不仁，都是很高的境界，难得见到并不奇怪。重要的是哪怕用一天时间，致力于仁德修养。虽不能一天用力就成仁人，却也是用一天力见一天功，不会力不从心。这是说道德修养完全依靠自觉的努力，靠日常点滴的积累，只要坚持去做就可达到。问题只在没有去做，没有坚持。可与12·1章"为仁由己"及6·10章参读。

4·7　子曰："人之过也，各于其党。观过，斯知仁矣^[1]。"

[注释]

[1] 观过，斯知仁矣：旧注说，赞同仁道的有三种，仁者是实行仁道才心安，智者是以实行仁道有利于自己而赞同仁道，畏罪者是勉强按仁道去做。赞同仁道的表现虽同，思想本质却不同。因此只看他按仁道去做的表现，还不能判断他是否真有仁心。而过错是人人力求避免的，从一个人的错误最能看出他的内心真情。所以说"观过，斯知仁矣"。有的书引用这一章时写作"斯知人矣"，也通。

这一章的意思是：孔子说："人们的错误，总是与和他同类人相同的。所以，考察一个人所犯的错误，就可以知道这个人的仁与不仁了。"

4·8　子曰："朝闻道[1]，夕死可矣。"

言简意赅，需仔细体会。

[注释]

[1] 闻道：闻，听。这里的闻，不是简单听到的意思，而是懂得的意思。

这一章的意思是：孔子说："早晨得知了道，即便当天晚上就死去，也可以无恨了。"

[点评]

这一章言简意赅，包含着孔子对人生的根本认识。道，人生的大道，精神生命的追求；死，物质生命的终结。"朝闻道，夕死可矣"，说的是对精神生命和物质生命关系的认识。人的生命有物质生命和精神生命两个方面。人与禽兽的区别，人之所以为人，就在于人有人文的精神生命。所以，精神生命重于物质生命，生命的意义和价值全在于此。懂得做人之道，人生才有意义。对道的追求、学习、践行和卫护，贯穿于人的一生，构成生命的全部。可与 4·5、4·9、7·6、8·7、8·13、15·8、15·31 等章参读。

以"志于道"和"耻恶衣恶食"对举，点明了问题的实质，即如何对待物质生命和精神生命的关系。

4·9　子曰："士志于道[1]，而耻恶衣恶食者，未足与议也。"

［注释］

[1] 士：古时称士农工商为四民，"凡习学文武者为士"，士是四民中读书习武的人，其地位在庶民之上。

这一章的意思是：孔子说："一个士有志于道，而又以自己吃得不好穿得不好为耻辱，这种人，是不值得与他讨论道的。"

［点评］

本章把"志于道"和"耻恶衣恶食"对举，也是谈精神生命与物质生命的关系。说明"志于道"就要以精神生命为先，把物质生活的追求放在次要地位；如果以恶衣恶食为耻，耿耿于怀，说明其心不在道，志于道只是虚言，所以说"未足与议"也。可与 1·14、4·5、6·9、7·15、14·3 等章参读。关于士，可与 8·7、13·20、13·28、14·3、19·1 等章参读。

4·10　子曰："君子之于天下也，无适也，无莫也[1]，义之与比[2]。"

[注释]

[1] 适（dí）、莫：有几种不同的解释：一、厚薄亲疏，无适无莫就是不分亲疏厚薄。二、敌对和爱慕，无适无莫就是没有敌对，也没有爱慕。三、适，专主；莫，不肯；无适无莫就是无可无不可的意思。　[2] 义：宜也。《论语》中"义"与"道"含义相当，都是指为人之道，是精神生命的要求。比：有两种解释：一、亲近，相近；二、从，听从。

这一章的意思是：孔子说："君子对天下的事，没有非这样做不可的，也没有一定不能这样做的，只是按照义去做。"

[点评]

"义之与比"，以义为立身处事的准绳，是孔子对君子的一个基本要求。《论语》里还有"君子义以为质"（15·17）、"君子义以为上"（17·23）和"见得思义"（16·10、19·1）、"见利思义"（14·13）、"见义不为，无勇也"（2·24）等，说的是一个意思，可以参读。18·8章说到"无可无不可"，可参读。

4·11　子曰："君子怀德[1]，小人怀土[2]；君子怀刑[3]，小人怀惠。"

[**注释**]

[1]怀：有两种解释：一、思念，二、安于。 [2]土：乡
土。 [3]刑：法制。

这一章的意思是：孔子说："君子总想着道德，小人总想着乡
土；君子总想着法制，小人总想着实惠。"

[**点评**]

君子和小人的关注点不同，反映了他们在对待精神
生命和物质生命关系问题上的不同态度。

4·12 子曰："放于利而行 [1]，多怨 [2]。"

[**注释**]

[1]放：有两种解释：一、放纵，二、依据。 [2]多怨：一般
解释为多被别人所怨恨。钱穆《论语新解》解释为自己心上多生
怨恨。

这一章的意思是：孔子说："事事都依据个人利益而行动，会
招致很多怨恨。"

[**点评**]

这一章也是谈对个人物质利益追求的态度，可与
4·5章及孔子谈义利关系的各章参读。

4·13 子曰："能 以 礼 让 为 国 乎？ 何
有 [1]？ 不能以礼让为国，如礼何 [2]？"

[注释]

[1] 何有：何难之有，不难的意思。　[2] 如礼何：把礼怎么办？意思是说纵然有礼的形式，不以礼让治国，这礼也是没有用的。

这一章的意思是：孔子说："能够用礼让来治理国家吗？那样还会有什么困难呢？如果不能用礼让来治国，那对于礼又怎么办呢？"

[点评]

孔子主张以礼治国。本章提出"让"字，礼让连言，特别指出不能礼让，何以言礼？说明让是礼的核心精神之一。在以后的发展中，礼让也成为中华民族的传统美德。当代市场经济下，人们追求私利，崇尚竞争，礼让往往被认为不合时宜而受到鄙夷。其实，让是人们相处之道的通义，无让即无社会和谐，古今中外概莫能外。市场经济以竞争为动力，然而竞争并非一切。如何认识和处理礼让和竞争的关系，协调礼让和竞争这两个方面，使二者相互配合，共同促进经济、社会的全面和谐发展，是我们需要研究解决的问题。8·1章赞泰伯"三以天下让，民无德而称焉"为至德，3·7章谈"君子无所争"，可参读。

4·14　子曰："不患无位，患所以立[1]；不患莫己知，求为可知也。"

[注释]

[1] 所以立：指立身的才学，或立于其位的才学。

这一章的意思是：孔子说："不愁没有职位，只愁自己没有能够任职的才学本领；不愁没有人知道自己，只求自己有真才实学值得为人们所知道。"

[点评]

这一章反映孔子立身处世的一个根本态度：凡事立足于对自己的要求，立足于自身的学问、修养。15·20章"君子求诸己，小人求诸人"明确说明了这一点。1·16、14·32、15·18等章反复讲到这一思想。此外，1·1章说："人不知而不愠，不亦君子乎？"14·37章说："不怨天，不尤人。下学而上达。"都可参读。

4·15　子曰："参乎，吾道一以贯之[1]。"曾子曰："唯。"子出，门人问曰："何谓也？"曾子曰："夫子之道，忠恕而已矣[2]。"

[注释]

[1] 贯：贯穿，贯通，统贯。如以绳穿物。　[2] 忠恕：尽自己的心去待人叫作忠，推己及人叫作恕。

这一章的意思是：孔子说："参呀，我讲的道是由一个基本的思想贯通起来的。"曾子说："是。"孔子出去之后，同学问曾子："这是什么意思？"曾子说："先生的道，就是忠恕罢了。"

［点评］

曾参说"夫子之道，忠恕而已矣"，前人多有不同解释。朱熹认为，孔子的思想博大精深，难以用一句话来说明。曾子用忠恕来说明，是因为忠恕是人人能知能行的最浅显的道理，他希望人们能从这最浅显的地方做起，在自己的实践中逐步领会孔子思想。钱穆《论语新解》说曾子此说可以说虽不准确也差得不远了，如果由孔子自己来说，或者会有不同的说法。所谓仁者见仁，智者见智。读者只当此章是曾子阐述孔子的旨意就可以了。

关于忠恕，15·23章孔子说到，恕就是"己所不欲，勿施于人"，并说这是可以终身奉行的。6·28章孔子说仁是"己欲立而立人，己欲达而达人"，这就是忠。忠和恕，都体现了从自己所欲所恶去理解他人，推己及人的精神。忠是从积极方面讲，尽己之谓忠，从自身所欲理解他人所欲，尽心尽力以助人。恕是从消极方面讲，从自身所不欲理解他人所不欲，避免为他人带来麻烦和不快。核心是为人处事时心里要想到他人，不要只想到自己。这是实行仁学思想的出发点。在长期的历史发展中，它已经成为中国人代代相传的生活准则，民族精神的一部分。中国社会中广泛存在的急人之难，一方有难、八方支援的互助精神，设身处地、将心比心的互谅精神等等，都是推己及人的表现。

忠恕之道体现了人与人之间平等和尊敬他人的精神，也是现代社会社会公德的基础，可以并应该成为全人类普遍遵行的社会生活准则。上引两章外，还可参读5·11、12·2、12·16等章。

4·16 子曰："君子喻于义[1]，小人喻于利。"

[注释]

[1] 喻：懂得。

这一章的意思是：孔子说："君子懂得的是义，小人懂得的是利。"

[点评]

常有人批评儒家把义和利根本对立，只讲义，不讲利。这是一种误解或曲解。全章意思是，君子懂得以义为取舍标准，懂得见利思义，不取不义之财；小人则只知有利，不知利的取舍还有对不对、该不该的问题。联系《论语》其他章看，4·5章所说的不以其道得之不处、不去，就是喻于义；4·12章说的放于利而行，就是喻于利。这一章进一步指出这正是君子和小人对待义利关系的不同态度。从这里得不出义和利根本对立的结论。

任何社会都存在着社会公共利益与个人利益之间的矛盾，都要求对个人利益的追求服从于社会的公共利益。对个人利益的获得，都有某种道德的或其他规范的限制，不能听由个人随心所欲地谋取个人利益，不能容许个人的牟利行为危害社会利益，否则社会就会出现不安和动乱。"见利思义""不以其道得之，不处也"，是古今中外人类社会普遍的、永恒的通义。而在不同的社会、不同的人群，利益取舍的是非标准是不同的。所以"见利思义"的原则在具体条件下的具体内容又具有时代性，是随着时代和条件的变迁而变化的。今天我们提倡"见利思义"，继承了"不以其道得之，不处也"的原则和精神，而我们提倡的道、义，则不同于古代儒家的道、义。道、义的内容已经经过了推陈出新的发展。孔子关于义利关系的思想，还可参读4·12、7·11、7·15等章。

4·17　子曰："见贤思齐焉，见不贤而内自省也。"

[注释]

这一章的意思是：孔子说："见到贤人，就希望向他看齐；见到不贤的人，就自己反省有没有类似的毛病。"

[点评]

"见贤思齐，见不贤而内自省"是对自省的具体说明，可见内省并非"闭门思过"，而是要在现实的交往中，随时、随处对照反省自己，向他人学习。如能这样做，那么与人相处，不论其人贤与不贤，都可对己有益。可与7·21章"三人行，必有我师焉"、19·22章"夫子……何常师之有"参读。

4·18　子曰："事父母几谏[1]，见志不从，又敬不违，劳而不怨[2]。"

[**注释**]

[1] 几（jī）：轻微，婉转。 [2] 劳：忧愁。

这一章的意思是：孔子说："侍奉父母，如果父母有不对的地方，就很委婉地劝止。自己的意见表达了，父母不听从，还是恭恭敬敬，并不违抗，虽然忧愁，但不怨恨。"

[**点评**]

孝敬父母不是要求对父母百依百顺，父母有过错要进行劝谏，但态度要委婉。父母不听劝谏，也还要保持恭敬；虽然忧愁，但不怨恨，不违抗。这样两个方面相结合，尽孝道而不失原则，坚持原则而不违孝道。我们要很好地去体会。

4·19 子曰："父母在，不远游[1]，游必有方[2]。"

[**注释**]

[1] 游：指游学、游宦，到外地去求学、做官。 [2] 方：一定的地方。

这一章的意思是：孔子说："父母在世，不出远门，如果不得已要出远门，也必须有一定的去处。"

[**点评**]

俗话说，儿行千里母担忧。子远游，父母在家担忧。古代交通、通讯不发达，不远游，游必有方是为了不让父母担忧。可与2·6章"父母唯其疾之忧"联系起来读。现在经济全球化迅猛发展，交通、通讯便捷，交往频繁密切，"父母在，不远游"已不合时宜。而父母思念儿女，儿女精神上关怀父母之情不变。"常回家看看"也就替代了"父母在，不远游"成为当今孝的重要内容。具体要求已过时，而精神不可丢；孝亲传统要承继，而实现形式要创新。继承发扬优秀传统要分析把握这两个方面。

4·20　子曰："三年无改于父之道，可谓孝矣。"

[注释]

这一章已见《学而》篇。

4·21　子曰："父母之年，不可不知也[1]。一则以喜，一则以惧。"

[注释]

[1] 知：这里是常记在心的意思。

这一章的意思是：孔子说："父母的年龄不能不时时记在心里。一方面为他们的长寿而高兴，一方面又为他们的衰老而恐惧。"

崇尚力行，鄙弃空谈，讷于言而敏于行，是中华传统美德。

4·22　子曰："古者言之不出，耻躬之不

逮也 [1]。"

[注释]

[1] 逮（dài）：及，到。

这一章的意思是：孔子说："古人的言论不轻易说出口，是以自己的行为跟不上为可耻呀！"

[点评]

古人以不能说到做到，对自己的言论不能身体力行为可耻，所以出言谨慎。这反映了中国传统文化重力行，要求言行一致，鄙弃言过其行、言行不一的特点。可与4·24章联系起来读。

4·23　子曰："以约失之者鲜矣 [1]。"

[注释]

[1] 约：约束。

这一章的意思是：孔子说："因为约束自己而犯错误的是很少的。"

[点评]

人贵能约束自己，有所节制。放任情欲，不知约束和节制，必有后患。

4·24　子曰："君子欲讷于言而敏于行 [1]。"

［注释］

[1] 讷：迟钝。敏：敏捷。

这一章的意思是：孔子说："君子总想言语要迟钝，而做事要敏捷。"

［点评］

这一章和 4·22 章都是谈言行关系，可联系起来读。这里孔子说的言语迟钝，并非真正的迟钝，而是 4·22 章所说因为怕说了做不到而出言谨慎。而在行的方面，则要敏捷，说了就做，说到做到。还可与 2·13、12·3 两章参读。

4·25   子曰："德不孤，必有邻。"

［注释］

这一章的意思是：孔子说："有德的人不会孤立，一定会有与他亲近的人。"

［点评］

孔子一生不为人知，屡次遭遇危难，弟子中不免有人为此而迷惘、动摇。本章孔子所说，既是他信心的宣示，也是对弟子的开导。可与 15·1 章参读。

4·26   子游曰："事君数[1]，斯辱矣；朋友数，斯疏矣。"

[注释]

[1]数（shuò）：屡次，多次。引申为烦琐的意思。

这一章的意思是：子游说："侍奉君主太烦琐，就会受辱了；对待朋友太烦琐，就会被疏远了。"

[点评]

古代五伦，父子、兄弟、夫妇三伦属家庭；君臣、朋友则在家庭关系之外，二者相类，相处之道也有相近之处。君友有过，劝谏不听，要适可而止，过于急促或烦琐，就会欲荣反辱；求与君友亲近，过于急迫或烦琐，也会欲亲反疏。

公冶长篇第五

5·1　子谓公冶长[1]，"可妻也。虽在缧绁之中[2]，非其罪也"。以其子妻之[3]。子谓南容[4]，"邦有道，不废；邦无道，免于刑戮"。以其兄之子妻之。

[注释]

[1]公冶长：孔子的学生。　[2]缧绁（léi xiè）：捆缚犯人的绳索。引申为牢狱。　[3]子：古时儿女都称子。这里指女儿。　[4]南容：孔子的学生南宫适（kuò），字子容，通称南容。

这一章的意思是：孔子评论公冶长说，"可以把女儿嫁给这样的人。虽然他被关在狱中，但不是他的罪过呀"，把自己的女儿嫁给了他。孔子评论南容说，"国家有道时，他不会被废弃不用；国家无道时，他也可以免于刑戮"。于是把侄女嫁给了他。

[点评]

本篇内容主要是对人的评论。孔子的教育以教人做人为主，孔子对人的评价，直接反映了他关于做人的思想，望读者注意领会。

5·2　子谓子贱[1]，"君子哉若人[2]，鲁无君子者，斯焉取斯[3]？"

[注释]

[1] 子贱：孔子的学生宓（fú）不齐，字子贱。　[2]若人：此人。　[3]斯：此。前"斯"字指子贱，后"斯"字指子贱之品德。

这一章的意思是：孔子评论子贱，"这个人真是君子呀。假如鲁国没有君子，他从哪里取得这样的好品德呢？"

[点评]

孔子称赞子贱为君子，又特别指出他的优良品德是来自于鲁国的君子，反映了孔子对向贤者学习的重视。可与4·1章"里仁为美"参读。

5·3　子贡问曰："赐也何如？"子曰："女器也。"曰："何器也？"曰："瑚琏也[1]。"

[注释]

[1] 瑚琏：古代宗庙中祭祀用的盛粮食的器皿，竹制，上面用

玉装饰，是祭器中贵重而华美的一种。

　　这一章的意思是：子贡问道："我怎样呢？"孔子说："你是一件有用的器皿。"子贡又问："是什么器皿呢？"孔子说："是那宗庙里盛粮食的瑚琏。"

［点评］

　　2·12章："子曰：'君子不器。'"本章孔子说子贡"器也"。有说子贡尚不能达到不器的要求，而是器之贵者；也有说，子贡也是孔子高弟子之一，何以不能称君子？钱穆《论语新解》说："读书有当会通说之者，有当仅就本文，不必牵引他说者。如此章，孔子告子贡'汝器也'，便不当牵引君子不器章为说。"

　　5·4　或曰："雍也仁而不佞[1]。"子曰："焉用佞？御人以口给[2]，屡憎于人，不知其仁[3]。焉用佞？"

［注释］

　　[1]雍：孔子的学生冉雍，字仲弓。佞（nìng）：能言善辩，有口才。　[2]口给：言语便捷。　[3]不知其仁：有两种解释：一、指佞人，佞人遭人憎恨，因而不知其（佞人）有仁道；二、指冉雍，不知冉雍是否仁者。本书取前者。

　　这一章的意思是：有人说："冉雍这个人有仁德但没有口才。"孔子说："何必要口才呢？靠伶牙俐齿和人辩驳，常常招人讨厌，这样的人我不知道他有什么仁德。何必要口才呢？"

[点评]

旧注说，佞人和别人应答，只是以言辞辩说取胜而没有真情实感。这里说的是德和言、言辞的内容和形式的关系问题。从为人说，重在德；从言辞说，重在内容。口才不是无意义，但如果口才脱离德，言辞的形式脱离内容，则不仅无用，而且有害。可与1·3章"巧言令色，鲜矣仁"参读。

5·5　子使漆雕开仕[1]。对曰："吾斯之未能信。"子说。

[注释]

[1]漆雕开：孔子的学生，姓漆雕，名开，字子开。

这一章的意思是：孔子叫漆雕开去做官。漆雕开回答说："我对这事还不能自信呀。"孔子听了很高兴。

[点评]

旧注有的说是孔子赞漆雕开"谦退"，有的说是赞其"笃志"。读者可以自作选择、判断，也可有自己的领会。

5·6　子曰："道不行，乘桴浮于海[1]，从我者其由与！"子路闻之喜。子曰："由也好勇过我，无所取材[2]。"

[注释]

[1] 桴（fú）：用来在水面浮行的木排或竹排，大的叫筏，小的叫桴。　[2] 无所取材："材"有三种解释：一、编桴用的材料。孔子并不真想乘桴浮海，见子路没有听懂他的意思，所以这样讲。二、同"裁"，指子路不知裁度事理。三、同"哉"，说子路以为孔子只要与他同行，所以孔子说"难道就不取别人吗？"

这一章的意思是：孔子说："我的道如果行不通，就乘上小木排到海外去，跟随我的怕只有仲由吧！"子路听了很高兴。孔子说："仲由的好勇超过了我，可是没处去弄到编木排的材料呀！"

[点评]

孔子说要"乘桴浮于海"，应是他感到道难行于世而发的感慨，并非真要出海远行。旧注有说"皆假设之言耳"。子路信以为真。孔子赞扬了子路，又说无法获得编筏的材料，化解了子路的误解。9·13章有"子欲之九夷"，可联系参读。

5·7　孟武伯问："子路仁乎？"子曰："不知也。"又问。子曰："由也，千乘之国，可使治其赋也[1]，不知其仁也。""求也何如？"子曰："求也，千室之邑[2]，百乘之家[3]，可使为之宰也[4]，不知其仁也。""赤也何如[5]？"子曰："赤也，束带立于朝^[6]，可使与宾客言也^[7]，不知其仁也。"

［注释］

[1]赋：兵赋。　[2]千室之邑：有一千户人家的大邑，指当时卿大夫的领地。　[3]百乘之家：指卿大夫的采（cài）地，当时大夫有车百乘，是采地中的大的，称百乘之家。　[4]宰：家臣。　[5]赤：孔子的学生公西华，名赤。　[6]束带立于朝：指穿着礼服立于朝廷。　[7]宾客：古时贵客如国君、上卿称宾，国君、上卿以下一般客人称客。"宾客"二字连用，泛指客人。

这一章的意思是：孟武伯问（孔子）："子路做到仁了吗？"孔子说："不知道。"孟武伯又问。孔子说："仲由嘛，拥有一千辆兵车的大国，可以让他管理军事，但我不知道他是不是做到了仁。"孟武伯问："冉求怎样呢？"孔子说："冉求嘛，有千户人家的封邑，有百辆兵车的大夫的采地，可以让他当总管，但我不知道他是不是做到了仁。"孟武伯又问："公西赤怎样呢？"孔子说："公西赤嘛，可以让他穿着礼服，站在朝廷上接待宾客，但我不知道他是不是做到了仁。"

［点评］

仁是人生的全德，是孔子提出的做人修养的最高标准。所以孔子不轻易肯定某人为仁。本章孔子虽没有肯定子路、冉求、公西华为仁，却很具体地肯定了他们三人的才能。可见孔子对弟子，既有共同的全德的要求，又能培养发挥个人的专长。

5·8　子谓子贡曰："女与回也孰愈[1]？"对曰："赐也何敢望回？回也闻一以知十[2]，赐也闻一以知二[3]。"子曰："弗如也。吾与女弗如也[4]。"

[注释]

[1]愈：胜过。　[2]闻一以知十：十指数的全体。旧注：一，数之始；十，数之终。　[3]闻一以知二：指可以由此及彼。　[4]吾与女弗如也："与"字有两种解释：一、孔子说自己与子贡都不如颜回。二、朱熹《论语集注》："与，许也。"赞许。孔子赞许子贡自认不如颜回。

这一章的意思是：孔子对子贡说："你和颜回谁强一些？"子贡回答："我哪里敢和颜回比？颜回他能'闻一知十'，推知全体，我却只能'闻一知二'，由此及彼。"孔子说："是不如他呀，我和你都不如他呀。"

[点评]

子贡自认不如颜渊，既有自知之明，又能坦然自认不如人，因此得到孔子的赞许；孔子又自认也不如颜渊，既是对子贡的肯定和慰勉，也体现出他的自谦和坦荡。

5·9　宰予昼寝。子曰："朽木不可雕也，粪土之墙不可杇也[1]，于予与何诛[2]！"子曰："始吾于人也，听其言而信其行；今吾于人也，听其言而观其行。于予与改是。"

[注释]

[1] 粪土：腐土，脏土。杇（wū）：抹墙用的抹子。粉刷墙壁也叫杇。 [2] 于予与何诛：诛，责备。与，语气词。这句是说：对宰予还怎么责备呢？有对他不可教诲的意思。

这一章的意思是：宰予白天睡觉。孔子说："烂木头是没法雕刻的，腐土筑的墙是没法粉刷的，对宰予还怎么责备他呢？"孔子说："以前我对人，听了他讲的就相信他的行为；现在我对人，听了他讲的还要观察一下他的行为。从宰予这件事使我有了这个改变。"

[点评]

孔子重视知人。樊迟问知，孔子答"知人"。1·16章说："不患人之不己知，患不知人也。"听其言而观其行，是知人的一个重要方法。可与 2·10、9·27、12·22、13·24 等章参读。

孔子自称由宰予的表现而认识到要听其言而观其行，可见孔子的自谦和孔门教育教学相长的情景。

5·10 子曰："吾未见刚者。"或对曰："申枨[1]。"子曰："枨也欲，焉得刚？"

[注释]

[1] 申枨（chéng）：孔子的学生。

这一章的意思是：孔子说："我没有见过刚强的人。"有人回答说："申枨是刚强的。"孔子说："枨这个人欲望太多，哪里能刚强呢？"

[点评]

刚，坚强不屈。能战胜贪欲，才能刚；贪求物欲，不能刚强。钱穆《论语新解》说，此章只说多欲不得为刚，不是说无欲即是刚。道家庄老都主张无欲，推崇柔道，也不是刚德。要注意分辨。

5·11　子贡曰："我不欲人之加诸我也，吾亦欲无加诸人。"子曰："赐也，非尔所及也[1]。"

[注释]

[1]非尔所及：有两种解释：一、非尔所及指前半句，即不能阻止别人把不义加于自己；二、非尔所及指后半句，欲无加诸人不同于勿施于人，勿施于人有告诫禁止之意，欲无加诸人则是自然而然地做到，是子贡所做不到的。

这一章的意思是：子贡说："我不愿别人强加于我的，我也要不强加于别人。"孔子说："赐啊，这不是你所能做到的啊！"

[点评]

对"非尔所及"有两种不同解释：一说认为"勿施于人"有告诫禁止自身之意，依此去做是恕；"欲无加诸人"则是完全出于自觉，是仁的要求，为子贡所不能。

一说则强调"己所不欲，勿施于人"的精神在于求诸己，尽其在我，重点在对自己的要求。"我不欲人之加诸我也，吾亦欲无加诸人"，则对人的要求与对己的要求并列；而他人以什么加于自己，是不能由自己决定的，子贡不可能阻止别人把不义加于自身。细加思考，都可有益于对"己所不欲，勿施于人"的理解。

5·12　子贡曰："夫子之文章[1]，可得而闻也；夫子之言性与天道[2]，不可得而闻也。"

[注释]

[1] 文章：指孔子讲授的《诗》《书》《礼》《乐》等等。　[2] 性：人性。《论语》中谈到性的只有 17·2 章"性相近也，习相远也"一句。天道：古人讲道有天道和人道。《论语》中孔子多处讲到天和命，但不见有孔子关于天道的言论。

这一章的意思是：子贡说："老师关于《诗》《书》《礼》《乐》等的讲授，能够听得到；老师关于人性和天道的言论，是没法听得到的。"

[点评]

孔子的教育，都在就《诗》《书》《礼》《乐》等文献和日用常行，教以为人之道，而不深言性和天道，所以子贡有这样的感叹。从中国思想发展的情况看，关于性和天道问题，是在孔子之后才受到普遍关注，并展开讨论的。孔子很少说到性与天道，是当时中国人思想发展状况的反映。

5·13　子路有闻，未之能行，唯恐有闻。

[注释]

这一章的意思是：子路在听到一个道理但还没有能亲自实行的时候，唯恐再听到新的道理。

[点评]

本章赞子路勇于践行的美德。可与4·22章参读。

5·14　子贡问曰："孔文子何以谓之文也 [1] ？"子曰："敏而好学 [2]，不耻下问，是以谓之文也。"

[注释]

[1]孔文子：卫国大夫，名圉，文是他的谥号。　　[2]敏：一般解释为敏捷，也可解释为勤勉。《礼记·中庸》注："敏，犹勉也。"这里作勤勉讲为好。

这一章的意思是：子贡问道："孔文子为什么谥号为文呢？"孔子说："他勤勉好学，不以向地位卑下的人请教为耻，所以给他谥号叫文。"

[点评]

旧注说孔圉私德有污点，所以子贡疑惑为何给他文的谥号，孔子说这是因为他"敏而好学，不耻下问"。"敏而好学，不耻下问"是不容易做到的。孔围能做到这一点，也就可以称作"文"了。这也是我们应该努力这样去做的。不耻下问不只是指地位高或年龄长的下问地位低和年龄少的，有才能的向无才能的、知识多的向知识少的请教，都是不耻下问。可与 8·5、19·22 两章参读。

5·15　子谓子产，"有君子之道四焉[1]：其行己也恭，其事上也敬，其养民也惠，其使民也义"。

[注释]

[1] 子产：春秋时郑国的大夫，名公孙侨。

这一章的意思是：孔子评论子产，"他具备了四项君子之道：自己行为谦逊，事奉君上恭敬，养护百姓有恩惠，役使百姓有法度"。

[点评]

这里讲的君子之道，包括了对己、对君、对民三个方面，也都是为政之道。可与 1·5 章参读。君子、小人，古时有两种含义：一从地位分，指在位者和庶民；一从道德分，指有德者和无德者。本章所说，应是指在位者。

5·16　子曰："晏平仲善与人交[1]，久而敬之[2]。"

[注释]

[1] 晏平仲: 春秋时齐国大夫，名婴。　[2] 久而敬之:"之"字有两种解释:一、指晏平仲自己，即说相交久了，人们越发对他恭敬;二、指晏平仲所交的人，即说晏平仲与人相交虽久，仍能对人恭敬不改。

这一章的意思是:孔子说:"晏平仲善于和别人交朋友，相交很久还能对人恭敬不改。"

[点评]

交友之道也是为人之道的一个重要方面。《论语》谈到这一问题的还有1·8、4·1、4·26、12·23、12·24、15·9、16·4等章，可以参读。

5·17　子曰:"臧文仲居蔡[1]，山节藻棁[2]，何如其知也?"

[注释]

[1] 臧文仲: 春秋时鲁国大夫，姓臧孙，名辰，文是谥号。当时人认为他智。居蔡:居，作动词用，藏的意思。蔡，国君用以占卜的大龟。蔡这个地方产龟，因此把大龟叫蔡。臧文仲藏了一只大龟。　[2] 山节藻棁(zhuō):把斗拱雕成山形，在棁上绘上水草花纹。古时是装饰天子宗庙的做法。节，柱上的斗拱。棁，房梁上的短柱。

这一章的意思是:孔子说:"臧文仲藏了一只大龟，藏龟的屋子斗拱雕刻成山的形状，短柱上画上水草花纹，他的智慧究竟怎么样呀?"

［点评］

孔子以臧文仲建造豪华宫室来藏一只大龟的事，说他不智。反映了孔子不信鬼神的态度。可与 6·20 章"务民之义，敬鬼神而远之，可谓知矣"参读。

5·18 子张问曰："令尹子文三仕为令尹[1]，无喜色；三已之，无愠色。旧令尹之政，必以告新令尹。何如？"子曰："忠矣。"曰："仁矣乎？"曰："未知。焉得仁？""崔子弑齐君[2]，陈文子有马十乘[3]，弃而违之。至于他邦，则曰：'犹吾大夫崔子也。'违之。之一邦，则又曰：'犹吾大夫崔子也。'违之。何如？"子曰："清矣。"曰："仁矣乎？"曰："未知。焉得仁？"

［注释］

[1]令尹子文：令尹，楚国官名，相当于宰相。子文，姓斗，名穀於菟（gòu wū tú）。 [2]崔子弑齐君：崔子，齐国大夫崔杼（zhù）。弑，古代在下的人杀了在上的人叫弑。齐君，齐庄公，名光。 [3]陈文子：齐国的大夫，名须无。

这一章的意思是：子张问道："令尹子文三次当令尹，没有显出高兴的样子；三次被免职，没有显出怨恨的样子，他自己当令尹时的政事，一定都告诉来接任的新令尹。这个人怎么样？"孔子说："可算得忠了。"子张说："可说是仁了吗？"孔子说："不知道。怎么算得仁呢？"子张又问："崔杼杀了齐君，陈文子家有四十匹马，都抛弃不要了，离开了齐国。到了另一个国家，他说，这里的执政者也和我们齐国的大夫崔子差不多，就离开了。又到一个国家，又说这里的执政者也和我们的大夫崔子差不多，又离开了。这个人怎么样？"孔子说："可算得清了。"子张说："可说是仁了吗？"孔子说："不知道。怎么算得仁呢？"

［点评］

孔子肯定令尹子文的忠和陈文子的清，但没有肯定他们做到了仁。忠和清是重要的道德要求，像令尹子文和陈文子这样，已经很不容易了。但毕竟还只是一个方面，而仁是全德。忠、清都体现仁的要求，但做到忠、清不等于就做到了仁。子张所问，只是二人的一个方面，不能反映二人全貌，所以孔子回答"不知。焉得仁？"可与5·7章参读。

5·19　季文子三思而后行[1]。子闻之，曰："再，斯可矣。"

［注释］

[1] 季文子：鲁国大夫季孙行父，文是谥号。

这一章的意思是：季文子遇事都要考虑三次才行动。孔子听到了，说："考虑两次也就可以了。"

［点评］

三思而后行，是常用的成语。意思是行动之前要做

对于季文子三思而后行，孔子说再次就可以了。《论语》中孔子所说，多有具体的对象和环境。要结合具体条件来理解；而这些具体的意见，又往往包含着普遍的意义。应注意全面了解这两个方面。

周密的思考，以避免仓促行事带来失误。本章孔子说，思考两次就可以了，是针对季文子的具体情况而说。有二解：一说季文子行事审慎，很少过错，"不必及三思"；一说史书记载，季文子平日对祸福利害计较过细，想的多了实际行事反而多失误，所以孔子说不必三思。今天读此章，不必拘泥于"三"还是"再"的具体次数上，把"三"理解为"多"就可以了。

5·20   子曰："甯武子邦有道则知[1]，邦无道则愚[2]。其知可及也，其愚不可及也。"

[注释]

[1]甯（nìng）武子：卫国大夫甯俞，武是谥号。　[2]愚：这里讲的愚，并不是真愚，而是隐藏自己的智慧装成愚笨的样子，以保全自己，完成大业。旧注：武子在卫国从政是在文公、成公时。文公有道，武子对政事有所建议，这是其"知"，是他人也可以达到的。成公无道，以至失国，而武子"周旋其间，尽心竭力，不避艰险"。这是他人都以为愚而不做的，而他最后终于"保其身以济其君"，帮助国君完成了大事。这是其"愚"，是他人不可及的。事见《左传》。

这一章的意思是：孔子说："甯武子在国家有道时就聪明，国家无道时就像是很愚笨，他的聪明是别人可以做得到的，他的愚笨却是别人做不到的。"

[点评]

本章和5·19季文子三思而后行章，对季文子、甯武子的评价，都是针对他们的具体情况。如不了解当时语境，就不能准确理解《论语》的本义。读《论语》，对这一点要特别注意。可与7·10、8·13、14·1、14·4、18·1等章参读。

5·21　子在陈[1]，曰："归与！归与！吾党之小子狂简[2]，斐然成章[3]，不知所以裁之[4]。"

[注释]

[1]陈：国名。　[2]吾党之小子：指孔子在鲁国的学生。党，乡党。狂简：狂，志大。简，有两种解释：一、疏略，二、大。狂简依前一解就是志大才疏，依后一解就是进取有大志。　[3]斐（fěi）然：有文采的样子。　[4]裁：裁剪，节制。"不知所以裁之"有两种解释：一、指学生们自己不知自己裁制自己，二、指孔子不知如何裁制学生们。

这一章的意思是：孔子在陈国说："回去吧！回去吧！家乡的学生有进取心，有大志，文采也斐然可观，但还不知道怎样节制自己。"

5·22　子曰："伯夷、叔齐不念旧恶[1]，怨是用希[2]。"

[注释]

[1]伯夷、叔齐：孤竹国君的两个儿子。孤竹，国名。国君遗

命传位于叔齐。叔齐以礼制规定长子继承，要让位于伯夷；伯夷为遵父命，亦不接受君位。二人双双弃国出走，逃到周的领地。周武王起兵伐纣，他们以为这是以臣弑君，拦在马前劝阻。周灭商，他们以在周朝做官为耻，逃进山中以野草充饥，饿死在首阳山中。旧恶：有两种解释：一、过去的恶事，只要能改，就不念旧恶；二、恶即怨，旧恶即宿怨。 [2] 怨是用希：希，同"稀"，少。"怨是用希"有两种解释：一、指别人对伯夷、叔齐的怨恨很少，二、指伯夷、叔齐自己很少有怨恨。

这一章的意思是：孔子说："伯夷、叔齐不记人家过去的恶行，因此别人对他们的怨恨也就很少。"

[点评]

怎样处理人间恩怨，是人生中的大问题。以怨报怨，则冤冤相报何时了？也有人主张"以德报怨"。孔子反对冤冤相报，也反对以德报怨，主张"以直报怨"（14·36）。不念旧恶，不因积怨而改变对人的态度，就是以直报怨。这是理性的态度。旧注说，伯夷、叔齐嫉恶如仇，不立于恶人之朝，不与恶人言，绝不与恶人交往。但只要他所恶的人能改正，就不再记恨而与之交往，所以少有怨恨。

5·23 子曰："孰谓微生高直^[1]？或乞醯焉^[2]，乞诸其邻而与之。"

[注释]

[1]微生高：鲁国人，姓微生，名高。当时人认为他是直

人。　[2] 醯（xī）：醋。

这一章的意思是：孔子说："谁说微生高直？有人向他借醋，他（不直说没有）却向邻居讨来转给人家。"

[点评]

微生高不直说自己没有，而向邻居要了醋给人家。孔子从这件小事批评微生高不直。细微之处可以反映一个人的品格，无论是观察他人，还是修养自己，都不可忽略。旧注说：是曰是，非曰非，有谓有，无谓无，曰直。圣人……以微事断之，所以教人不可不谨也。

5·24　子曰："巧言、令色、足恭 [1]，左丘明耻之 [2]，丘亦耻之。匿怨而友其人，左丘明耻之，丘亦耻之。"

[注释]

[1] 足恭：有几种解释：一、足，过分。二、巧言令色是从言语和脸色上讨好别人，足恭是两脚做出逢迎恭敬的姿势来讨好人。三、足，成也；巧言令色，以成其恭，讨好其人。　[2] 左丘明：鲁国人，姓左丘，名明。

这一章的意思是：孔子说："花言巧语，装出好看的脸色，摆出逢迎的姿势来讨好人，左丘明认为可耻，我也认为可耻。把怨恨藏在心里，表面上却表示友好，左丘明认为可耻，我也认为可耻。"

［点评］

可与 1·3、17·13 两章参读。

5·25　颜渊、季路侍[1]。子曰："盍各言尔志[2]？"子路曰："愿车马，衣轻裘，与朋友共，敝之而无憾。"颜渊曰："愿无伐善[3]，无施劳[4]。"子路曰："愿闻子之志。"子曰："老者安之，朋友信之，少者怀之[5]。"

［注释］

[1]侍：位卑的人在位尊的人身旁叫侍。单用侍字，是站立两旁；坐着叫侍坐。　[2]盍：何不。　[3]伐：夸耀自己。　[4]施劳：有两种解释：一、夸耀自己的功劳，二、把劳苦的事加给别人。　[5]老者安之，朋友信之，少者怀之：有两种解释：一、孔子对老者养之以安，对朋友交之以信，对少者怀之以恩；二、使老者安于我的奉养，朋友信我，少者怀我。两种解释强调的角度不同，但有相通之处。只有养之以安，老者才能安我；只有交之以信，朋友才能信我；只有怀之以恩，少者才能怀我。

这一章的意思是：颜渊和子路侍立在孔子身边，孔子说："何不各人说说自己的志向？"子路说："我愿意把车马衣服拿来与朋友共用，坏了也不抱怨。"颜渊说："我愿意不夸耀自己的好处，不宣扬自己的功劳。"子路向孔子说："希望听听老师的志向。"孔子说："使老者安心，使朋友信任我，使年轻人怀念我。"

［点评］

孔子师生自述志向，子路、颜渊和孔子，都体现了对仁的追求，方向一致，而境界不同。子路车马裘衣愿与朋友共用，敝而无憾，是从日常待人接物的要求上说；颜渊愿为善不夸耀，有功不宣扬，则着重在精神修养；二人所说都属于对个人修身的要求。孔子安之、信之、怀之，则志在仁道通行天下，体现了修己安人、安百姓（14·45）的追求。其中差别要仔细体会。《论语》中孔子自述志向的文字，还有9·12、11·25、13·10、17·5、17·7等章，可以参读。

5·26　子曰："已矣乎！吾未见能见其过而内自讼者也。"

内自讼，自觉进行自我批评，可谓修身之本。

［注释］

这一章的意思是："完了！我没有看见一个能够看到自己的错误而又能在内心自己责备自己的人呀。"

［点评］

本章特别提出"内自讼"，值得注意。内自讼就是自知有过时，不等他人责备而自责，是为己精神的体现。能自讼自责，才是真正的道德精神。

5·27　子曰："十室之邑，必有忠信如丘者焉，不如丘之好学也。"

[注释]

这一章的意思是：孔子说："只有十户人家的小邑，必定有像我这样具有忠信品质的人，只是不如我这样好学罢了。"

[点评]

《论语》中的一些章记载了孔子自述的话。在这些自述中，孔子否认自己是生而知之，不以圣、仁、君子自居，而只说自己的长处是好学。这些自述，主要有2·4、7·1、7·2、7·3、7·16、7·18、7·19、7·27、7·32、7·33、9·6、14·30等章。把这些章联系起来读，可以从一个方面了解孔子的精神。

本章孔子说"必有忠信如丘者焉"，独举出"忠信"。1·8章说君子"主忠信"，以忠信为主；7·24章说"子以四教：文、行、忠、信"；1·4章说曾子三省，忠信占其中之二，可见孔子对"忠信"的重视。

雍也篇第六

6·1　子曰："雍也可使南面[1]。"仲弓问子
桑伯子[2]。子曰："可也，简[3]。"仲弓曰："居敬
而行简，以临其民，不亦可乎？居简而行简，无
乃大简乎[4]？"子曰："雍之言然。"

[注释]

[1]南面：面向南。古时天子、诸侯听政都是南面而坐，可使
南面就是可以让他治理国家。　[2]子桑伯子：人名。　[3]简：
不烦琐。后文"行简"是指推行政事简而不繁。　[4]无乃：岂不
是。大：同"太"。

这一章的意思是：孔子说："冉雍这个人，可以让他去治理国
家。"仲弓问到子桑伯子这个人。孔子说："这人可以，他行事简
要而不烦琐。"仲弓说："居心恭敬严肃而行事简要，这样来治理
百姓，不是也可以吗？而居心简行事也简，岂不太简了吗？"孔

子说："你说得对。"

为什么孔子说不迁怒、不贰过是颜回好学的表现？须仔细领会。

　　6·2　哀公问："弟子孰为好学？"孔子对曰："有颜回者好学，不迁怒[1]，不贰过[2]，不幸短命死矣[3]。今也则亡[4]，未闻好学者也。"

[注释]

[1]迁怒：把对甲的怒气发泄到乙身上。迁，转移。　[2]贰过：重复犯错误。贰，重复的意思。　[3]短命死矣：颜回死时年仅31岁。　[4]亡：同"无"。

这一章的意思是：鲁哀公问："你的学生中哪个好学？"孔子回答说："有个颜回好学，他不迁怒于别人，有错误能不再犯，可惜短命死了。现在没有了，没有听说有谁是好学的。"

[点评]

为什么说不迁怒、不贰过是好学的表现？不迁怒，就是要从自身方面检查总结，节制怒气，使之适度，是"求诸己"（15·20）的表现。不贰过，是善于从错误中学习的表现。只有在过失面前首先求诸己，反身检查总结，不迁怒诿过于人，才可能做到不贰过。真正懂得这两点，并且用于自身，可以大有益于学。

　　6·3　子华使于齐[1]，冉子为其母请粟[2]。子曰："与之釜[3]。"请益。曰："与之庾[4]。"冉子与之粟五秉[5]。子曰："赤之适齐也，乘肥马，衣轻裘。吾闻之也，君子周急不继富[6]。"原思为之宰[7]，与之粟九百[8]。辞。子曰："毋，以与尔邻里乡党乎[9]！"

[注释]
[1]子华：孔子的学生，姓公西，名赤，字子华。　[2]冉子：即冉有。粟：古文粟米对用时，粟指带壳的谷粒，去壳以后叫作小米。粟字单用时，就是指米。　[3]釜：古代量名。六斗四升为一釜。　[4]庾：十六斗为一庾。　[5]秉：十斗为一斛，十六斛为一秉，一秉合一百六十斗。　[6]周：周济，救济。继：接济。　[7]原思：孔子的学生原宪，字子思。为之宰：之指孔子，做孔子的家宰。　[8]九百：没有指明量名，有说九百斗，有说九百斛，不知是斗是斛。　[9]邻里乡党：古代以五家为邻，二十五家为里，万二千五百家为乡，五百家为党。这里指家乡周围的百姓。

这一章的意思是：公西子华出使到齐国去，冉有为他的母亲请求补助一些粮食。孔子说："给他六斗四升。"冉有请求再加一些。孔子说："给他十六斗。"冉有却给了他八十石。孔子说："公西赤这次去齐国，乘坐着肥马驾的车子，身上穿着轻暖的皮衣。我听说过，君子是只周济急需救济的穷人而不接济富人的。"原思当了孔子家的总管，孔子给他俸米九百。原思推辞不要。孔子说："不要推辞。有多的，就给你的乡亲们吧。"

[点评]
对于物质利益的获取，孔子主张"见利思义"，不以

其道不取（4·5）。这一章讲的两件事，也都是关于钱财的，不过不是个人的获取，而是对他人的赠予。对于钱财的赠予，也有其道。这一点也要注意。

6·4　子谓仲弓，曰："犁牛之子骍且角[1]，虽欲勿用[2]，山川其舍诸[3]？"

[注释]

[1]犁牛：耕牛。古时耕牛不作祭祀用。骍（xīng）且角：骍，赤色。周朝以赤色为贵，祭祀用的牛也选用赤色的。角，意思是角长得周正。　[2]用：用于祭祀。　[3]山川：山川之神。其舍诸：其，义同"岂"。诸，"之乎"二字的合音。

这一章的意思是：孔子评论仲弓说："耕牛产下的牛犊周身赤色，角也长得整齐端正，人们虽想不用它来作祭品，山川之神难道会舍弃它吗？"

[点评]

孔子用牛做比喻，评价仲弓，说明选用人才要看德行，不能只看出身而抛弃贤才，体现了举贤才、反对任人唯亲的思想。

6·5　子曰："回也，其心三月不违仁，其余则日月至焉而已矣[1]。"

［注释］

[1] 三月、日月：三月是说其长久，日月是说其短暂。

这一章的意思是：孔子说："颜回的心长久都不背离仁德，其余的人却只是偶尔做到了仁而已。"

［点评］

进德修身，贵在持久。偶一做到，不能持久，终究不能为自己所得。

6・6　季康子问："仲由可使从政也与？"子曰："由也果[1]，于从政乎何有？"曰："赐也可使从政也与？"曰："赐也达[2]，于从政乎何有？"曰："求也可使从政也与？"曰："求也艺[3]，于从政乎何有？"

［注释］

[1] 果：有决断。　[2] 达：通达事理。　[3] 艺：多才能。

这一章的意思是：季康子问孔子："仲由这个人，可以让他管理政事吗？"孔子说："仲由做事果断，对于管理政事有什么困难的？"又问："端木赐可以让他管理政事吗？"孔子说："端木赐通达事理，对于管理政事有什么困难的？"又问："冉求可以让他管理政事吗？"孔子说："冉求多才多艺，对于管理政事有什么困难的？"

[点评]

孔子说子路、子贡、冉有三人各有所长，都可以在为政上发挥作用。可见虽说"君子不器"，但孔子并不否定技艺才能之重要，而且能了解弟子各自的特长，因材施教。

6·7　季氏使闵子骞为费宰[1]，闵子骞曰："善为我辞焉！如有复我者[2]，则吾必在汶上矣[3]。"

[注释]

[1]闵子骞：孔子的学生，名损，字子骞。费（bì）：季氏的封邑。季氏僭越专权，费邑的长官也屡次反叛，所以闵子骞不愿去费当官。　[2]复我：再来召我。　[3]汶：水名，在齐南鲁北境上。必在汶上，是说要离鲁去齐国。

这一章的意思是：季氏要闵子骞做费邑的长官，闵子骞说："请你好好为我推辞吧，如果有人再来召我，那我一定已经逃到汶水上了。"

6·8　伯牛有疾[1]，子问之，自牖执其手[2]，曰："亡之[3]，命矣夫！斯人也而有斯疾也！斯人也而有斯疾也！"

[注释]

[1]伯牛：孔子的学生，姓冉，名耕，字伯牛。　[2]牖（yǒu）：

窗户。　[3]亡之：有两种解释：一作丧失讲，一作死亡讲。二者意思相近。

这一章的意思是：伯牛病了，孔子去探望他，从窗户外握着他的手说："丧失了这人，这是命呀！这样的人竟生这样的病！这样的人竟生这样的病！"

[**点评**]

知命，是孔子思想的重要组成部分。《论语》中多处谈到命，这是其中之一。要注意从《论语》这些有关章句来理解孔子知命的思想。

6·9　子曰："贤哉，回也！一箪食[1]，一瓢饮，在陋巷[2]。人不堪其忧，回也不改其乐[3]。贤哉，回也。"

[**注释**]

[1]箪（dān）：古代盛饭的竹器。　[2]巷：古时巷有两个含义：里中之道叫巷，人的住处也叫巷。陋巷是贫民区的意思。　[3]回也不改其乐：颜回所乐的是什么？有的说是乐道；有的说是乐于学，不改好学之乐。

这一章的意思是：孔子说："颜回真是贤啊！一箪饭，一瓢水，住在简陋的小屋里，别人都忍受不了这种穷困的忧愁，颜回却没有改变他的乐趣。颜回真是贤啊！"

[**点评**]

本章说颜回不改其乐，7·15章说："饭疏食饮水，曲肱而枕之，乐亦在其中矣。不义而富且贵，于我如浮云。"是说孔子之乐。二章合称孔颜之乐。宋儒曾教弟子寻孔颜乐处，思考他们所乐何事。这成为读《论语》中一个经典问题。为什么孔颜能身处贫穷而不改其乐，乐在其中？他们乐的是什么？人们常说，人生最大的追求就是快乐。那么，都是追求快乐，为什么会有这样的不同？我们要追求什么样的快乐？我们自己所乐何事？这些问题关系到对人生意义的理解和根本的人生态度。认真思考这些问题，对我们领悟人生会有很好的启示。

还可与4·9章"士志于道，而耻恶衣恶食者，未足与议也"和4·5章"富与贵是人之所欲也，不以其道得之，不处也；贫与贱是人之所恶也，不以其道得之，不去也"等章参读。

6·10 冉求曰："非不说子之道，力不足也。"子曰："力不足者，中道而废。今女画[1]。"

[**注释**]

[1]今女画：女，同"汝"。画，同"划"，自己划定界限，不想前进。

这一章的意思是：冉求说："我不是不喜欢老师的道，是我的力量不够呀。"孔子说："力量不够是到半路才停下来，现在你是自己给自己划定了界限不想前进。"

［点评］

冉求自称在学道上"力不足"，孔子批评他是不求上进，半途而废。说明修养仁德不存在心有余而力不足的问题。只要努力，就可以达到；达不到不是因为力量不足，只是自己不想前进，放弃了努力。可与4·6、12·1等章参读。

6·11　子谓子夏曰："女为君子儒，无为小人儒 [1]。"

今日的学子，也应以做君子为目标。首先为君子，其次为专家。

［注释］

[1] 君子儒、小人儒：何晏《论语集解》孔注曰："君子为儒将以明道，小人为儒则矜其名。"朱熹《论语集注》说："君子儒为己，小人儒为人。"为己、为人可参看14·25章。

这一章的意思是：孔子对子夏说："你要做君子儒，不要做小人儒。"

［点评］

真正的儒者是在其道，不在其名。服膺儒道，身体力行，成为真君子，这是君子儒。而小人学儒，只为有儒者之名，夸夸其谈，与自身修养无关，这是小人儒。《论语》中多处讲到君子和小人的区别，从君子与小人的对比中说明对君子的要求。这是孔子思想中重要的部分，希望读者注意。

6·12　子游为武城宰[1]。子曰："女得人焉尔乎[2]？"曰："有澹台灭明者[3]，行不由径[4]。非公事，未尝至于偃之室也。"

[注释]

[1]武城：鲁国地名。　[2]焉尔乎：都是语助词。　[3]澹（tán）台灭明：人名，姓澹台，名灭明，字子羽。后来也是孔子的学生。　[4]径：小路，捷径。

这一章的意思是：子游做了武城的长官。孔子说："你在那里求得人才了吗？"子游说："有一个叫澹台灭明的，他不走捷径。没有公事从来不到我屋里来。"

[点评]

这一章也反映了孔子对举贤才的重视，可与12·22、13·2两章参读。子游以"行不由径"作为认定澹台灭明是贤人的标准，值得注意。

6·13　子曰："孟之反不伐[1]，奔而殿[2]，将入门，策其马，曰：非敢后也，马不进也。"

[注释]

[1]孟之反：鲁国大夫，名侧。　[2]奔：败走。殿：殿后，走在最后。

这一章的意思是：孔子说："孟之反不夸耀自己。打仗败退时，他走在最后，快进城门的时候，他鞭打着他的马说，不是我敢于殿后，是马不能跑到前边呀。"

[点评]

孔子赞扬孟之反不夸耀自己。可与5·25章颜渊"愿无伐善，无施劳"联系起来读。14·25章说"学者为己"，真正的行善完全发自内心，既不是害怕谴责、制裁，也不是谋求赞誉、奖赏，只是求一己的心安；"施惠无念，受恩莫忘""善欲人见，不是真善"，这是中华传统道德的根本精神，也才是真正的道德精神。做了一点事，喜欢自夸，生怕人家不知道，这样的人不能说有真正的道德精神。

6·14　子曰："不有祝鮀之佞[1]，而有宋朝之美[2]，难乎免于今之世矣。"

[注释]

[1]祝鮀（tuó）：卫国大夫，字子鱼。有口才。　[2]宋朝：宋国公子。有美貌。

这一章的意思是：孔子说："如果没有祝鮀那样的能说会道，而只有宋朝那样的美貌，那在今天的世上就难免受害了。"

6·15　子曰："谁能出不由户，何莫由斯道也？"

[注释]

这一章的意思是：孔子说："谁能不从房门走出屋去呢？为什么就没有人按着道去走呢？"

[点评]

这一章讲人要走正道，可与 6·12 章参读。

6·16 子曰："质胜文则野[1]，文胜质则史[2]。文质彬彬[3]，然后君子。"

[注释]

[1]质：朴实。文：文采。15·17 章："君子义以为质，礼以行之。"14·13 章："……文之以礼乐。"本章中质指内在品质，即仁；文指外在的礼。野：古时郊外称野。乡村农夫称野人。这里引申为粗鲁、鄙野。 [2]史：掌管法典和记事的官。 [3]彬彬：指文和质两方面配合得很恰当。朱熹《论语集注》："物相杂而适均之貌。"

这一章的意思是：孔子说："质朴多于文采，就像个乡下人，流于粗鲁；文采多于质朴，就像个管文书的官。只有质朴和文采配合恰当，才是个君子。"

[点评]

"文质彬彬，然后君子"，就是说内心的道德品质和外表的礼仪能够很好地统一起来，这样的人才是君子。质和文，仁和礼不可偏废。所以，君子必须从仁和礼两个方面进行修养。可与 3·8、12·8 两章联系参读。

6·17 子曰："人之生也直，罔之生也幸 而免[1]。"

把握人生大
道，不为一时的现
象所迷惑。

[注释]

[1] 罔: 诬罔不直的人。

这一章的意思是: 孔子说："人的生存是靠正直，不正直的人
的生存，是他侥幸地免于死亡。"

[点评]

"人之生也直"，是从人生的本质上说。只有正直才
能维系社会的稳定和发展，才能有个人的生存和发展，
这是人生大道。现实中也有诬罔不直而能富贵腾达的，
但那只是由种种偶然条件所造成，不是人生常道，所以
说是"幸而免"。孔子指出这一点，意在告诫人们认清人
生大道，不要心存侥幸，枉道而行。

6·18 子曰："知之者不如好之者，好之 者不如乐之者。"

三种境界，善
自体会。

[注释]

这一章的意思是: 孔子说："懂得它的人，不如爱好它的人；
爱好他的人，又不如以它为乐的人。"

[点评]

这一章里的"之"字没有说明是指什么。就道德修养来说，知之、好之、乐之是三种不同的境界。知道了却不喜好，不愿照着做，则所学和自己没有关系；喜好，才会去追求。又还有安仁、利仁的区别（4·2），只有安之、乐之才是真正的道德境界。读者可以对照自己，看自己达到了哪个境界，并向更高一境界努力。

6·19　子曰："中人以上[1]，可以语上也；中人以下，不可以语上也[2]。"

[注释]

[1] 中人：指智力中等的人。　[2] 不可以：这里是说不可能，不是不能。

这一章的意思是：孔子说："智力在中等水平以上的人，可以给他讲高深的学问；在中等水平以下的人，不可以给他讲高深的学问。"

[点评]

因材施教，是孔子教育思想的一个重要内容。根据学生智力水平的高下来决定教授的内容，是因材施教的一个方面。可与11·21章参读。

6·20　樊迟问知。子曰："务民之义[1]，敬鬼神而远之，可谓知矣。"问仁。曰："仁者先难而后获，可谓仁矣。"

[注释]

[1] 务民之义：朱熹《论语集注》："专用力于人道之所宜。"务，致力。

这一章的意思是：樊迟问怎样才算是智。孔子说："专心致力于治理百姓所该做的，对鬼神敬而远之，可以说是智了。"樊迟又问怎样才是仁。孔子说："仁人有难事做在人前，有收获得在人后，可以说是仁了。"

[点评]

不信鬼神，面对现实，以回答现实的社会问题、人生问题为中心，是孔子思想的一个突出特点。这一章是说要专心致志于治国的人事，对鬼神敬而远之，既表明了不信鬼神的理性态度，也表示了对民间鬼神信仰的尊重，比较全面地反映了孔子在这个问题上的思想。11·11章说"未能事人，焉能事鬼？""未知生，焉知死？"7·20章说"子不语怪、力、乱、神"，也都说到对鬼神的态度，可以参读。

6·21　子曰："知者乐水，仁者乐山[1]；知者动，仁者静；知者乐，仁者寿。"

[注释]

[1] 知者乐水，仁者乐山：旧注说，智者喜爱运用其才智来治

世，像水那样川流不息；仁者喜爱像山那样稳定坚固，自然不动而万物在上面生长。乐，古音 yào，喜爱。今通读 lè。

这一章的意思是：孔子说："智者喜爱水，仁者喜爱山；智者活动，仁者安静；智者快乐，仁者长寿。"

6·22 子曰："齐一变，至于鲁；鲁一变，至于道。"

[注释]

这一章的意思是：孔子说："齐国一改变，可以达到鲁国的样子；鲁国一改变，就可以达到先王之道了。"

6·23 子曰："觚不觚[1]，觚哉！觚哉！"

[注释]

[1] 觚（gū）：古代酒器，上圆下方，有棱，容量二升。觚不觚，有两种解释：一、孔子时觚做成圆形，没有了棱角，孔子慨叹名实不符，讽喻政事。二、觚有少的意思。觚容量小，劝人少饮酒。孔子时人们沉湎于酒，虽然用觚饮酒，但不节制酒量，因此孔子慨叹。

这一章的意思是：孔子说："觚不像个觚，这还叫觚呀！这还叫觚呀！"

［点评］

孔子慨叹觚的名实不符，也是慨叹礼崩乐坏的时势，反映了他"正名"的思想。可与 12·11、13·3 两章参读。

6·24　宰我问曰："仁者，虽告之曰：'井有仁焉[1]。'其从之也？"子曰："何为其然也？君子可逝也[2]，不可陷也[3]；可欺也，不可罔也。"

［注释］

[1]井有仁焉：一说"仁"字当作"人"，又一说是有救人机会在井中。　[2]逝：去救的意思。　[3]陷：陷害。

这一章的意思是：宰我问道："一个仁者，别人告诉他：'井里掉下人去了'。他会跟着下去吗？"孔子说："为什么要这样呢？君子可以到井边去救，但不会被陷入井中；他可能受骗，但不会被迷惑。"

［点评］

身在井上可以救落井的人，跳入井中反不能救人。这道理极简单。仁者爱人，听说有人落井，定会前往施救，却不会跳入井内。仁知（智）统一，不知，无以为仁。宰我为什么会问孔子这样简单的问题？应该有具体的背景和原因，但现在不得而知了。

6·25　子曰："君子博学于文，约之以

礼^[1]，亦可以弗畔矣夫^[2]。"

［注释］

[1] 约：有两种解释：一、约束；二、简要，使博学的文献知识归于简要。9·10章颜渊说"夫子循循然善诱人，博我以文，约我以礼"，可见"约之以礼"的"之"字应指人，前者较合《论语》原意。　[2] 畔：同"叛"。

这一章的意思是：孔子说："君子广泛地学习文献，又以礼来约束自己，也就不至于离经叛道了。"

［点评］

"博学于文，约之以礼"，是孔子教育的两个方面，"可以弗畔"是其目的。7·24章说"子以四教：文、行、忠、信"，1·6章说"行有余力，则以学文"，都是说孔子的教育是从力行和学文两个方面进行的。学文，要广泛学习文献；礼是古代一切行为的规范，力行就是要依礼而行，也就是要约之以礼。"博学于文，约之以礼"正是这两个方面。9·10章也讲到这个问题，可参读。

6·26　子见南子^[1]，子路不说。夫子矢之曰^[2]："予所否者^[3]，天厌之！天厌之！"

［注释］

[1] 南子：卫灵公夫人，有淫乱的行为。　[2] 矢：通"誓"。　[3] 否：不对，指做了不正当的事。

这一章的意思是：孔子去见了南子，子路不高兴。孔子发誓说："如果我做了不正当的事，让天厌弃我吧！让天厌弃我吧！"

[点评]

本章孔子对天发誓，这里的天有人格化的神的意义。在这样的意义上讲到天的，还有 7·22、9·11、14·37 等章。在 6·8、9·1、9·5、11·8、12·5、14·38、20·3 等章中看到的天或命，则有不同的含义。在这几章中，孔子是在困境、逆境中把人力不能支配的因素归之于天或命。天和命的思想，是孔子思想中比较难理解的问题，需要细心从当时背景和《论语》本文中体会。

6·27　子曰："中庸之为德也[1]，其至矣乎！民鲜久矣。"

[注释]

[1]中庸：孔子提出的道德准则。《论语》邢昺疏："中谓中和，庸，常也。"朱熹《论语集注》："中者，无过无不及之名也。庸，平常也。"

这一章的意思是：孔子说："中庸作为道德，该是最高的了吧！人们缺少这种道德已经很久了。"

[点评]

中庸是孔子和儒家提倡的待人处事的基本原则，它反映着中华文化的重要特点。这一章孔子称中庸为至德，可见他对中庸的重视。但一部《论语》，直接谈中庸的却很少，给读者的理解带来困难。然而《论语》不少章对具体事物的论述，如1·12、2·16、11·15、13·21、13·23等章，都体现了中庸的思想，要注意仔细体会。另外，还需要结合儒家其他文献来理解。

6·28　子贡曰："如有博施于民而能济众，何如？可谓仁乎？"子曰："何事于仁？必也圣乎！尧舜其犹病诸[1]。夫仁者，己欲立而立人，己欲达而达人。能近取譬[2]，可谓仁之方也已。"

[注释]

[1]尧舜：传说中上古时代的两位天子，是孔子推崇的圣人。　[2]譬：比喻。

这一章的意思是：子贡说："如果有人能对百姓广施恩惠，周济大众，怎么样呢？能说是做到仁了吗？"孔子说："这哪里只是仁呢？一定是圣人了。就连尧舜怕还难于做到呢。至于仁就是自己想在社会上立足，就也帮助别人立足；自己想要通达，就也帮助别人通达。能就近以自己的心作比而推及别人，可以说就是为仁的方法了。"

[点评]

这一章提出，仁就是要"己欲立而立人，己欲达而

达人"，而行仁的方法是"能近取譬"。可以与15·23章
"己所不欲，勿施于人"联系读。二者共同的精神就是本
章所说的"能近取譬"。要把他人看作和自己同样的人，
推己及人，从自己所欲或不欲出发，推想到别人，理解
别人的所欲或不欲。也就是民间常说的要将心比心，设
身处地替别人着想。这包涵着平等待人和爱人的精神，
是儒家待人的基本原则。"仁者爱人。"爱人的起点就是
在心里有别人，能推己及人。如果心里只有自己，只想
着"只要我高兴就好"，又怎么谈得到爱别人呢？

推己及人也是一切社会公德的基础，应该成为全人
类普遍遵行的社会生活准则。

有一种观点，认为"己欲立而立人，己欲达而达人"
就是"以为自己想要的别人也一定想要"，所以"一个人
想要的，也要尽量给予别人"，或"己之所欲，必加诸人"。
这是曲解。原文本义，自己有立、达的愿望，他人亦有
立、达的愿望；在自己立、达之余，还要帮助他人立、达。
立人、达人是帮助他人完成立、达的愿望，不是将自己
所欲加于他人；是对自身的要求，不是对他人的要求。
立人、达人的基础和前提是尊重他人的愿望。以自己之
所愿要求他人，不是立人、达人的本义。而将违背对方
愿望的要求加之于人，则有悖于"己所不欲，勿施于人"，
更为不可。

述而篇第七

7·1 子曰："述而不作[1]，信而好古，窃比于我老彭[2]。"

[注释]

[1]述而不作：述，传述。作，创作，创造。 [2]老彭：商代大夫，"好述古事"。

这一章的意思是：孔子说："只传述而不创作，相信和爱好古代文化，我私下把自己比作老彭。"

[点评]

本篇内容多是讲孔子。

"述而不作"是孔子自述为学的态度。如果真是这样，那就不会有思想的创新和发展了。然而，事实上，在整理、阐述和传授古代文献的过程中，孔子做出了许多创新、发展，他创立的儒学对中华文明的发展有深远的影响。他实际上是述中有作，寓作于述，在继承中创造。之所以说是"述而不作"，是突出继承的重要。在汉代以后儒学的发展中，"述而不作"，通过对经典的诠释提出新思想，发展儒学，而不自立体系，也成为中国学术发展的一种传统。对于这一传统，应该认真研究、总结，认识其价值和意义，在新的条件下继承和发展。对于"述而不作"，也可以与2·11章"温故而知新"联系理解。

7·2　子曰："默而识之[1]，学而不厌，诲人不倦，何有于我哉[2]？"

[注释]

[1] 识（zhì）：记住。　[2] 何有于我哉：有两种解释：一、对我有什么难呢？二、谦虚之词，我有哪一点呢？联系《论语》别章内容看，前解较好些。

这一章的意思是：孔子说："默默地记住所学的知识，努力学习而不厌烦，教导别人不知疲倦，这在我有什么困难呀？"

[点评]

上章孔子自称"述而不作，信而好古"，这一章自许"默而识之，学而不厌，诲人不倦"，反映了孔子精神面貌的一个重要方面。可与7·19章参读。

15·2章也谈到"学而识之"，孔子否认自己是"多学而识之者"。在不同条件下对同一个问题有不同的说法，要注意分析，全面理解，避免只从一点下结论。

7·3 子曰："德之不修，学之不讲，闻义不能徙，不善不能改，是吾忧也。"

［注释］

这一章的意思是：孔子说："对品德不去修养，对学问不去讲习，听到义的道理却不能改变自己的想法按义的要求去做，有了不善的事不能改正，这些正是我所忧虑的。"

［点评］

修德、讲学、徙义、改过，是为人为学的四个重要方面。孔子为人们不能这样做而忧虑。我们应该向这几方面努力。徙义，改变自己以追随道义，或按道义的要求改正自己。可与"择其善者而从之"（7·21），"就有道而正焉"（1·14）参读。

把改过与修德、讲学、徙义并提，反映孔子对改正过失或"不善"的重视。5·26章孔子慨叹世人不能自见其过而自责，6·2章称赞颜渊又提出"不贰过"是颜渊好学的表现；还有1·8、15·29、19·8、19·21等章，都可参读。

7·4 子之燕居[1]，申申如也，夭夭如也[2]。

[注释]

[1]燕居:闲居。　[2]申申、夭夭:和舒貌。朱熹《论语集注》引杨氏曰:"申申,其容舒也。夭夭,其色愉也。"另一解释:申申,整饬貌,衣冠整齐。

这一章的意思是:孔子闲居的时候,仪态温和舒畅,脸色愉快。

7·5　子曰:"甚矣吾衰也! 久矣吾不复梦见周公[1]! "

[注释]

[1]周公:姓姬,周文王的儿子,周武王的弟弟,鲁国国君的始祖。是孔子最敬佩的古代圣人之一。

这一章的意思是:孔子说:"我衰老得很厉害了,好久没有再梦见周公了。"

[点评]

本章反映了孔子对周公的崇敬和思念。孔子志在行周公之道,所以会在梦寐中见到周公。年老体衰,不再梦见周公,又见道不得行,因而有此慨叹。既是叹自身衰老,也是叹道之不得行。

7·6　子曰:"志于道,据于德[1],依于仁,游于艺[2]。"

本章是学为君子的纲要。要注意领会、践行。

[注释]

[1]德：古注：德者，得也。能把道贯彻到自己心中而不失掉就叫德。　[2]游于艺：艺指孔子教学生的礼、乐、射、御、书、数六艺，六艺都是日常所用。游，有不同的解释：一、艺不足以据守和依靠，所以说是游；二、游泳，习艺有游泳自如的乐趣；三、闲暇无事的时候就游憩于六艺之中，游是不匆忙急迫的意思。

这一章的意思是：孔子说："立志于道，据守于德，依靠于仁，游习于六艺之中。"

[点评]

此章提出四个方面的要求，可以说是学做人的纲要。古代道和德分别讲。道，"人伦日用之间所当行者是也"（朱熹《论语集注》），即为人之道，做人的根本原则。"志于道"，立志于追求为人之道，即确立为人的目标、道路，解决人生方向的问题。朱熹说："志道，则心存于正而不他。"（同上）"志不立，直是无着力处。"（《朱子沧州精舍谕学者》）

德，得也，道之得于己者为德。对于道，自己已经把握了的，叫作德。道博大精深，对道的把握，不能一蹴而就，需在日常言行中，不断地体会、践行，积累而成。唯有自己把握了，才能够据之以指导言行。所以说"据于德"。"据于德"，即德行之教，将志道的追求落实于行，孝悌忠信、勇直敬让等是其要目。也唯有日常言行都能据于德而不离，才能达于道之大全。

"子曰：吾道一以贯之。"孝悌忠信、勇直敬让诸德，其中有一以贯之之精神。仁，人与人相处的大道，是贯穿于诸德的根本精神。"依于仁"，就是一切德行都要体现其中一以贯之的"仁"的精神。孝悌是为仁之本，但并不是有孝悌之行就是仁；只知孝敬父母，没有仁者爱人之心，不能将爱心推及他人，不能说是仁。所以在"据于德"的基础上还须有"依于仁"的教育。

艺，孔子时指礼、乐、射、御、书、数，以后范围扩展，包括琴棋书画、诗词歌赋，以至天文历算、农桑水利、医药百工，都属艺。艺属实务、技艺，非原则。游，游憩，朱熹注："玩物适情之谓。"(《论语集注》) 钱穆《论语新解》："人之习于艺，如鱼在水。"志于道、据于德、依于仁与游于艺属不同范畴。前三项是理性的、道德的，通过博文约礼，学习修养而达到；游于艺则是感性的、艺术的，经技艺的学习而得之。前三者是社会性的，人所共同；后一者是个性化的，随各人兴趣条件不同而异。

志道、据德、依仁、游艺，四者相比，前三项为本，后一项为末；前三者重，后一者轻。然四者均为成人之不可或缺，不可偏废。以为学做人只需熟读经典，志道进德，而一切技艺之学都属无用，甚至有害；或将儒学教育局限于琴棋书画、茶艺武术之类技艺之学，而不及志道进德之学，都是偏于一端，有失儒学教育之真精神。

7·7　子曰："自行束脩以上[1]，吾未尝无诲焉。"

[注释]

[1]束脩（xiū）：干肉，又叫脯。束脩就是十条干肉，是古代一种最菲薄的见面礼。

这一章的意思是：孔子说："只要自己拿着十条干肉为礼来见我，我从没有不给他教诲的。"

[点评]

这一章既表现了孔子诲人不倦（7·2、7·33）的精神，也反映了他有教无类（15·38）的教育思想。可与这几章及有关章参读。

7·8　子曰："不愤不启 [1]，不悱不发 [2]。举一隅不以三隅反，则不复也。"

[注释]

[1]愤：用心思索想弄清楚而还没有想通的意思。　[2]悱（fěi）：口里想说而说不出来的样子。

这一章的意思是：孔子说："不到他努力想弄清楚而又想不通的时候，不去开导他；不到他想说而说不出来的时候，不去启发他。举出一个角落讲给他听而他不能由此推知其他三个角落，那就不再教他了。"

[点评]

孔子教育重启发。从教的方面说，在学生充分思考的基础上再去开导、启发；从学的方面说，要求能举一反三。

这些思想，符合教学的规律，具有普遍的意义。1·15、2·9、5·8、11·3等章从不同的方面涉及到这个问题，可以参读。

7·9　子食于有丧者之侧，未尝饱也。子于是日哭，则不歌。

于此见仁心。

[注释]

这一章的意思是：孔子在有丧事的人旁边吃饭，从来没有吃饱过。孔子在这一天为吊丧而哭过，就不再唱歌。

[点评]

在有丧事的人旁边从不吃饱，吊丧哭过当天不歌唱，都反映出孔子对丧者的同情之心，由此可见仁的情怀。

7·10　子谓颜渊曰："用之则行，舍之则藏[1]，唯我与尔有是夫[2]！"子路曰："子行三军，则谁与？"子曰："暴虎冯河[3]，死而无悔者，吾不与也。必也临事而惧[4]，好谋而成者也！"

[注释]

[1]用之则行，舍之则藏：行和藏都是指"道"言，意思是：有能用我之道的，我就推行这道；没有用这道的，我就把道隐藏起来。舍，同"捨"，不用的意思。　[2]唯我与尔有是夫：尔，

指颜渊。是，指道，即"用之则行，舍之则藏"的道。　[3] 暴虎冯（píng）河：暴虎，徒手与虎搏斗。冯河，徒步涉水过河。冯，同"凭"。　[4] 临事而惧：惧，这里是警惕和谨慎从事的意思。

这一章的意思是：孔子对颜渊说："有能用我之道的，就去推行它；没有用此道的，就把它隐藏在身，只有我与你能这样吧。"子路说："老师您如果率领军队，那找谁共事呢？"孔子说："赤手空拳和老虎搏斗，徒步涉水过河，死了也不后悔的人，我是不和他共事的。我要找的，一定要是临事小心谨慎，认真谋划而能成功的人。"

[点评]

世事复杂，时运多变，人的一生总会经历种种不同的境遇。面对不同的环境、情况，怎样自处，是人生一大问题。本章就是谈这个问题。孔子以弘道为人生的使命。"用之则行，舍之则藏"，行、藏指的是道。行是弘道，藏是维护道不让其受伤害。8·13、14·1、14·4、14·13、15·6、15·8、19·1 等章都谈到这个问题，可参读。

智、仁、勇，是孔子提倡的三项美德。《礼记·中庸》说："知、仁、勇三者，天下之达德也。"知、仁、勇三者统一；不仁无知，不仁无勇。孔子不赞成暴虎冯河、死而无悔一类的做法，要求临事而惧，好谋而成，说明勇也必须与智相联系，不是盲目蛮干。可与 9·28、14·30、17·23 等章参读。

7·11　子曰："富而可求也[1]，虽执鞭之士[2]，吾亦为之。如不可求，从吾所好。"

[注释]

[1]富而可求：可求是指合于道，可以去求。可与4·5章"不以其道得之，不处也"联系起来理解。　[2]执鞭之士：古代天子和诸侯出入时，手执皮鞭开路的人。此处是指地位低下的职事。

这一章的意思是：孔子说："富如果合于道而可以去求，虽然是给人执鞭的下等差事，我也愿意去做。如果富不合于道而不可去求，那就还是按我的爱好去做。"

[点评]

本章谈对致富的态度。可与4·5章和相关各章参读。可求和不可求，有因为命的限制而可能和不可能，也有是否合乎道义的可以和不可以。

7·12　子之所慎：齐、战、疾[1]。

[注释]

[1]齐：同"斋"，古人在祭祀前沐浴更衣，不吃荤，不饮酒，不与妻妾同寝，整洁身心，表示虔诚，叫作斋，即斋戒。

这一章的意思是：孔子所谨慎对待的是：斋戒、战争和疾病。

7·13　子在齐闻《韶》[1]，三月不知肉味，曰："不图为乐之至于斯也。"

[注释]

[1]《韶》: 舜时乐曲名。

这一章的意思是: 孔子在齐国听到了《韶》乐, 有三个月尝不出肉味来, 说:"想不到《韶》乐的美竟能达到这样的境界。"

[点评]

本章谈孔子闻《韶》乐后的感受, 感叹乐之感人至深。由此可见孔子的音乐修养。读者如对音乐无此感受, 则难以体会本章之意。

7·14　冉有曰:"夫子为卫君乎[1]? "子贡曰:"诺, 吾将问之。"入, 曰:"伯夷、叔齐何人也? "曰:"古之贤人也。"曰:"怨乎? "曰:"求仁而得仁, 又何怨。"出, 曰:"夫子不为也。"

[注释]

[1] 为: 帮助的意思。卫君: 指卫出公辄, 是卫灵公的孙子。卫灵公驱逐了太子蒯 (kuǎi) 聩, 灵公死后辄立为国君。晋国又把其父蒯聩送回卫国, 与他争夺君位, 蒯辄拒不让位。父子争夺君位, 与伯夷、叔齐兄弟互相推让的行为正好相反。所以子贡用伯夷叔齐的事试探孔子对卫君的态度。

这一章的意思是: 冉有问:"老师帮助卫君吗? "子贡说:

"嗯，我要去问问他。"子贡进去，问孔子说："伯夷、叔齐是什么样的人？"孔子说："是古代的贤人呀。"子贡又问："他们有没有怨恨后悔呢？"孔子说："他们追求仁而得到了仁，又有什么怨恨后悔呢？"子贡出来说："老师不会帮助卫君的。"

［点评］

伯夷、叔齐虽然抛弃了君位，饿死在首阳山上，但他们所做的一切，都是为了坚守道义，不改其志，以求心安。所以孔子说，他们求仁而得仁，有什么怨恨后悔呢？孔子之教，全在"守死善道"（8·13），以求心安，除此别无他求。"求仁而得仁，又何怨"，反映了这个精神。孔子既赞扬伯夷、叔齐这种精神，自然不会去帮助卫出公。可与14·25、17·21等章参读。

7·15　子曰："饭疏食饮水^[1]，曲肱而枕之^[2]，乐亦在其中矣。不义而富且贵，于我如浮云。"

6·9章说颜回处贫穷而不改其乐，本章说孔子处清贫而乐在其中。孔颜之乐乐在何处？所乐何事？这是读《论语》的经典问题。

［注释］

[1] 饭疏食：饭，作动词，吃的意思。疏食，粗粮。　[2] 曲肱（gōng）而枕之：枕着胳膊睡觉。肱，胳膊。枕，作动词用。

这一章的意思是：孔子说："吃粗粮，喝白水，弯起胳膊当枕头，乐趣也就在这中间了。用不正当的手段得来的富贵，在我看来就像浮云一样。"

［点评］

本章与6·9章谈孔子颜回的"乐"，合称"孔颜之乐"，可联系参读。

7·16　子曰："加我数年[1]，五十以学《易》[2]，可以无大过矣。"

［注释］

[1]加：有不同解释：一、依本义；二、同"假"，给予。　[2]五十以学《易》：《易》，指《周易》。《鲁论语》这一章"易"字作"亦"，全文是：子曰："加我数年，五十以学；亦可以无大过矣。"孔子学《易》的时间，也有几种解释：一、依原文，孔子五十学《易》，此语是孔子四十多岁时所说；二、孔子学《易》在七十岁以后，"加"同"假"，原文五十有误；三、孔子学《易》在五十六七到七十岁周游列国期间，"加"同"假"，借用意，意思如"如果我年轻几岁，五十就学《易》"。

这一章的意思是：孔子说："再给我几年，到五十岁时去学习《周易》，就可以没有大的过错了。"

［点评］

孔子晚年喜《易》，据古籍记载，"居则在席，行则在囊"（《帛书易传·要》），"韦编三绝"（《孔子世家》）。在家时放在身边，外出时带在行囊中，随时阅读，以致连接竹简的皮带磨断了三次。《论语》中关于孔子谈《易》的记载很少，孔子关于《易》的思想，需要通过学习其他文献来了解。

7·17　子所雅言,《诗》《书》、执礼,皆雅言也[1]。

［注释］

[1] 雅言:又称正言,当时把西周京城地方人所说的语言叫雅言,相当于现在的普通话。

这一章的意思是:孔子用雅言的场合,诵读《诗》《书》,执行礼事,都是用雅言。

7·18　叶公问孔子于子路[1],子路不对。子曰:"女奚不曰,其为人也,发愤忘食,乐以忘忧,不知老之将至云尔[2]。"

［注释］

[1] 叶公:楚国大夫沈诸梁,字子高。因任叶城的地方官,自称叶公。　[2] 云尔:云,代词,如此。尔,同"耳",而已,罢了。

这一章的意思是:叶公向子路问孔子是什么样的人,子路没有回答他。孔子说:"你为什么不这样说,他这个人,发愤用功,连吃饭也忘了;快乐得把一切忧虑都忘了,连自己快要老了都不知道,如此而已。"

［点评］

对自己,孔子总是只说好学。本章描述出他好学的心态。发奋而忘食,是在还没有学到时的状态;乐而忘忧，是学有收获时的状态；不知老之将至，反映了他一生孜孜不倦，把学习看作生命主要组成部分的心态。关于孔子自述好学，可与2·4、5·27、7·2、7·19、7·33等章参读。

7·19　子曰："我非生而知之者，好古，敏以求之者也。"

[注释]

这一章的意思是：孔子说："我不是生来就知道的，我是爱好古代文化，勤快地去追求的人。"

[点评]

孔子否认自己是生而知之者，但他并没有从根本否认生而知之。可与16·9章参读。"好古，敏以求之"，一是好古，二是勤学，这是孔子自己总结他学习修养的主要精神。可与5·27、7·1、7·2等章参读。

7·20　子不语怪、力、乱、神。

[注释]

这一章的意思是：孔子不讲怪异、强力、叛乱、神道。

[点评]

关于力，可参读3·16、14·6、14·35、15·1等章；

关于鬼神，可参读 6·20、11·11 两章。

7·21　子曰："三人行，必有我师焉。择其善者而从之，其不善者而改之[1]。"

[注释]

[1]善者、不善者：指同行人的善与不善的品德。有的解释为，同行二人，一人善，一人恶，二人都是我师。这样解释似太拘泥于"三人"的字义，反而离开了原意。

这一章的意思是：孔子说："三个人同行，其中就一定有我的老师。我选择他善的品德向他学习，看到他不善的地方就作为借鉴改掉自己的缺点。"

[点评]

"三人行，必有我师焉"，与人交往，随时随地可以向他人学习，无论其人善或不善都可以为师，由此可见孔子好学的真精神。可与 19·22 章"夫子焉不学？而亦何常师之有"，4·17 章"见贤思齐焉，见不贤而内自省也"参读。

7·22　子曰："天生德于予，桓魋其如予何[1]？"

[注释]

[1]桓魋（tuí）：宋国司马向魋，是宋桓公后代，因此又称桓

魋。《史记》记载，一次桓魋要杀害孔子，孔子说了这句话。

这一章的意思是：孔子说："上天把德赋予了我，桓魋能把我怎么样？"

［点评］

"天生德于予"的"德"，代表孔子全部的信仰、思想和行为。孔子的意思是说，天把德给了我，我所信、所想、所说、所为都是本于天命，符合天命的，桓魋能把我怎么样？9·1章说孔子与命与仁，知命是孔子思想的重要方面。本章是涉及孔子知命思想的重要一章，可与2·4、9·5、14·37、14·38、16·8、20·3以及6·8、11·8等章参读。

7·23　子曰："二三子以我为隐乎[1]？吾无隐乎尔。吾无行而不与二三子者，是丘也。"

［注释］

[1] 二三子：这里指孔子的学生们。

这一章的意思是：孔子说："你们以为我有什么隐瞒你们吗？我是毫无隐瞒的。我所有的行为无不和你们在一起，这就是我孔丘呀。"

［点评］

弟子们以为孔子之道高深，怀疑孔子有所隐瞒，没有全部教给弟子。孔子回答，我日常行为无不和大家在一起，特别提出一个"行"字，是告诉弟子，孔子所教是为人之道，此道就在其身，孔子日常行为即是其教，并非另有一套高深理论。弟子们天天和孔子生活在一起，都了解孔子其人，也就可以学习孔子之道。所以孔子说没有对弟子们有所保留或隐瞒。这也告诉我们，学为人之道，不能只向书本、理论学，更要向人学；读《论语》不能只读文本，更要了解孔子其人，学习孔子其人。

7·24　子以四教：文[1]、行[2]、忠、信[3]。

[注释]

[1] 文：文献知识。　[2] 行：指德行。　[3] 忠、信：见1·4章注。

这一章的意思是：孔子以文、行、忠、信四项内容教学生。

[点评]

旧注：教人以学文修行而存忠信也。文，文献；行，德行。文、行是孔子教育的两个方面。1·6章"行有余力，则以学文"，6·25章"博学于文，约之以礼"，都反映了这两个方面。忠信是做人的根本。1·8章说君子要"主忠信"，以忠信为主。

7·25　子曰："圣人，吾不得而见之矣；得见君子者，斯可矣。"子曰："善人，吾不得而见之矣；得见有恒者，斯可矣。亡而为有，虚而为盈，约而为泰[1]，难乎有恒矣。"

[注释]

[1]约而为泰：有两种解释：一、泰，奢侈、豪华。实际穷困，却要表现豪华。二、泰，安泰。内心困约而外表安泰。总之，与"亡而为有，虚而为盈"一样，都是虚伪矫饰的行为。

这一章的意思是：孔子说："圣人我是看不到了，能见到君子就可以了。"孔子说："善人我是看不到了，能见到始终如一保持一定操守的人就可以了。没有却装作有，空虚却装作充实，穷困却装作奢侈富足，这样就难于有恒了。"

[点评]

圣人、君子、善人、有恒者代表着人们不同的境界。孔子慨叹难以见到圣人、君子、善人，但期望得见有恒者。有恒者不必一定成为君子、圣人，但人如果不能有恒，绝不可能成君子。孔子又指出无而为有、虚而为盈、约而为泰等态度是不能有恒的重要原因，意在告诫人们进德修身要从诚实有恒开始。可与 2·17、7·27 两章参读。

7·26　子钓而不纲[1]，弋不射宿[2]。

[注释]

[1]纲：用大绳挂渔网，横拦在河道中捕鱼，叫作纲。　[2]弋（yì）：用系有生丝的箭来射。宿：歇宿了的鸟。

这一章的意思是：孔子用鱼竿钓鱼而不用大绳拉网捕鱼，射鸟不射归巢歇宿的鸟。

[点评]

旧注有说，用大网把鱼一网打尽，乘鸟儿夜宿出其不意把它射杀，孔子不做这样的事，"可见仁人之本心矣"（朱熹《论语集注》）。钱穆《论语新解》则以为，孔子钓、射，是为"娱心解劳"，而用大绳拉网捕鱼，射杀宿鸟，是专为捕杀猎物，是孔子所不为。此章说的是"游于艺"之事，不是"依于仁"的事。今则有人以为本章反映了孔子的生态伦理思想。生态伦理思想产生于现代，孔子的时代，应还没有这一思想。以生态伦理释本章，有牵强附会之嫌。仔细比较体会不同的注释，定可有所启发。

7·27　子曰："盖有不知而作之者，我无是也。多闻，择其善者而从之，多见而识之，知之次也。"

[注释]

这一章的意思是：孔子说："大概有自己不懂却在那里凭空创造的吧，我没有这种事。多听，选择其中好的，接受和听从它；多看，并且记在心里，这是次一等的智慧了。"

[点评]

孔子反对"不知而作之"，可与2·17章"知之为知之，不知为不知，是知也"参读。这一章又提出，对自己所不知的，应该多闻、多见，努力学习。这也就是16·9章所说的"学而知之"，因此孔子说这是"知之次也"。

7·28　互乡难与言[1]，童子见，门人惑。子曰："与其进也，不与其退也[2]，唯何甚？人洁己以进[3]，与其洁也，不保其往也[4]。"

[注释]

[1]互乡：地名。　[2]与：赞许。进、退：有两种解释：一、进步，退步。二、进，进见请教；退，退出以后的作为。　[3]洁己：洁身自好，努力修养，使自己成为有德的人。这里有改正错误的意思。　[4]不保其往："保"有两种解释：一、担保；二、守，抓住不放的意思。"往"也有两种解释：一、指过去，二、指将来。因此"不保其往"也有两种解释：一、不担保其将来，二、不抓住过去的错误不放。

这一章的意思是：互乡地方的人难于交谈，一个童子却得到了孔子的接见，学生们都疑惑不解。孔子说："我们赞许他的进步，不赞许他的退步。何必太过分呢？人家改正了错误以求进步，我们赞许他的改正错误，不要死抓住他的过去不放。"

[点评]

"与其洁也，不保其往也""与其进也，不与其退也"，是肯定互乡童子"洁己以进"，改正错误来求教的态度。

只要愿意改正错误，追求进步，就予以肯定、鼓励和教诲，而不问他过去的错误，也不预测他未来会进步还是退步。这体现出孔子"成人之美""诲人不倦"的精神。可与7·2、7·33、12·16等章参读。

7·29　子曰："仁远乎哉？我欲仁，斯仁至矣。"

[注释]

这一章的意思是：孔子说："仁离我们很远吗？我想要仁，仁就来了。"

[点评]

这一章可与4·6章"有能一日用其力于仁矣乎？我未见力不足者"，12·1章"为仁由己，而由人乎哉"及17·2章"性相近也，习相远也"联系起来看。在孔子看来，仁道本于人心，因此为仁就全靠自己，不假外力。"我欲仁，斯仁至矣。"只要自己努力，就可以做到。它强调了人进行道德修养的自觉能动性，一方面指出道德修养必须依靠自觉，不能依靠外力；另一方面也指出只要自觉努力，人人都可以成为道德高尚的仁人。既给人以鞭策，也给人以信心。

7·30　陈司败问[1]："昭公知礼乎[2]？"孔子曰："知礼。"孔子退，揖巫马期而进之[3]，曰："吾闻君子不党[4]。君子亦党乎？君取于吴[5]，为同姓[6]，谓之吴孟子[7]。君而知礼，孰不知礼？"巫马期以告。子曰："丘也幸，苟有过，人必知之。"

[**注释**]

[1]陈司败：陈，国名。司败，官名，即司寇。也有人说陈司败是人名。　[2]昭公：鲁国国君，名稠。　[3]巫马期：孔子的学生，姓巫马，名施，字子期。　[4]党：偏私，包庇。　[5]取：同"娶"。　[6]为同姓：鲁国和吴国的国君同姓姬。周礼规定同姓不婚，昭公娶同姓女，是违礼的行为。　[7]谓之吴孟子：当时称呼国君夫人一般是以她出生的国名加上她的本姓。鲁昭公娶于吴，姓姬，应称吴姬。为了掩盖同姓通婚的事实，所以称吴孟子。

这一章的意思是：陈司败问："鲁昭公懂礼吗？"孔子说："懂礼。"孔子走后，陈司败作揖请巫马期来，对他说："我听说君子是没有偏私的，难道君子还包庇别人的错误吗？鲁君在吴国娶了位夫人，是国君的同姓，称她作吴孟子。要是鲁君也算懂得礼，还有谁不懂礼呢？"巫马期把陈司败的话告诉孔子。孔子说："我是幸运的。如果有错，人家一定会知道。"

[**点评**]

陈司败问孔子，只是泛问昭公是否知礼，没有特别提出昭公娶于吴一事，当时礼制又有"为尊者讳"的要求，所以孔子不必也不能就此指出昭公违礼。可是事后陈司败却提出昭公违礼之事，用以指责孔子。孔子既没有为昭公辩解，也不为自己做解释，而是自认有过。但孔子又没有正面接受陈司败的指责，只说自己有过，人必知之，是自己的幸事。如此回答，"微婉而严正"（钱穆《论语新解》），亦体现了"闻过则喜"的精神。

7·31　子与人歌而善，必使反之，而后和之。

[注释]

这一章的意思是：孔子与别人一起唱歌，如果唱得好，一定要请他再唱一遍，然后和他一起唱。

7·32　子曰："文莫吾犹人也[1]。躬行君子，则吾未之有得。"

[注释]

[1] 文莫吾犹人也：有两种解释：一、本句断作"文，莫吾犹人也"。文，"博学于文"的文，文献知识。莫，疑词，大约。全句意思是：文献学习方面大约我和他人差不多。二、文莫连读，是"忞慔"的假借。忞，自强。慔，勉力。忞慔，努力。全句意思是：勤勉我是能和别人相比的。

这一章的意思是：孔子说："就勤勉来说，我能和别人相比。做一个身体力行的君子，那我还没有做到。"

7·33   子曰:"若圣与仁,则吾岂敢?抑
为之不厌[1],诲人不倦,则可谓云尔已矣。"公
西华曰:"正唯弟子不能学也。"

［注释］

[1]抑:助词。为之:指前文的圣与仁。

这一章的意思是:孔子说:"如果说圣与仁,那我怎么敢当?
在这些方面不厌烦地去做,不知疲倦地教人,则可以这样说吧。"
公西华说:"这正是我们所学不到的。"

［点评］

7·2章说"学而不厌,诲人不倦",这一章讲"为
之不厌,诲人不倦",两者是一致的。为仁的基础在好学,
学又重在能行,不能只停留在口头上。因此,学而不厌
包含了为之不厌的意思,为之不厌也包含了学而不厌的
意思。

可与上章联系起来读。这一章说"若圣与仁,则吾
岂敢",上一章说"躬行君子,则吾未之有得",孔子不
仅否认自己是生而知之,也不以圣、仁和完美的君子自
居。圣与仁本是须终身求之的,唯有学而不厌,才能逐
步接近和达到。孔子不以圣、仁自居,不是简单的自谦,
而是出于他对学道、行道深刻的体悟。唯有真正懂得道
的博大,才能"学而不厌,诲人不倦"。公西华说"正唯
弟子不能学也",真正难的,正是在对道的体悟和自觉的
学习践行上。

7·34　子疾病[1]，子路请祷。子曰："有诸[2]？"子路对曰："有之。诔曰：'祷尔于上下神祇[3]。'"子曰："丘之祷久矣[4]。"

[注释]

[1]疾病：生病，轻者叫疾，重者叫病。疾病二字连用，是病重的意思。　[2]有诸：诸，"之乎"的合音。"有诸"有两种解释：一、有无祷之鬼神之事，二、有无祷之鬼神之理。　[3]诔（lěi）：应作"讄"。祈祷文，用于生者的称讄，用于死者的称诔。祷尔于上下神祇（qí）：这是子路引用的祈祷文。古代称天神为神，地神为祇。　[4]丘之祷久矣：孔子认为自己的言行都合乎神明，所以说自己已经祷告很久了，意思是不必再向神祇祷告。

这一章的意思是：孔子病重，子路请求向鬼神祈祷。孔子说："有这样的事吗？"子路说："有的。祈祷文上说：'替你向天地神灵祈祷。'"孔子说："我已经祈祷很久了。"

[点评]

孔子认为自己平日言行都合乎天命，实际上等于一直在祈祷，所以不必再作祈祷，反映了他对鬼神的态度。可与6·20、7·20、11·11等章参读。

7·35　子曰："奢则不孙[1]，俭则固[2]。与其不孙也，宁固。"

[**注释**]

[1]孙：同"逊"，恭顺。不孙，越礼的意思。　[2]固：鄙陋。这里有达不到礼的要求的意思。

这一章的意思是：孔子说："奢侈了就不恭顺，节俭了就简陋。与其不恭顺，宁可简陋。"

[**点评**]

奢的弊病在败坏精神，俭的弊病则在物质，所以奢的危害大于俭，宁可失于俭，也不失于奢。这也反映了以精神生命为上的主张。

7·36　子曰："君子坦荡荡[1]，小人长戚戚[2]。"

[**注释**]

[1]坦荡荡：坦，平坦。荡荡，宽广的样子。　[2]戚戚：忧愁的样子。

这一章的意思是：孔子说："君子心胸平坦宽广，小人经常局促忧愁。"

[**点评**]

可与 12·4 章"君子不忧不惧"参读。

7·37　子温而厉，威而不猛，恭而安。

[**注释**]

这一章的意思是：孔子温和而又严肃，有威仪但不凶猛，恭敬而又安详。

[**点评**]

这是记孔子日常的容貌，体现着中和不偏不倚的气象。外在的仪态容貌，是内心情感的表现，是日常修养的自然结果，不是刻意模仿可得的。

泰伯篇第八

让，是中华传统美德，也是现代文明的重要表现，需要弘扬和发展。

8·1　子曰："泰伯其可谓至德也已矣[1]。三以天下让，民无得而称焉[2]。"

[注释]

[1]泰伯：周朝始祖古公亶（dǎn）父的长子。传说古公亶父知道三子季历的儿子姬昌有圣德，想传位给季历，泰伯知道后便与二弟仲雍一起避居到吴。古公亶父死，泰伯不回来奔丧，后来又依吴地习俗断发文身，表示终身不返，把君位让给了季历，季历传给姬昌，即周文王。到文王子武王时，便灭了殷商，建立了周朝。　[2]民无得而称焉：有两种解释：一、泰伯让君事迹不明白，"无迹可见"，因此百姓找不到什么事实来称赞他；二、百姓找不出合适的词句来称赞他。

这一章的意思是：孔子说："泰伯可以说是道德最高尚的了。他三次让了天下，百姓却找不到什么实迹来赞扬他。"

[点评]

礼让是中华传统美德。可与 1·10、4·13、11·25 等章参读。孔子赞泰伯，又说"民无得而称焉"，既让天下，又不求他人知道，百姓都找不到什么事迹来称赞他。14·25 章"古之学者为己，今之学者为人"，提倡为己之学。为己就是只求心安，别无他求。泰伯让国而百姓不知，是为己精神的体现。既让又不求人知，所以为至德。还可与 5·25 章参读。

8·2　子曰："恭而无礼则劳[1]，慎而无礼则葸[2]，勇而无礼则乱，直而无礼则绞[3]。君子笃于亲[4]，则民兴于仁；故旧不遗，则民不偷[5]。"

[注释]

[1]劳：劳苦。　[2]葸(xǐ)：畏惧。　[3]绞：有两种解释：一、绞刺，尖刻刺人；二、急切。　[4]君子：这里是指在上位的人。笃：笃厚，真诚。　[5]偷：淡薄。

这一章的意思是：孔子说："恭敬而不以礼作指导，就会劳苦；谨慎而不以礼作指导，就会畏惧；勇敢而不以礼作指导，就会作乱；正直而不以礼作指导，就会急切刺人。在上位的人厚待他的亲属，百姓就会兴起仁的风气；不遗弃老朋友，百姓就不会对人冷漠无情。"

[点评]

这一章谈恭、慎、勇、直等德行都要以礼为准绳。

从此可以体会礼的重要。1·12章说"和为贵，……不以礼节之，亦不可行也"，1·13章说"恭近于礼，远耻辱也"，可以参读。

8·3　曾子有疾，召门弟子曰："启予足[1]，启予手。《诗》云：'战战兢兢，如临深渊，如履薄冰[2]。'而今而后，吾知免夫[3]！小子！"

[注释]

[1]启：有两种解释：一、开启，曾子要学生掀开被子看自己的手脚；二、同"晵"，看。 [2]战战兢兢，如临深渊，如履薄冰：这三句诗见《诗·小雅·小旻》。 [3]免：有两种解释：一说以《孝经》为依据，说身体发肤，受之父母，不敢毁伤，死时能全而归之，是孝的表现，免就是全而归之；一说依据《论语》称南容"邦无道，免于刑戮"，认为免是指免于刑戮。本书采后说，刑戮毁伤。

这一章的意思是：曾子患病，把学生们召集来说："看看我的脚，看看我的手。《诗经》上说：'警惕呀，小心呀，像面临着深渊，像行走在薄冰上。'从今以后，我知道可以免于刑戮毁伤了。学生们！"

8·4　曾子有疾，孟敬子问之[1]。曾子言曰："鸟之将死，其鸣也哀；人之将死，其言也善。君子所贵乎道者三：动容貌[2]，斯远暴慢矣[3]；

正颜色^[4]，斯近信矣；出辞气^[5]，斯远鄙倍矣^[6]。笾豆之事^[7]，则有司存^[8]。"

[注释]

[1]孟敬子：鲁国大夫仲孙捷。　[2]动容貌：把内心的感动表现于面容。这里可解释为真诚热情地待人。　[3]暴慢：粗暴，放肆。　[4]正颜色：使自己的脸色端庄严肃。　[5]出辞气：注意说话的言语和声气。辞，言语。气，声气。[6]鄙倍：鄙，粗野。倍，同"背"，背理。关于"远暴慢""近信""远鄙倍"三句，有两种解释：一说三者都指自己；一说三者都指别人，即别人不会以暴慢、不信和鄙倍相待。　[7]笾（biān）豆：祭器。笾是竹制，豆是木制。　[8]有司：管事的小吏。

这一章的意思是：曾子病了，孟敬子去看望他。曾子说："鸟将死的时候它的叫声是悲哀的，人将死的时候说的话是善意的。君子所重视的道有三个方面：注意自己的容貌，就可以避免粗暴放肆；端正自己的脸色，就近于诚信；注意自己的言辞语气，就可以避免粗野和背理。至于祭祀和礼仪，自有主管这些事情的官吏负责。"

[点评]

曾子说，容貌、颜色、辞气三项是君子所应重视的，而祭祀的具体事务则可以交给管事的小吏。人的一言一行，形体姿态，待人的脸色和说话的辞气，是内心情感的外在表现。对这些外在仪表的修养，正是为了培养和端正内心的情感，是修身的重要方面。可与6·16、

7·37 两章参读。

8·5 曾子曰："以能问于不能，以多问于寡；有若无，实若虚；犯而不校[1]，昔者吾友尝从事于斯矣[2]。"

[注释]

[1] 校（jiào）：计较。 [2] 吾友：旧注一般都认为是指颜渊。

这一章的意思是：曾子说："自己有才能却向没有才能的人请教，自己知识多却向知识少的人请教；有学问却好像没有学问，知识很充实却好像很空虚；被人侵犯也不计较。从前我的朋友就曾这样做过了。"

[点评]

"以能问于不能，以多问于寡"，不耻下问，是为学应有的态度。而"有若无，实若虚"，始终保持谦虚不自满的态度，则是做到这一点的条件。可以与5·14章参读。

8·6 曾子曰："可以托六尺之孤[1]，可以寄百里之命[2]，临大节而不可夺也。君子人与？君子人也。"

[注释]

[1] 托六尺之孤：古人以七尺指成年，六尺指十五岁以下。托

孤，受前君之命辅佐幼君。　[2]寄百里之命：指代理国政。百里，大国。

这一章的意思是：曾子说："可以把年幼的君主托付给他，可以委托他代理国家政事，面临生死存亡的紧急关头而不动摇屈服，这样的人是君子吗？是君子啊。"

［点评］

本章提出君子的一个重要方面，就是要能为社会、国家承担重任，忠贞不贰。君子以修身为本，而修身不只是为了完善自己，也是为了"安人、安百姓"（程树德《论语集释》引毛奇龄《四书改错》），承担起社会责任，为建立理想社会而奋斗。这是儒家与释、道相区别的重要方面。下章说士要"仁以为己任"，也体现了这个要求。还可与14·45、18·7两章参读。

8·7　曾子曰："士不可以不弘毅[1]，任重而道远。仁以为己任，不亦重乎？死而后已，不亦远乎？"

人生之旅，任重而道远！

［注释］

[1]弘毅：弘大强毅。

这一章的意思是：曾子说："士不能不弘大而刚强有毅力，因为他责任重大，路程遥远。以实现仁作为自己的责任，岂不是很重吗？为此要奋斗终生，到死才停止，岂不是很远吗？"

[点评]

这一章说士要"仁以为己任""死而后已"。孔子所提倡的仁，不仅是个人道德修养的最高要求，也是一种"天下归仁"的社会理想。"仁以为己任"，就是以弘扬仁道，建立理想社会为自己的责任。一息尚存，自身对仁道的追求，不可少懈。理想社会的建立，亦需为之奋斗终生。所以士的一生是一个任重而道远的旅程。这反映了儒家和中华传统文化对人生的理解。可与4·9、13·20、13·28、14·3、19·1等章参读。

8·8　子曰："兴于《诗》[1]，立于礼，成于乐。"

[注释]

[1]兴：兴起，发动。这里是开始的意思。

这一章的意思是：孔子说："（人的修养）开始于学《诗》，自立于学礼，完成于学乐。"

[点评]

这一章孔子提出教育的三个重要内容：《诗》、礼和乐，分别指出了三者的不同作用。关于《诗》，还可与2·2、3·20、13·5、16·13、17·9、17·10等章参读。

8·9　子曰："民可使由之，不可使知之。"

[注释]

这一章的意思是：孔子说："老百姓只能使他们照我们的意见去做，不可能使他们懂得为什么要这样做。"

[点评]

对这一章的解释，有许多不同意见。古代的注释，一种意见以"可"与"不可"为"可以"与"不可以"，认为治国不可以使民知其所以然，百姓知其所以然之后就会不服统治；另一说以"可"与"不可"为"可能"与"不可能"，认为百姓的特点是"日用而不知"，不可能使其知而只能"使由之"。本书取后说。

从根本的为政理念来说，孔子主张"为政以德"，重视教化，把社会安定的基础放在民"有耻且格"上，这应该说是要使民"知之"。但这里又说"民可使由之，不可使知之"。通观《论语》，在谈到"使民""使人"的时候，孔子反复强调的是在上位的人要"好礼""好义""好信""临之以庄"，以及"宽""惠"等等，这样说的着眼点是在"使民由之"。可见，"使民由之"是针对使民的具体事务讲的。讲教化，孔子强调使民"有耻且格"；讲使民，孔子又强调"可以使由之，不可使知之"。这是互相矛盾又互相补充的两个方面。把这两个方面统一起来才能全面把握孔子的为政思想。

近代以来，对这一章更是众说纷纭。一种意见认为，这一章反映了孔子的愚民思想。有人则以为这样解释有损于孔子的形象，认为应读为"民可，使由之；不可，使知之"。意思是百姓认可，就让他们照着去做；百姓不认可，就给他们说明道理。这样断句，于古汉语语法不合。照此解释，古汉语应作"民可，则使民由之；不可，则使之知之"才通。还有人认为"这可说是孔子倡行的民主政治，甚至是施政的群众路线"。

其实，古注早有以"可"与"不可"为"可能"和"不可能"，"民可使由之，不可使知之"只是对百姓"日用而不知"（程树德《论语集释》）这一实际情形的描述和反映，谈不上愚民的问题。即使用前一解释，说不可以让百姓知道，有愚民的思想，也并不奇怪。对于一个生活在古代等级制社会里，维护等级秩序的人来说，这是极其自然的。古代早期对这句话的解释，对这一点是共同的，并不回避、掩饰。今天我们即使承认孔子思想中有诸如愚民思想之类的糟粕，也无损于孔子作为伟大思想家的光辉形象。而把这一章解释为民主政治、群众路线，则是把近代的政治观念强加给孔子，拔高孔子。我们应该充分认识和肯定优秀的传统文化，却不应该把今天的思想加之于古人，拔高古人，更不应该把古人和古代经典看作完美无缺、不能批评的。

8·10　子曰："好勇疾贫[1]，乱也。人而不仁，疾之已甚，乱也。"

[注释]

[1]疾：憎恨。

这一章的意思是：孔子说："喜好勇力而又恨自己穷困，就会作乱。对于不仁的人痛恨太过分，也会出乱子。"

[点评]

勇是美德，运用不当则可以为乱。可与8·2、17·23两章参读。对于不仁，应痛恨，痛恨过度亦可以为乱。可与4·3、11·15两章参读。

8·11　子曰："如有周公之才之美，使骄且吝，其余不足观也已。"

[注释]

这一章的意思是：孔子说："即使有周公那样美好的才能，如果他骄傲而又吝啬，那其他方面就不值得一看了。"

[点评]

这一章反映孔子重德甚于重才的态度，也反映孔子对骄、吝的厌恶。

8·12　子曰："三年学，不至于穀 [1]，不易得也。"

[注释]

[1]穀：有两种解释：一、善。全章意思是人学习三年而不至于善的是很少的。二、指俸禄，"至"与"志"同。全章是说学

习三年而不求做官的人是难得的。

这一章的意思是：孔子说："学了三年而不求做官的人，是难得的。"

8·13　子曰："笃信好学，守死善道。危邦不入，乱邦不居。天下有道则见[1]，无道则隐。邦有道，贫且贱焉，耻也；邦无道，富且贵焉，耻也。"

[注释]

[1] 见：同"现"。

这一章的意思是：孔子说："坚定地相信，努力地学习，坚持固守以至于死，完善为人的大道。不进入危险的国家，不在动乱的国家居住。天下有道就出来做官，天下无道就隐居不出。国家有道，还是贫贱，是耻辱；国家无道，却能富贵，也是耻辱。"

[点评]

"笃信好学，守死善道"是对道应持的根本态度。"守死善道"，就是用全部生命坚持和卫护道，要有坚定的人生理想信念，任何情况都不动摇。"有道则见，无道则隐""危邦不入，乱邦不居"，不同情况下作不同处置，都是为了善道。而要能守死善道，必须笃信好学；不好学不能笃信，不笃信不能坚守。

"邦有道，贫且贱焉，耻也；邦无道，富且贵焉，耻也。"这是从另一角度讲。天下有道要出仕行道，不求进取安于贫贱，是耻辱，就是"有道则见"；天下无道要坚守气节，贪图富贵、同流合污，也是耻辱，就是"无道则隐"。这也是为了善道。可与14·1章参读。

　　追求并坚守崇高的人生理想信念，是中华文化的优秀传统。它培育了无数英雄人物，支撑了中华民族数千年的历史。《论语》多处谈到这个问题，如"志于道"（7·6），"朝闻道，夕死可矣"（4·8），"笃信好学，守死善道"（8·13），"志士仁人，无求生以害仁，有杀身以成仁"（15·8），等等。可综合参读，仔细认真体会。

8·14　子曰："不在其位，不谋其政。"

[注释]

　　这一章的意思是：孔子说："不在那个职位上，就不考虑那职位上的事。"

[点评]

　　"不在其位，不谋其政"，14·27章重出。14·28章说"君子思不出其位"，意思相同。可以参读。人处于各种社会关系中，有其确定的身份和位置，一言一行都必须合乎身份位置的要求。这就是"不在其位，不谋其政""思不出其位"，也就是要"安分守己"。这是"正名"的具体要求，也是社会达到各得其所的和谐状态的前提和基础。可与 12·1 章"非礼勿视，非礼勿听，非礼勿言，非礼勿动"参读。

"不想当将军的士兵不是好士兵"，说的是另一方面。人不应安于现状，不求上进，应有远大的理想抱负，在身心修养、知识积累等各方面努力完善自己，准备迎接和担负重任；也只有胸有全局才能更好地完成局部的工作。但这绝不是说可以好高骛远，不安于职守，或越俎代庖，四处插手。一日当士兵，就应一日履行士兵的职责，遵守士兵的纪律。安分守己也不是只能唯唯诺诺，安于现状，没有理想，没有追求。8·7 章说"士不可以不弘毅，任重而道远"，要求人们志存高远。远大理想抱负不能成为不安于职守的理由，安分守己也不妨碍有远大的理想抱负，二者是相辅相成的两个方面。

8·15　子曰："师挚之始^[1]，《关雎》之乱^[2]，洋洋乎盈耳哉！"

[注释]

[1] 师挚之始：师挚，鲁国乐师，名挚。始，乐曲的开始，一般由太师演奏，挚是太师，所以说师挚之始。　[2]《关雎》之乱：《关雎》，《诗·国风》的第一篇，也是全书的第一篇。乱，乐曲的结尾。《关雎》的乐曲用在乐曲结尾，所以说《关雎》之乱。

这一章的意思是：孔子说："从太师挚演奏的序曲，到最后《关雎》的结尾，丰富而美妙的音乐充满了我的耳朵啊！"

8·16　子曰："狂而不直[1]，侗而不愿[2]，悾悾而不信[3]，吾不知之矣。"

[注释]

[1] 狂：急躁，激进。即 13·21 章"狂者进取"的意思。　[2] 侗（tóng）：儿童。引申为幼稚无知。愿：谨慎，朴实。　[3] 悾（kōng）悾：无能貌。

这一章的意思是：孔子说："激进而又不直爽，幼稚而又不朴实，无能而又不守信用，这样的人，我真不知道他是怎么回事了。"

[点评]

人的优点常与缺点相伴。急躁者往往直率，幼稚者往往谨慎，无能者往往可信。发挥他的优点，可以有助于克服他的缺点。如果一个人像本章所说的那样，只有其缺点而没有其优点的一面，那就难办了。孔子说"吾不知之矣"，是对这样的人不抱希望的意思。

8·17　子曰："学如不及，犹恐失之。"

[注释]

这一章的意思是：孔子说："学习即使像总赶不上那样，也还怕会有所丢失。"

[点评]

"学如不及，犹恐失之"，生动地表现出孔子学而不厌的精神和求知的迫切心情，告诫人们不可有片刻的懈怠。可与5·27、7·2、7·18、7·19等章参读。

8·18　子曰："巍巍乎[1]，舜禹之有天下也而不与焉[2]！"

[注释]

[1]巍巍：高大貌。　[2]舜禹：舜是传说中的圣君，尧禅让帝位给舜，舜又禅让帝位给禹。禹是夏朝的第一个国君。与：参与。不与，不相关的意思。此句有三种解释：一、舜禹有天下，选贤任能，无为而治；二、舜禹以禅让得天下，非求而得之；三、舜禹有天下，而处之泰然，似与己无关，不以君位为乐。

这一章的意思是：孔子说："多么崇高啊！舜和禹为天下君主，就像与自己无关一样。"

[点评]

尧舜禅让是古代传说。本章赞扬舜禹通过禅让而得君主之位，关注的重点不在禅让的制度，而在舜禹接受禅让"有天下而不与焉"，好似与自己无关。不是自己去追求，而是因自己的德和能。1·10章说孔子到每一处都能了解到当地政事，是"夫子温、良、恭、俭、让以得之"，意思相近，都是说能否在位或参与政事，不是靠求，而要立足于自身的德和能。可参读。

8·19　子曰："大哉尧之为君也！巍巍乎，

唯天为大，唯尧则之[1]。荡荡乎[2]，民无能名焉[3]。巍巍乎其有成功也，焕乎其有文章[4]。"

[注释]

[1]则：有两种解释：一、效法；二、准也，只有尧可以与天相平。 [2]荡荡：广大的样子。 [3]名：称说，形容。 [4]焕：光辉。

这一章的意思是：孔子说："伟大啊，尧这样的君主。多么崇高啊！只有天最高大，只有尧能效法于天。多么广大啊，百姓都无法用言语来形容。他的功绩是多么崇高呀，他制定的礼仪制度是多么光辉啊！"

8·20 舜有臣五人而天下治。武王曰："予有乱臣十人[1]。"孔子曰："才难，不其然乎？唐虞之际，于斯为盛[2]。有妇人焉[3]，九人而已。三分天下有其二，以服事殷。周之德，其可谓至德也已矣。"

[注释]

[1]乱臣：治国之臣。 [2]唐虞之际，于斯为盛：唐虞，尧称唐尧，舜称虞舜，唐虞即尧舜。这句话有几种解释：一、唐虞之际比周初更盛；二、唐虞之际不如周初；三、"于"解释为"与"，唐虞之际与周初两个时期为盛；四、"际"解释为边际，唐虞之际即唐虞以后。 [3]有妇人焉：武王的乱臣十人中有武王的妻子邑姜。

这一章的意思是：舜有五位贤臣，就天下太平。周武王说：

"我有治国之臣十人。"孔子说："人才难得，不正是这样吗？尧舜之际和周初的时候，人才算是最盛了，其中还有一个妇女，只有九人而已。周文王得了天下的三分之二，还服侍殷朝，周朝的道德可以说是最高的了。"

[点评]

本章前半讲人才的重要和难得，后半赞扬周德的崇高。

8·21　子曰："禹，吾无间然矣[1]。菲饮食而致孝乎鬼神[2]，恶衣服而致美乎黻冕[3]，卑宫室而尽力乎沟洫。禹，吾无间然矣。"

[注释]

[1]间：空隙。这里指就其空隙而进行非难、批评。　[2]菲：菲薄。　[3]黻冕（fú miǎn）：黻，祭祀时穿的礼服。冕，祭祀时戴的帽子。

这一章的意思是：孔子说："对于禹，我没有什么批评的了。他自己饮食菲薄而尽心孝敬鬼神，自己衣服破旧而尽量把祭服做得华美，自己宫室很低矮而尽力修治农田水利。对于禹，我是没有什么批评的了。"

[点评]

孔子赞扬禹自奉俭薄而尽心于国事民事。

以上四章都是对尧舜禹的赞扬，其中寄托了孔子的政治理想。

子罕篇第九

9·1　子罕言利与命与仁[1]。

[**注释**]

[1] 对于这段话有不同的解释。一解以为利、命、仁三者均为孔子所罕言，因为谈利会害义，而命与仁则难以理解和达到。《论语集解》《论语义疏》《论语注疏》《论语集注》均取此义。朱熹《论语集注》引程子曰："计利则害义，命之理微，仁之道大，皆夫子所罕言也。"另一解以为本章应读为"子罕言利，与命与仁"。与，赞许义。夫子罕言利而赞许命和仁。钱穆《论语新解》试译本章为"先生平日少言利，只赞同命与仁"。

这一章的意思是：孔子很少谈利而赞成命和仁。

[**点评**]

对这一章的理解，本书取《论语新解》说。孔子"与命与仁"，命和仁两点是孔子所赞成的，是孔子思想中两个重要的方面。这对整体把握孔子的思想十分重要。孔子曰："不知命，无以为君子也。不知礼，无以立也。"（20·3）孔子曰："君子有三畏：畏天命，畏大人，畏圣人之言。小人不知天命而不畏也，狎大人，侮圣人之言。"（16·8）子曰："吾十有五而志于学，三十而立，……五十而知天命。"（2·4）将上引几章联系起来看，可见重视天命是孔子思想中与仁并列的一个重要方面。知天命是成为君子的一个条件，是区别君子和小人的标志，是孔子一生中的一个重要阶段。孔子讲命常与天连言，即天命，有时又单独讲天。关于孔子所说天和命的含义，有很多不同解释，但许多是脱离孔子当时的背景和《论语》的实际语境，按自己的想法臆测的。要真正了解孔子知命的思想，最好的办法是根据《论语》本身，对《论语》中谈到命和天的部分，逐章研读，从当时背景和孔子的原话，体会其"知命"的含义。可参读 6·8、7·22、9·5、11·8、14·37、14·38 各章。"子罕言利"，可与谈到义利关系的有关各章参读。

9·2　达巷党人曰[1]："大哉孔子！博学而无所成名[2]。"子闻之，谓门弟子曰："吾何执？执御乎？执射乎？吾执御矣。"

[注释]

[1]达巷党人：古时五百家为党。达巷，党名。　[2]博学而

无所成名：有两种解释：一、学问广博，可惜没有一艺之长以成名；二、学问广博，因此不能以某一方面来称道他。

这一章的意思是：达巷地方有人说："孔子真伟大啊！他学问广博，可惜不能以某一方面的专长成名于世。"孔子听说了，对他的学生说："我要专于哪一方面呢？赶车呢？还是射箭呢？还是赶车吧！"

9·3　子曰："麻冕[1]，礼也；今也纯[2]，俭[3]，吾从众。拜下[4]，礼也；今拜乎上，泰也[5]。虽违众，吾从下。"

[注释]

[1] 麻冕：麻织的帽子。　[2] 纯：黑色的丝。　[3] 俭：用麻织帽子，比较费工，所以说改用丝织是俭。　[4] 拜下：指臣子见君主，要先在堂下跪拜，然后升堂再拜。到孔子时，许多人不再在堂下拜，而直接到堂上拜了。　[5] 泰：骄纵。

这一章的意思是：孔子说："用麻织帽子，这是礼的规定。现在改用黑丝，这比过去节省了，我也照大家的做法去做。见国君要先在堂下跪拜，这也是礼的规定。现在都到堂上拜，这是骄纵的表现。虽然和大家的做法不一样，我还是主张先在堂下拜。"

[点评]

礼不是一成不变的，随着时世的发展，礼也在发生变化。对于礼的变化，孔子不是一味守旧。麻改为丝，更为节省，又不影响礼的实质，孔子从众；拜下改为拜上，反映出人们的骄纵，影响了对国君的敬，孔子违众而从下。从这里可以窥见孔子在礼的损益上的态度。

9·4　子绝四：毋意，毋必，毋固，毋我[1]。

[注释]

[1]"毋意"四句：意，主观猜测。必，期必，对于事物的发展，期望其必定这样或那样。无期必，也就是知命。固，固执己见。我，私心。无私心，是"志于道"的表现。今人常把"必"解释为绝对肯定，把"我"解释为自以为是，恐非《论语》本意。

这一章的意思是：孔子杜绝了四种毛病：没有主观的臆测，没有一定要怎样的期望，没有固执己见，没有自私之心。

[点评]

可与2·17、17·14两章参读。

9·5　子畏于匡[1]，曰："文王既没，文不在兹乎[2]？天之将丧斯文也，后死者不得与于斯文也[3]；天之未丧斯文也，匡人其如予何？"

[注释]

[1]畏于匡：匡，地名。孔子自卫去陈时经过匡。匡人曾受到鲁国阳虎的掠夺、残杀，孔子相貌与阳虎相像，匡人误以为孔子是阳虎，将他围困。"畏"有几种解释：一、有戒心；二、拘囚的意思；三、古人称私斗叫畏，匡人拘孔子是私斗，所以说畏于

匡。　[2]文不在兹：文指礼乐制度，或说文化。兹，这里，孔子指自己。　[3]后死者：孔子自称。

这一章的意思是：孔子在匡地被拘，他说："周文王死后，周代的礼乐制度文化遗产不都保存在我这里吗？天如果要消灭这种文化，那我也不能掌握这种文化了；天如果不想消灭这种文化，那匡人又能把我怎么样呢？"

[点评]

可与11·8章讲"天"，6·8和14·38两章讲"命"参读。孔子在遇到危难或不可抗拒的灾害时，把人力所不能及的因素归之于天、命。孔子讲仁，说"为仁由己"（12·1），"未见力不足者"（4·6），为政为人立足于人的主观努力，不信鬼神。他一生周游列国，聚徒讲学，都表现了这种精神。但他总不见用，屡遭困厄，又使他感到许多事非人力所能决定。他把这归之于天命，反映出一种无可奈何的心情。然而他又不是消极地听天由命，而是相信自己所行是天所赋予自己的使命，并在这一点上建立起坚强的信心。本章中他说："天之将丧斯文也，后死者不得与于斯文也；天之未丧斯文也，匡人其如予何？"把道之能行与否归之于天。由此而说，自己之得知此道乃本于天意，天既未欲丧此文化，匡人"其如予何？"在另外的场合他又说"公伯寮其如命乎？""桓魋其如予何？"知命又是他的精神支柱。他强调人的主观努力，但又不得不承认天命；他强调知命，但又不是消极地听天由命。他以知命为精神支柱，不放弃为仁的主观努力，尽管意识到"道之不行"，也不放弃天赋予的使命，甚至被人称为"知其不可而为之者"（14·41）。这是孔子思想中矛盾而又统一的两面，"与命与仁"是这种状况的反映。

弘道行仁是孔子全部人生，而这人生是建立在对天命的信仰上。天命的要求就体现在弘道行仁上，弘道行仁就是对天命的遵行。"孔子的人生即是天命，天命也即是人生。"（钱穆《中国文化对人类未来可有的贡献》）在孔子身上，人生和天命和合为一。

9·6　大宰问于子贡曰[1]："夫子圣者与？何其多能也？"子贡曰："固天纵之将圣[2]，又多能也。"子闻之曰："大宰知我乎！吾少也贱，故多能鄙事。君子多乎哉？不多也。"牢曰[3]："子云，吾不试[4]，故艺。"

［注释］

[1]大宰：即太宰，官名。这个太宰是谁，不清楚。　[2]天纵之将圣：纵，不加限量的意思。将，大的意思。　[3]牢：孔子的学生子牢。　[4]试：用，指被任用。

这一章的意思是：太宰问子贡说："你们先生是个圣人吗？为什么这样多才多艺呢？"子贡说："这本是天让他成为大圣，又多才多艺的。"孔子听说之后说："太宰了解我呀！我因为少时贫贱，所以会许多卑贱的技艺。君子是这样多能的吗？不多的。"子牢说："孔子说过，我没有被任用，所以学到了许多技艺。"

[点评]

孔子说圣人未必多能，自己多能是因为早年贫贱，否定了自己因是圣人而多能的看法。可与7·19章参读。

9·7　子曰："吾有知乎哉？无知也。有鄙夫问于我，空空如也[1]。我叩其两端而竭焉[2]。"

[注释]

[1]空空如也：有两种解释：一、指孔子自己心中空空无知，二、指来问的鄙夫心中空空。　[2]叩其两端而竭焉：叩，叩问。两端，两头，事物都有终始、本末、上下、精粗等正反两个方面。竭，尽量。对这句的意思有两种解释：一、从孔子教人的态度方面解释，即使鄙夫来问，也竭尽所知教给他；二、从孔子教人的方法方面解释，通过叩问两端，竭尽两端而使问题得到解决。两种解释都通。

这一章的意思是：孔子说："我是有知识吗？其实是无知的。有农民来问我，我对他问的内容一无所知，我只是从问题的两端去问，这样来穷尽问题的全部。"

[点评]

事物都有多个方面，两端是概括而言。"叩其两端而竭焉"，把事物的正反两个方面都探究清楚，以此来把握事物，求得问题的解决。这体现了中庸思想的要求。所谓中，就是无过无不及，不偏不倚。不偏不倚不是在两端之间取中间点，不是各打五十大板，而是要在把握全面的基础上，恰如其分地对待每一端。"叩其两端而竭焉"是做到这一点的唯一正确方法。可与11·15及有关各章参读。

9·8　子曰："凤鸟不至，河不出图[1]，吾已矣夫！"

[注释]

[1]凤鸟不至，河不出图：凤鸟，传说中的神鸟。河出图，传说伏羲时有龙马从黄河中出，背上有八卦图文。凤鸟至，河出图，是古代传说中圣王将要出世时的祥瑞征兆。

这一章的意思是：孔子说："凤鸟不来了，黄河里也不出现八卦图了。我这一生也完了吧！"

[点评]

孔子哀叹"吾已矣夫"，反映出他在晚年感到其道不行后的心情，可与5·6、14·37两章参读。

9·9　子见齐衰者、冕衣裳者与瞽者[1]，见之，虽少必作[2]；过之，必趋[3]。

[注释]

[1]齐衰（zī cuī）：古代麻布做的丧服。冕：贵族戴的帽子。衣：上衣。裳：下衣。"冕衣裳者"指贵族。瞽（gǔ）：目盲。　[2]作：站起来。　[3]趋：快步走。

这一章的意思是：孔子遇见穿丧服的人、穿贵族服装的人和盲人，相见的时候，虽然他们年轻，孔子一定要站起来；走过他们的身旁，一定要快步走。

[点评]

本章记孔子日常生活中对尊者、服丧者和残疾人的态度。所记的这些做法，应是当时礼的规定。他这样做，反映了他平日一丝不苟、依礼而行的态度，也是他对尊者敬，对服丧者、残疾人哀悯同情的内心情感的自然流露。读者须注意从这样一些细微处，体会孔子思想。15·41章记师冕见孔子时的情景，与此章相类，可参读。

9·10　颜渊喟然叹曰[1]："仰之弥高[2]，钻之弥坚。瞻之在前，忽焉在后。夫子循循然善诱人[3]，博我以文，约我以礼，欲罢不能。既竭吾才，如有所立卓尔[4]。虽欲从之，末由也已[5]。"

[注释]

[1]喟（kuì）：叹声。　[2]弥：更加。　[3]循循然善诱人：循循，有次序貌。诱，劝导。　[4]卓尔：高大，超群。　[5]末由也已：末，没有。由，路径。没有路径，即没有办法的意思。

这一章的意思是：颜渊感叹地说："我抬头仰望，越看越觉得高；我努力钻研，越钻研越觉得不可穷尽。看着他在前面，忽而又到了后面。老师一步步地诱导我，用文献丰富我的知识，用礼来约束我的言行，使我想停止学习都不可能。我用尽了我的才力，像是见到了它高高地矗立在前，我虽然想要追随上去，却没有前进的路径了。"

[点评]

　　颜渊对孔子的学问道德高深不可穷尽的赞叹，同时也反映出颜渊的好学。孔子之道，确有高深而难以达到之处，所以颜渊会有这样的感叹。但孔子思想又不是什么玄虚而不可测的东西，叫人无法了解。孔子之道，就在《论语》所记的那些具体可见的内容中。颜渊说夫子博我以文，约我以礼，准确反映了孔子的教育。12·15章说"博学于文，约之以礼"，7·24章说"子以四教：文、行、忠、信"，1·6章说"行有余力，则以学文"，学文和德行是孔子教育的两端。德行之教的具体落实，就是"约之以礼"（6·25）。2·3章则说"齐之以礼"，也是相同的意思。《论语》中孔子弟子谈孔子的记述，还有7·33、19·23、19·24、19·25等章，可参读。

　　9·11　子疾病，子路使门人为臣。病间[1]，曰："久矣哉，由之行诈也。无臣而为有臣。吾谁欺？欺天乎？且予与其死于臣之手也，无宁死于二三子之手乎[2]？且予纵不得大葬[3]，予死于道路乎？"

[注释]

[1] 间：病情减轻。　 [2] 无宁：宁可。　 [3] 大葬：指大夫的葬礼。旧注：谓以君臣礼葬。

这一章的意思是：孔子病重，子路让孔子的弟子扮做家臣为孔子准备后事。孔子病情减轻一些的时候说："仲由做这种弄虚作假的事已经很久了。没有家臣而要装作有家臣，我骗谁呢？骗天吗？而且我与其在家臣的侍候下死去，不是宁可在你们这些学生的侍候下死去更好些吗？而且即使我不能以大夫的葬礼安葬，难道就会被丢在路边没人埋吗？"

[点评]

当时大夫去世，丧事由家臣治理。孔子当时不在位，没有家臣。子路想让孔子的弟子扮作家臣为孔子治丧。孔子批评子路"诈"。子路的本意，是表示对老师的尊敬，但却违背了礼的规定，因而受到孔子批评。从此可见孔子自觉守礼的态度。

9·12　子贡曰："有美玉于斯，韫椟而藏诸 [1]？求善贾而沽诸 [2]？" 子曰："沽之哉，沽之哉！我待贾者也。"

[注释]

[1] 韫椟（yùn dú）：韫，收藏。椟，柜子。　 [2] 贾：有两种解释：一、同"价"；二、音 gǔ，商人。沽：卖。

这一章的意思是：子贡说："这里有一块美玉，是把它放在柜子里收藏起来呢，还是求一个好价钱把它卖掉呢？"孔子说："卖掉，卖掉，我就是等着人家出价钱的。"

[点评]

子贡此问，是想了解孔子对出仕的态度。孔子自喻"待贾者"，说明孔子不是不想出仕。孔子以天下为己任，希望能行道于天下，也希望有人用他。他周游列国，没有得到诸侯的任用，所以有"待贾"之说。可与13·10、17·5、17·7等章参读。子贡问的是要不要"求善贾而沽"，孔子的回答则是"我待贾者也"。求和待的区别，表现了子贡与孔子的不同态度。孔子的态度是"用之则行，舍之则藏"（7·10），一味求之，难免牺牲原则，背离道义。

9·13　子欲居九夷[1]。或曰："陋[2]，如之何？"子曰："君子居之，何陋之有？"

[注释]

[1]九夷：古代对东方少数族群的通称。　[2]陋：鄙野，文化闭塞。

这一章的意思是：孔子想搬到东方去住。有人说："那地方偏僻闭塞，怎么好住呢？"孔子说："君子到那里去，还有什么闭塞的呢？"

[点评]

孔子想去东夷之地，亦"乘桴浮于海"（5·6）之意。

可参读。

9·14　子曰："吾自卫反鲁[1]，然后乐正[2]，《雅》《颂》各得其所[3]。"

各得其所，体现了"和"的实质。是做一切事的目标和原则。

［注释］

[1]自卫反鲁：孔子从卫国返回鲁国是在鲁哀公十一年（前484）冬。　[2]乐正：有的解释为正其乐章，调整乐曲的篇章；有的解释为正其乐音，整理了乐曲的音律。　[3]《雅》《颂》各得其所：《雅》和《颂》是《诗经》中两类不同的诗的名称，同时也是两类不同的乐曲的名称。

这一章的意思是：孔子说："我从卫国回到鲁国，乐才得到整理，《雅》乐和《颂》乐各自有了它们应有的位置。"

［点评］

12·17章说"政者正也"，乐正，是其中的一个方面。本章又用"各得其所"说明乐正，可以联系起来理解。正，就是各得其所。《雅》《颂》各得其所，就是乐正；正名，君君、臣臣、父父、子子，就是使君臣父子各得其所。各得其所是中国传统治理思想的根本理念。宋儒说："圣人所以能使天下顺治，非能为物作则也，唯止之各于其所而已。"（程颢、程颐《二程集》）

9·15　子曰："出则事公卿，入则事父兄，丧事不敢不勉，不为酒困，何有于我哉？"

[注释]

这一章的意思是: 孔子说: "出外便奉事公卿, 在家便奉事父兄, 有丧事不敢不尽心去办, 不被酒所困扰, 这些在我有什么困难呀?"

9·16 子在川上曰: "逝者如斯夫! 不舍昼夜。"

[注释]

这一章的意思是: 孔子在河边说: "消逝的时光就像这河水一样啊, 不分昼夜地流去。"

[点评]

孔子慨叹时光像河水一样不停地流逝, 有的认为是反映孔子老年的心境, 有的认为主要在勉励弟子要进学不已。触景生情, 离不开当事人当时当地的环境背景和心情; 后人的解释, 也离不开解释者的处境和心情。不必拘泥于前人所说, 要联系孔子一生的遭遇来体会, 也可从自身的生活经历来体会。

9·17 子曰: "吾未见好德如好色者也。"

[注释]

这一章的意思是: 孔子说: "我没有见过能像爱好女色那样爱好德的人。"

[点评]

德，精神的人文的追求；色，物质的自然本能的追求。好德和好色，是不同人生追求的反映。孔子所叹世人重色轻德的现象，今天同样存在，或更甚于古时，值得我们反思。

9·18　子曰："譬如为山，未成一篑[1]，止，吾止也；譬如平地，虽覆一篑，进，吾往也。"

[注释]

[1] 篑（kuì）：土筐。

这一章的意思是：孔子说："譬如用土堆山，只差一筐土就完成了，这时停下来，是我自己要停的；又譬如在平地上，虽然只倒了一筐土，这时继续前进，也是我自己要前进的。"

[点评]

孔子强调"功亏一篑而止"和"虽覆一篑犹进"都是取决于自己，用此来说明学习、修养都要依靠个人的自觉，不在外部条件和他人。可与4·6、6·10、7·29等章参读。

9·19　子曰："语之而不惰者，其回也与？"

[注释]

这一章的意思是：孔子说："我讲给他而能毫不懈怠地听的，

大概就是颜回吧。"

9·20　子谓颜渊，曰："惜乎！吾见其进也，未见其止也。"

[注释]

这一章的意思是：孔子评论颜渊，说："可惜呀！我只见他不断前进，没有见他停止过呀。"

[点评]

此章应是颜渊死后孔子叹息颜渊的话。"进""止"二字与9·18章的"进""止"同义，可参读。

哀天才、神童之早夭！

9·21　子曰："苗而不秀者有矣夫[1]！秀而不实者有矣夫！"

[注释]

[1] 秀：稻麦等吐穗扬花。

这一章的意思是：孔子说："庄稼出了苗而不能吐穗扬花的情形是有的，吐穗扬花而不灌浆结实的也是有的。"

[点评]

对本章，有的认为是慨叹颜渊的短命，有的以为是激励弟子，或以为二者都有。从人世常情说，好苗不一定能开花结实，人的成长也是如此。历来多有"天才""神童"夭折，"苗而不秀"的事例，对此应有所警惕。

9·22　子曰："后生可畏，焉知来者之不如今也？四十、五十而无闻焉，斯亦不足畏也已。"

［注释］

这一章的意思是：孔子说："年轻人是值得敬畏的，怎么知道后一辈就一定不如现在这一代呢？如果到了四十、五十岁还默默无闻，那就没有什么可敬畏的了。"

［点评］

孔子说后生可畏，相信年轻人能够超过前辈，又说人到了四十、五十岁还没有成就，就不足敬畏了，对青年既是期望，又是鼓励。7·19章孔子说自己是"好古，敏以求之者也"，本章说"后生可畏"，结合这两个方面，可以体会到孔子的人生态度。

9·23　子曰："法语之言[1]，能无从乎？改之为贵。巽与之言[2]，能无说乎？绎之为贵[3]。说而不绎，从而不改，吾末如之何也已矣。"

［注释］

[1]法语之言：以礼法规则正言规劝。　[2]巽与之言：恭顺

赞许的话。巽，恭顺。与，赞许。　[3]绎：推究，寻求。

　　这一章的意思是：孔子说："合于礼法的正言规劝，能不听从吗？但要改正错误才是可贵的。恭顺赞许的话，听了能不高兴吗？但要认真推究它的真意才是可贵的。只是高兴而不去推究其真意，只是表示听从而不改正错误，那我对他就没有办法了。"

[点评]

　　对正言规劝要照着去改正错误，对恭维赞扬要探究其真意，这两点，对于我们正确听取各种意见，可以有所启发。

　　9·24　子曰："主忠信，毋友不如己者，过则勿惮改。"

[点评]

　　这段话重出，见1·8章。

　　9·25　子曰："三军可夺帅也[1]，匹夫不可夺志也[2]。"

[注释]

　　[1]三军：一万二千五百人为一军，三军是说其多。　[2]匹夫：平民，普通百姓。

　　这一章的意思是：孔子说："三军之众，可以夺去他的主帅；

匹夫立志，却是谁也夺不去的。"

[点评]

志，志向，指理想、信念。"匹夫不可夺志"，反映了孔子对坚定的理想信念，或说个人独立人格的重视。对人，要懂得志不可夺，尊重个人志向，不强求改变；对己，要坚守己志，保持人格尊严，不受威胁利诱之所动。这种精神，养成了中国人重气节的传统。可与8·13、15·6、15·8、18·8等章参读。

9·26 子曰："衣敝缊袍[1]，与衣狐貉者立而不耻者[2]，其由也与？'不忮不求，何用不臧[3]？'"子路终身诵之。子曰："是道也，何足以臧？"

[注释]

[1]衣：动词，当穿讲。敝缊（yùn）袍：敝，坏。缊，旧絮。 [2]狐貉：用狐和貉的皮做的裘皮衣服，是裘皮中的贵重者。 [3]不忮（zhì）不求，何用不臧：这两句出自《诗·邶风·雄雉》。忮，害。臧，善，好。

这一章的意思是：孔子说："穿着破旧的丝棉袍，与穿着狐貉皮袍的人站在一起而不以为耻的，大概只有仲由吧。'不害人，不贪求，还会有什么不好呢？'"从此子路就反复背诵这些话。孔子说："只做到这样，怎么能算够好了呢？"

［点评］

子路不以贫穷为耻，不贪求富贵，孔子给以赞扬。子路听后反复背诵，反映出沾沾自喜，不求进取的态度。所以孔子又提醒他仅仅这样还是很不够的。可见孔子对弟子的循循善诱。可与4·9章参读。

9·27　子曰："岁寒，然后知松柏之后彫也[1]。"

［注释］

[1]彫：同"凋"，凋零。

这一章的意思是：孔子说："冬天寒冷了，然后才知道松柏是最后凋零的。"

［点评］

愈是在艰难困苦的恶劣环境下，愈能考验人的品质、意志，也愈需要自觉磨炼，坚定意志。这一章以自然现象喻人，说明要在艰难困苦的环境中锻炼自己和考验一个人的品格。

9·28　子曰："知者不惑，仁者不忧，勇者不惧。"

[注释]

这一章的意思是：孔子说："智者不迷惑，仁人不忧虑，勇士不畏惧。"

[点评]

智、仁、勇，是孔子提倡的三项美德。14·30章说这三者是君子之道。《礼记·中庸》说："知、仁、勇三者，天下之达德也。"

9·29　子曰："可与共学，未可与适道[1]；可与适道，未可与立[2]；可与立，未可与权[3]。"

[注释]

[1]适道：志于道、追求道的意思。适，往。　[2]立：坚持道而不变。　[3]权：秤锤。这里引申为权衡轻重，按照不同情况灵活处理。

这一章的意思是：孔子说："可以在一起学习，但未必能一起走向道；可以一起走向道的，未必能一起坚持道而不变；可以一起坚持不变的，未必能一起权衡轻重，灵活处事。"

[点评]

这一章提出"共学""适道""立""权"四个层次，可以对我们为学和交友有所启发。而孔子把"权"作为最高的要求，更值得注意。由此可见孔子对于权衡轻重、灵活应用的重视。14·17、14·18、18·1、18·8等章对管仲等人的评价，具体体现了"权"的思想，可注意参读。各章都体现了"权"的思想，是其相同处；各章所说的"权"又有不同的含义，又是其不同处，也应注意。

9·30　"唐棣之华，偏其反而[1]。岂不尔思，室是远而[2]。"子曰："未之思也，夫何远之有？"

[注释]

[1] 唐棣之华，偏其反而：唐棣，花名。华，即花。偏，同"翩"。反，同"翻"。都是形容花摇动的样子。　[2] 岂不尔思，室是远而：诗人从前两句引出，抒发情思：不是不想念你啊，只是住得太远了。这四句是逸诗，不知出处。两个"而"字都是语助词，无意义。

这一章的意思是：有一首诗说："唐棣的花啊，翩翩地摇摆。我岂是不想念你啊，只是住得太遥远。"孔子说："他还是没有想念呀，如果真的想念，还有什么遥远的呢？"

[点评]

此章没有明说所指何事。是说学习，或修养，或求道，或思念亲人、情人？读者可自己设想、体会。孔子的评说"如果真的思念，何远之有？"有深意，值得玩味。

乡党篇第十 ①

10·1　孔子于乡党，恂恂如也^[1]，似不能言者。其在宗庙、朝廷，便便言^[2]，唯谨尔。

[注释]

[1]恂恂：恭顺貌。　[2]便便：辩，善于辞令。

这一章的意思是：孔子在乡里间显得很温顺，像是不会说话的样子。他在宗庙里朝廷上却很善于言辞，只是很谨慎罢了。

10·2　朝，与下大夫言，侃侃如也^[1]；与

_____

①　原不分章，现依朱熹《论语集注》分为 18 节（其中一节重出，所以朱熹称 17 节）。

《乡党篇》记述孔子在各种场合的容色言动。通过这些记载，可以具体地看到当时礼的规定和孔子生活的一些情况，也可以进一步感受到孔子的精神面貌。

上大夫言，訚訚如也^[2]。君在，踧踖如也^[3]，与与如也^[4]。

［注释］

[1] 侃侃：温和快乐的样子。 [2] 訚（yín）訚：正直、和颜悦色而又能直言诤辩。 [3] 踧踖（cù jí）：恭敬而不安的样子。 [4] 与与：威仪适中的样子。

这一章的意思是：上朝的时候，同下大夫说话，温和而快乐的样子；同上大夫说话，和颜悦色而又直言诤辩。君主在的时候，恭敬而不安，但又仪态适中。

10·3 君召使摈^[1]，色勃如也^[2]；足躩如也^[3]。揖所与立，左右手，衣前后^[4]，襜如也^[5]。趋进^[6]，翼如也。宾退，必复命曰："宾不顾矣。"

［注释］

[1] 摈：同"傧"，接待宾客。 [2] 色勃如：脸色庄重。 [3] 躩（jué）：盘旋的样子。形容古时一种回旋周转、曲折进退的礼节。 [4] 衣前后：衣服随着作揖时身体的俯仰而前后摆动。 [5] 襜（chān）：整齐。 [6] 趋：快步走。

这一章的意思是：国君召孔子去接待宾客，孔子总是脸色庄重，脚步盘旋。向和他一起站立迎宾的人作揖，手向左向右，衣服前后摆动，却整齐不乱。快步向前的时候，像鸟儿展开双翅一般。宾客走后，一定向国君回报说："客人已经不回头了。"

10·4　入公门，鞠躬如也[1]，如不容。立不中门，行不履阈[2]。过位，色勃如也，足躩如也，其言似不足者。摄齐升堂[3]，鞠躬如也，屏气似不息者。出，降一等[4]，逞颜色[5]，怡怡如也。没阶趋[6]，翼如也。复其位，踧踖如也。

[注释]

[1]鞠躬如："鞠躬"有两种解释：一、作曲身讲，二、谨慎恭敬的样子。如解释为曲身，依语法不应加"如"字。　[2]阈（yù）：门槛。　[3]摄齐（zī）：提起衣服的下摆。摄，提起。　[4]降一等：走下一级台阶。　[5]逞：舒展。　[6]没阶趋：一本作"没阶，趋进"。没阶，走完台阶。

这一章的意思是：孔子进朝廷的门，谨慎而恭敬的样子，好像没有他的容身之地。不站在门中间，也不踩门槛。经过国君的座位，就面色庄重，脚步盘旋，说话好像中气不足一样。提起衣服下摆上堂的时候，恭敬谨慎，憋住气像不呼吸一样。退出来，走下一级台阶，脸色便舒展了，怡然自得的样子。下完台阶快步向前的时候，像鸟儿展开翅膀一样。回到自己的位置上，是恭敬和不安的样子。

10·5　执圭[1]，鞠躬如也，如不胜。上如揖，下如授。勃如战色[2]，足蹜蹜如有循[3]。享礼[4]，有容色[5]。私觌[6]，愉愉如也。

［注释］

[1] 圭：一种玉器。出使邻国，大夫拿着圭作为代表君主的凭信。　 [2] 战色：战战兢兢的样子。　 [3] 蹜（sù）蹜如有循：脚步密而小，只跐起前趾，脚跟不离地，像是沿着脚下的东西行走。　 [4] 享礼：使臣向邻国君主献礼的仪式。　 [5] 有容色：满脸和气。　 [6] 私觌（dí）：以私礼会见。觌，会见。

这一章的意思是：孔子出使别国，拿着圭，恭敬谨慎，像是举不起来的样子。举在上面时像是作揖，放在下面时像是递东西给人。面色战战兢兢，脚步细小，脚跟不离地。到献礼物的时候，满脸和气。和国君作私人会见的时候，更轻松愉快了。

10·6 君子不以绀緅饰[1]，红紫不以为亵服[2]。当暑，袗绵绤[3]，必表而出之[4]。缁衣，羔裘[5]；素衣，麑裘[6]；黄衣，狐裘。亵裘长，短右袂[7]。必有寝衣[8]，长一身有半。狐貉之厚以居[9]。去丧，无所不佩。非帷裳必杀之[10]。羔裘玄冠不以吊[11]。吉月[12]，必朝服而朝。

［注释］

[1] 绀緅（gàn zōu）饰：绀，深青色中透红的颜色。緅，黑中透红的颜色。饰，衣服的镶边。绀緅是斋戒和祭祀时礼服用的颜色，所以不用来镶边。　 [2] 红紫不以为亵（xiè）服：亵服，平常家居穿的衣服，即便服。红紫古时认为不是正色，便服不用红紫，可见更不用于正服。　 [3] 袗绵绤（zhěn chī xì）：袗，单衣。

绤，细葛布。绤，粗葛布。　[4]表而出之：先穿内衣，把葛衣穿在外面。　[5]缁（zī）衣，羔裘：缁，黑色。羔裘，羔皮衣。古代羔裘都是用黑羊皮，毛皮向外。缁衣羔裘及下面两句，是说罩衣的颜色要与裘皮衣服的颜色相称。　[6]麑（ní）：小鹿，白色。　[7]短右袂（mèi）：袂，袖子。右袖短一点，是为了便于做事。　[8]寝衣：睡衣。一说是小被。　[9]居：坐。　[10]帷裳：上朝和祭祀时穿的礼服，用整幅布制作，不加裁剪，腰间缝成褶子。杀：裁去。　[11]羔裘玄冠不以吊：古代丧事用白色，黑色用于吉服。羔裘玄冠是黑色，因此不用于丧事。　[12]吉月：有几种解释：一、每月初一；二、应该作"告月"，每月月底负责历法的官员把下月初一报告给国君；三、正月初一。

这一章的意思是：君子不用深青透红或黑中透红的布做衣服的镶边，不用红色紫色的布做日常穿的便服。夏天穿葛布单衣，但一定套在内衣外面。黑色的罩衣配紫羔皮衣，白色的罩衣配麑裘衣，黄色的罩衣配狐裘衣。在家穿的皮衣做得长一些，右边的袖子短一些。睡觉一定要有睡衣，有一身半长。用狐貉的厚毛皮做坐垫。除了服丧期间以外，衣带上佩带各种装饰品。不是上朝和祭礼用的帷裳，一定要剪裁。紫羔衣和黑色帽子都不在吊丧时穿戴。大年初一，一定要穿着上朝的礼服去朝见君主。

10·7 齐[1]，必有明衣[2]，布。齐必变食[3]，居必迁坐[4]。

[**注释**]

[1]齐：通"斋"。　[2]明衣：斋前沐浴后穿的浴衣。　[3]变食：改变平常的饮食，如不饮酒、不吃葱蒜等。　[4]迁坐：

改换卧室。古时斋戒一定要迁到"外寝"，不与妻同房。

这一章的意思是：斋戒的时候，一定有浴衣，用布做。斋戒时一定改变饮食，迁移卧室。

10·8　食不厌精，脍不厌细[1]。食饐而餲[2]，鱼馁而肉败[3]，不食。色恶不食，臭恶不食，失饪不食，不时不食[4]，割不正不食[5]，不得其酱不食[6]。肉虽多，不使胜食气[7]。惟酒无量，不及乱[8]。沽酒市脯不食。不撤姜食，不多食。祭于公，不宿肉[9]，祭肉不出三日[10]。出三日，不食之矣。食不语，寝不言。虽疏食菜羹，瓜祭[11]，必齐如也[12]。

[注释]

[1]脍（kuài）：细切的鱼、肉。　[2]饐（yì）而餲（ài）：食物经久而腐败变味。　[3]馁、败：鱼腐烂叫馁，肉腐烂叫败。　[4]不时：有两种解释：一、不合时令的食物，五谷不成，果实未熟之类；二、不是吃饭的时候。　[5]割不正：有两种解释：一、指宰杀牛羊时没有按规定的方法割截分解，二、肉切得不方正。　[6]不得其酱：吃不同的肉用不同的酱，用酱不适合就叫不得其酱。　[7]食气：指饭食。　[8]乱：指酒醉。　[9]不宿肉：古时大夫助国君祭祀，祭祀完毕后可以得到国君赐的祭肉。但天子、诸侯的祭礼要进行两天。这样在得到赐肉时，肉已经放了两三天，不能再过夜了。　[10]祭肉：这是指家中祭祀用的

肉。　[11]瓜祭：有的版本作"必祭"。古人临吃前把席上各种食品拿出少许，放在食具之间，以祭祖先最早发明饮食的人，表示不忘本。　[12]齐：同"斋"。

这一章的意思是：粮食不嫌舂得精，鱼和肉不嫌切得细。饮食腐败变味了，鱼和肉腐烂了，都不吃。食物颜色变了不吃，气味变了不吃，烹调不当不吃，不合时令的东西不吃，没照正规方法割的肉不吃，没有适当的调味品不吃。肉虽然多，但吃的量不让它超过饭食。只有酒没有限量，但不喝醉。从市上买的酒和肉干不吃。吃完饭后，不撤掉姜碟，但也不多吃。参加国君祭祀得到的肉，不留到第二天。自己家里的祭肉，存放不出三天。超过三天，就不吃了。吃饭的时候不交谈，睡觉的时候不说话。即使吃的是粗米饭、菜汤，临吃时也要祭一祭，而且表情严肃恭敬。

10·9　席不正 [1]，不坐。

[注释]

这一章的意思是：席子放得不正，不坐。

10·10　乡人饮酒 [1]，杖者出 [2]，斯出矣。乡人傩 [3]，朝服而立于阼阶 [4]。

[注释]

[1]乡人饮酒：指当时的乡饮酒礼。　[2]杖者：指老人。　[3]傩（nuó）：古代一种迎神以驱逐疫鬼的风俗。　[4]阼（zuò）阶：东面的台阶，是主人迎送宾客时站立的地方。

这一章的意思是：行乡饮酒礼之后，等老年人出去之后，自己才出去。乡里人迎神驱鬼，就穿上朝服站在东边的台阶上。

10·11　问人于他邦^[1]，再拜而送之^[2]。康子馈药，拜而受之。曰："丘未达，不敢尝。"

[注释]

[1]问：问候，古代问候都致送礼物。　[2]再拜而送之：拜送使者。

这一章的意思是：派使者向别国友人问候，向使者拜两次给他送行。季康子送药给孔子，孔子拜谢之后接受了，说："我还不了解这药的药性，不敢尝试。"

10·12　厩焚。子退朝，曰："伤人乎？"不问马。

[注释]

这一章的意思是：马棚失火了。孔子退朝回来，说："伤人了吗？"不问马的情况。

[点评]

从这一章可见孔子"仁者爱人"的胸怀。

10·13　君赐食，必正席先尝之。君赐

腥^[1]，必熟而荐之^[2]。君赐生，必畜之。侍食于君，君祭，先饭^[3]。疾，君视之，东首^[4]，加朝服，拖绅^[5]。君命召，不俟驾行矣。

[注释]

[1]腥：生肉。　[2]荐：供奉先祖。　[3]先饭：古时君主吃饭要有人先尝一尝，君主才吃。先饭就是先吃，表示自己不敢以客人自居，而是像给君主尝食一样。　[4]东首：这是说卧病在床时的情形，东首就是头朝东。　[5]加朝服，拖绅：在身上加盖朝服和大带。绅是束在腰间的大带。

这一章的意思是：国君赐给吃的，一定要摆正席子先尝一尝。国君赐给生肉，一定要烧熟了供奉祖先。国君赐给活物，一定要饲养起来。侍奉君主一起吃饭，在国君祭祀的时候，自己先吃饭。孔子病了，国君来探视，他头朝东躺着，身上盖着朝服，拖着大带。国君召唤，不等驾好车就先步行走去。

10·14　入太庙，每事问。

[注释]

此一条重出，见3·15章。

10·15　朋友死，无所归，曰："于我殡^[1]。"朋友之馈，虽车马，非祭肉，不拜。

［注释］

[1]殡：停放灵柩和埋葬都可以叫殡。这里泛指丧葬事务。

这一章的意思是：朋友死了，没有亲属负责敛埋，孔子说："丧事由我来办吧。"朋友馈赠物品，即使送的是车马，只要不是祭肉，孔子接受的时候都不拜。

10·16　寝不尸，居不容[1]。见齐衰者[2]，虽狎，必变。见冕者与瞽者，虽亵，必以貌。凶服者式之[3]。式负版者[4]。有盛馔，必变色而作。迅雷风烈，必变。

［注释］

[1]居不容：有两种解释：一、居家不必像祭祀或会见宾客时那样注重仪容；二、"容"应为"客"，居家可以不像会客或作客时一样庄敬。　[2]齐衰（zī cuī）：丧服的一种。　[3]式：同"轼"，古代车辆前部的横木。这里作动词用，俯身伏在轼上的意思，是表示敬意的礼节。　[4]负版者：有两种解释：一、背负国家图籍的人；二、"负版"应作"负贩"，做买卖的人，虽然低贱，也要伏轼以表示敬意。

这一章的意思是：睡觉时不像死尸那样直挺挺的，平时在家不像接待宾客或作客时那样严肃庄重。见到穿丧服的人，即使是很亲近的人，也一定改变表情，表示哀悼。见到戴礼帽的人和盲人，即使是很熟悉的，也一定有礼貌。在车上遇到穿丧服的人，便俯身伏在车前横木上。遇见背负国家图籍的人，也这样做。有丰盛的菜肴，一定改变神色，站起来致谢。遇见迅雷大风，一定改变神色。

10·17　升车，必正立，执绥[1]。车中不内顾[2]，不疾言[3]，不亲指。

［注释］

[1]绥：拉着它上车的带子。　[2]内顾：回头看。　[3]疾言：有两种解释：一、很快地讲话，二、高声说话。

这一章的意思是：上车时，一定先端正地站好，拉着扶手带上车。在车里不回头看，不很快地说话，不用手指指点点。

10·18　色斯举矣[1]，翔而后集。曰："山梁雌雉，时哉！时哉！"子路共之[2]，三嗅而作[3]。

［注释］

[1]色斯举矣：这句话是说鸟看见人颜色不善就飞起来。举，起的意思。　[2]共：同"拱"。　[3]嗅：当是"臭"字。臭（jú），鸟张开两翅。唐代石经《论语》中作"戛"字，鸟长叫声。

这一章的意思是：雉见到人们面色不善就起身飞了，盘旋飞翔了一阵，又停了下来。孔子说："这些山梁上的雌雉，也懂得时宜呀！懂得时宜呀！"子路听了向它们拱拱手，那雉振振翅膀飞走了。

［**点评**］

此章难解，有很多不同的解释，却没有为大家满意的。此处对这一章的解释是依据钱穆《论语新解》的译文。

先进篇第十一

11·1　子曰："先进于礼乐[1]，野人也[2]；后进于礼乐，君子也。如用之，则吾从先进。"

[**注释**]

[1]先进、后进：有多种解释。这里介绍两种：一、指孔子学生中的前辈后辈。前辈如颜渊、闵子骞、仲弓、子路等人，后辈如子游、子夏。如此，这一章的意思是说，先进的一辈在礼乐方面比较质朴，像是朴野之人，后进的一辈则于礼乐的规定上讲得较为细密，"文胜其质"，像是君子。在这两种人中孔子宁要质朴的先进一辈。二、指先学习礼乐然后做官的人与先当了官再学习礼乐的人。前者是平民，所以称野人；后者是贵族世家，所以是君子。在用人时，孔子主张用前一种人。　[2]野人：乡野平民或朴野粗鲁的人。

这一章的意思是：孔子说："先学习礼乐而后做官的，是原来没有爵禄的平民；先当了官再学习礼乐的，是原来就有爵禄的君子。如果要选用人才，那我主张用先学习礼乐的人。"

11·2　子曰："从我于陈蔡者[1]，皆不及门也[2]。"德行：颜渊、闵子骞、冉伯牛、仲弓。言语：宰我、子贡。政事：冉有、季路。文学：子游、子夏[3]。

[注释]

[1] 从我于陈、蔡：陈、蔡，国名。孔子曾在从陈去蔡的途中，被陈蔡人围困，以至绝粮。当时有不少学生跟着他。　[2] 不及门：有两种解释：一、及门指及仕进之门，即当官；二、不在门，即不在孔子身边。　[3] 德行、言语、政事、文学：言语指善于辞令和外交应对，文学指通晓《诗》《书》《礼》《乐》等古代文献。这段话从这四个方面分别说明了十个学生的特长。

这一章的意思是：孔子说："在陈蔡之间遭难时跟随我的人，现在都不在我这里了。"德行好的有颜渊、闵子骞、冉伯牛、仲弓。善于辞令的有宰我、子贡。擅长政事的有冉有、季路。通晓文献知识的有子游、子夏。

[点评]

孔子将此十名弟子分列四科，指出其各自所长，可见孔子教育之因材施教。孔子的教育是全面的成人的教育，以培养君子、成人为目标。四科的分类，并不是如现代学科分类那样，是四项分别的专业。德行贯穿于一切，言语、政事、文学的能力也是所有弟子所必须具备。

十名弟子分列四科，只是指出他们各自的特长。孔子的教育，既以全面发展为目标，又能发挥弟子的个性特长；孔子的弟子，既能成为有德君子，又能各有特长。这值得我们认真研究继承和发扬。可与 2·12 "君子不器"，14·13 "子路问成人"两章参读。

11·3　子曰："回也非助我者也，于吾言无所不说。"

[注释]

这一章的意思是：孔子说："颜回不是对我有帮助的人，他对我说的话没有不心悦诚服的。"

[点评]

"助我"，可以联系 3·8 章来理解。子夏问《诗》，孔子答后子夏又说"礼后乎？"孔子受到启发，说"起予者商也"。弟子能提出自己的问题和体会，可以达到教学相长的效果。

11·4　子曰："孝哉闵子骞！人不间于其父母昆弟之言[1]。"

[注释]

[1]间：非难、批评的意思。见 8·21 章注释。昆：兄。对本章有两种解释：一说，闵子骞的父母兄弟都称赞闵子骞孝，没有

不同意见。一说，做到他人对父母兄弟都没有非难和批评，是孝的要求；闵子骞做到了这一点，是大孝。

这一章的意思是：孔子说："闵子骞真是孝啊！别人对于他父母兄弟称赞他的话从来没有什么异议。"

11·5 南容三复白圭[1]，孔子以其兄之子妻之。

[注释]

[1]南容三复白圭：白圭，指《诗·大雅·抑》的诗句："白圭之玷，尚可磨也；斯言之玷，不可为也。"意思是白玉上的污点还可以磨掉，我们言论中有毛病就没法挽回了，告诫人们言语要谨慎。南容读到这里，再三反复念这几句话，说明他也慎于言语。

这一章的意思是：南容反复诵读"白圭之玷，尚可磨也；斯言之玷，不可为也"的诗句，孔子把侄女嫁给了他。

[点评]

这一章反映了孔子对"慎言"的重视。

11·6 季康子问："弟子孰为好学？"孔子对曰："有颜回者好学，不幸短命死矣，今也则亡。"

[注释]

这一章的意思是：季康子问："你的学生中哪个好学？"孔子回答说："有个颜回好学，可惜短命死了。现在没有了。"

[点评]

鲁哀公也问过同样的问题，孔子的回答较为详细。见 6·2 章。

11·7　颜渊死，颜路请子之车以为之椁[1]。子曰："才不才，亦各言其子也[2]。鲤也死[3]，有棺而无椁。吾不徒行以为之椁。以吾从大夫之后，不可徒行也。"

[注释]

[1] 颜路：颜渊的父亲，名无繇。也是孔子的学生。椁：外棺。　[2] 才不才，亦各言其子：才，有才华。不才，无才华。分别指颜渊和孔鲤。这句话的意思是，不管颜渊、孔鲤有才无才，总还各是你我的儿子。　[3] 鲤：孔子的儿子，字伯鱼。

这一章的意思是：颜渊死了，颜路请求孔子把车子卖掉给颜渊做一个椁。孔子说："不管有才能还是没才能，总都是自己的儿子。孔鲤死的时候，也是有棺无椁。我没有卖了车自己步行来给他买椁。因为我还跟随在大夫之后，是不可以步行的。"

11·8　颜渊死。子曰："噫！天丧予！天丧予！"

［注释］

这一章的意思是：颜渊死了，孔子说："唉！是天要我的命呀！是天要我的命呀！"

［点评］

本章谈到"天"，可与6·8章参读。这里的"天"和那里的"命"同义。也可与《论语》中谈"命"的各章参读。

11·9 颜渊死，子哭之恸[1]。从者曰："子恸矣。"曰："有恸乎？非夫人之为恸而谁为[2]？"

［注释］

[1]恸：哀伤过度。   [2]夫（fú）：指示代词。夫人，指颜渊。

这一章的意思是：颜渊死了，孔子哭得极其悲痛。跟随的人说："你悲痛过度了。"孔子说："我是悲痛过度了吗？我不为他而悲痛过度，又为谁呢？"

11·10 颜渊死，门人欲厚葬之。子曰："不可。"门人厚葬之。子曰："回也视予犹父也，予不得视犹子也。非我也，夫二三子也[1]。"

[注释]

[1] 夫（fú）：语助词。

这一章的意思是：颜渊死了，孔子的学生们想要厚葬他。孔子说："不可以。"学生们还是厚葬了颜渊。孔子说："颜回看待我就像父亲一样，而我却不能像对儿子那样看待他。这不是我要这样，是那些学生们这样做的呀。"

[点评]

以上四章都讲颜渊之死，可见孔子和弟子们对颜渊的深厚情意。孔子不同意卖车置椁和厚葬，反映了孔子严守礼制的态度。

11·11　季路问事鬼神。子曰："未能事人，焉能事鬼？""敢问死。"曰："未知生，焉知死？"

[注释]

这一章的意思是：子路问怎样奉事鬼神。孔子说："还没有能奉事人，怎么能奉事鬼呢？"子路说："请问死是怎么一回事？"孔子说，"对生的道理还不知道，怎么能知道死呢？"

[点评]

本章谈对生死和鬼神的态度。孔子说不懂得人生，就不能懂得怎样对待鬼神；不懂得生，就不懂得死。在这个问题上，表现了中西文化间根本的差异，值得注意。可与 6·20、7·20 两章参读。

11·12　闵子侍侧，訚訚如也[1]；子路，行行如也[2]；冉有、子贡，侃侃如也。子乐。"若由也，不得其死然。"

[**注释**]

[1]訚訚、侃侃：参见10·2注释。　[2]行（hàng）行：刚强貌。

这一章的意思是：闵子骞侍立在孔子身旁，一派中正的样子；子路是一派刚强的样子；冉有、子贡是一派温和快乐的样子。孔子高兴了。（但孔子说：）"像仲由这样，怕会不得好死的。"

11·13　鲁人为长府[1]。闵子骞曰："仍旧贯[2]，如之何？何必改作？"子曰："夫人不言，言必有中。"

[**注释**]

[1]长府：国家储藏财物或文书的地方叫府。长府是府名。　[2]贯：事，例。仍旧贯，照旧制的意思。

这一章的意思是：鲁国要改建长府。闵子骞说："还照老样子怎么样？何必改建呢？"孔子说："这个人不说话则已，一说话必然是中肯的。"

11·14　子曰："由之瑟奚为于丘之门[1]？"

门人不敬子路。子曰："由也升堂矣，未入于室也[2]。"

[注释]

[1] 瑟：古代乐器。这里孔子是不满意子路所弹的音调。　[2] 升堂入室：比喻学习程度的深浅。堂是正厅，室是内室。已升堂而未入室，比喻已得大体而还不精深。

这一章的意思是：孔子说："仲由弹瑟的音调，为什么出自我的门里呀？"孔子的学生听了就不敬子路。孔子说："仲由在学习上是已经升堂了，只是还没有入室罢了。"

[点评]

孔子批评子路弹瑟的音调，门人因而不敬子路，孔子又作解释。孔子和门人的态度，都值得玩味。

11·15　子贡问："师与商也孰贤[1]？"子曰："师也过，商也不及。"曰："然则师愈与？"子曰："过犹不及。"

宁过勿不及，古今通病。过犹不及。戒之！戒之！

[注释]

[1] 师与商：师，颛孙师，字子张。商，卜商，字子夏。都是孔子的弟子。

这一章的意思是：子贡问："师与商二人谁好一些？"孔子说："师常有些过头，商常有些不够。"子贡说："那么是师好一些了？"

孔子说:"过头和不够是一样的。"

[**点评**]

"过犹不及"是中庸思想的反映。朱熹注《中庸》,说"中"就是"不偏不倚,无过不及""无过无不及",就是适度。只有把握中道,保持适度,既不过度也不不及,才能达到和谐,从而促进事物的正常发展。过与不及都是不利于事物的和谐、发展的。无过无不及是全面的要求,本章孔子说"过犹不及",是针对子贡认为过比不及要好的想法说的。这点也值得注意。过比不及好,不仅子贡这样想,也是人们易犯的通病。应引起警惕。可与有关章参读。如3·20章讲"乐而不淫,哀而不伤",也是说哀乐不要过分而要适度。

11·16 季氏富于周公,而求也为之聚敛而附益之[1]。子曰:"非吾徒也。小子鸣鼓而攻之可也[2]。"

[**注释**]

[1]聚敛:敛,收集。这里指冉有增加赋税为季氏搜刮财富。 [2]鸣鼓而攻之:公开宣布其罪行并指责批评的意思。

这一章的意思是:季氏的富有超过了周公,而冉求还帮他搜刮来增加他的钱财。孔子说:"他不是我的学生了,你们可以打着鼓去声讨他呀。"

[**点评**]

可与 7·15 章参读，看孔子对不义之财的态度。对己而言，"不义而富且贵，于我如浮云"；对敛不义之财者，深恶痛绝，"鸣鼓而攻之可也"。

11·17　柴也愚[1]，参也鲁[2]，师也辟[3]，由也喭[4]。

[**注释**]

[1]柴：高柴，字子羔，孔子的学生。愚：何晏《论语集解》注："愚直之愚。"指愚而耿直。　[2]鲁：迟钝。　[3]辟：有两种解释：一、偏，邪；二、只注意外表形式而内心不诚实。　[4]喭（yàn）：鲁莽，粗鲁。也有的解释为刚猛。

这一章的意思是：高柴愚直，曾参迟钝，颛孙师偏激，仲由鲁莽。

11·18　子曰："回也其庶乎[1]，屡空[2]。赐不受命，而货殖焉[3]，亿则屡中[4]。"

[**注释**]

[1]庶：庶几，相近。这里是指颜渊的学问道德接近完善。　[2]空：匮乏，穷困。　[3]赐不受命，而货殖焉：货殖，做买卖。对"命"字有不同解释：一、天命；二、禄命，不受命就是不做官；三、古代经商都要受命于官，子贡则是没有受命于官而自己去做买卖，所以叫不受命而货殖。　[4]亿：同"臆"，猜度。

这一章的意思是：孔子说："颜回已经差不多接近道了吧，但他常在穷困中。端木赐不安于命而去做买卖，但他猜测行情却常能猜中。"

11·19　子张问善人之道[1]。子曰："不践迹[2]，亦不入于室[3]。"

[注释]

[1]善人：指本质善而没有学习的人。　[2]践迹：照着别人的脚印走。践，依循。　[3]入于室：比喻学问、修养达到了精深的地步，参见11·14章注。

这一章的意思是：子张问善人的行为。孔子说："善人不踩着别人的脚印走，但学问、修养也不能到家。"

[点评]

善人不学，不能登堂入室；本质虽善，也不能不学。

11·20　子曰："论笃是与[1]，君子者乎？色庄者乎？"

[注释]

[1]论笃是与：对说话笃实表示赞许。论，言论。笃，笃实。与，赞许。

这一章的意思是：孔子说："听到人议论笃实就表示赞许，哪知道他真是君子呢？还是只是外表庄严呢？”

[点评]

可与5·9章“听其言而观其行”参读。

11·21　子路问：“闻斯行诸？”子曰：“有父兄在，如之何其闻斯行之？”冉有问：“闻斯行诸？”子曰：“闻斯行之。”公西华曰：“由也问闻斯行诸，子曰有父兄在；求也问闻斯行诸，子曰闻斯行之。赤也惑，敢问。”子曰：“求也退[1]，故进之；由也兼人[2]，故退之。”

[注释]

[1]求也退：冉有懦弱，遇事退缩不前。　[2]由也兼人：仲由好勇过人。

这一章的意思是：子路问：“听到了就去做吗？”孔子说：“父兄还在，怎么能听到就做呢？”冉有问：“听到了就去做吗？”孔子说：“听到了就要去做。”公西华说：“仲由问听到了就去做吗，你回答有父兄健在；冉求问听到了就去做吗，你回答听到了就要去做。我糊涂了，敢再问个明白。”孔子说：“冉求总是退缩，所以我鼓励他；仲由好勇过人，所以我约束他。”

[点评]

对子路和冉求所问的同一个问题，孔子针对他们的

不同情况作了不同的回答，生动了反映出孔子教育方法
的一个特点——因材施教。

11·22 子畏于匡，颜渊后。子曰："吾以
女为死矣。"曰："子在，回何敢死？"

[注释]

这一章的意思是：孔子在匡被围困。颜渊失散了，后来才逃
出来。孔子说："我以为你已经死了呢。"颜渊说："夫子还在，我
哪敢轻易去死呢？"

[点评]

古时弟子对老师就像儿子对父亲，父在，子不敢轻
易去死；曾子说士应"仁以为己任""死而后已"，有明
道传道的责任在，也不敢轻易去死。

11·23 季子然问[1]："仲由、冉求可谓大
臣与？"子曰："吾以子为异之问，曾由与求之
问[2]。所谓大臣者，以道事君，不可则止。今由
与求也，可谓具臣矣[3]。"曰："然则从之者与？"
子曰："弑父与君，亦不从也。"

[注释]

[1]季子然：鲁国大夫季氏的子弟。当时仲由、冉求都是季氏

的家臣，季子然自以为得人，所以这样问。　　[2]曾：乃。　　[3]具臣：只是充数的臣子。

这一章的意思是：季子然问："仲由和冉求可以称得上大臣吗？"孔子说："我以为你会问别的什么，原来你只是问由和求呀。所谓大臣，应该按照道的要求来侍奉君主，如果行不通就辞职不干。现在仲由和冉求，只能算是充数的臣子罢了。"季子然说："那么他们是一切顺从君主的人吗？"孔子说："如果要杀父弑君，他们也不会听从的。"

［点评］

孔子提出臣事君的原则是"以道事君，不可则止"。即使是具臣，对君也有所不从。14·23章还说要"勿欺也，而犯之"。对君，则提出了"帅以正""使臣以礼"的要求，又批评了以无人违抗自己为乐的思想（13·15），可见在君臣关系上孔子也是以道和礼作为准绳的，要求君和臣都遵守道和礼的规范，而不主张臣对君无条件地绝对服从。3·19章说"臣事君以忠"，也应从这一基本思想来理解。这个忠也是一般意义上尽心尽力的意思，是"以道事君"的一个方面，与后世提倡的对君绝对服从的愚忠是不同的。要注意儒学和传统文化中忠的含义的发展和变化。关于事君，《论语》里还谈到"事君尽礼"（3·18），"事君，敬其事而后其食"（15·37）等，可以参读。

11·24　子路使子羔为费宰。子曰："贼夫人之子[1]。"子路曰："有民人焉，有社稷焉[2]，何必读书，然后为学？"子曰："是故恶夫佞者。"

[注释]

[1]贼夫人之子：贼，害。夫人之子，指子羔。孔子认为子羔没有经过很好的学习就去从政会害了他自己。 [2]社稷：社，土神。稷，谷神。两神共祀于社稷坛。

这一章的意思是：子路让子羔去做费城的长官。孔子说："这是害了这个年轻人了。"子路说："那里有老百姓，有社稷，治理百姓和祭祀神灵都是学习，为什么一定要读书才算学习呢？"孔子说："所以我厌恶那种花言巧语狡辩的人。"

[点评]

本章也是讲读书的重要。力行实践也是学，但不可代替读书。

11·25 子路、曾皙、冉有、公西华侍坐[1]。子曰："以吾一日长乎尔，毋吾以也[2]。居则曰[3]：'不吾知也！'如或知尔，则何以哉[4]？"子路率尔而对曰[5]："千乘之国，摄乎大国之间[6]，加之以师旅，因之以饥馑，由也为之，比及三年[7]，可使有勇，且知方也[8]。"夫子哂之[9]。"求，尔何如？"对曰："方六七十，如五六十[10]，求也为之，比及三年，可使足民。如其礼乐，以俟君子。""赤，尔何如？"对曰："非曰能之，愿学焉。宗庙之事[11]，如会同[12]，端章甫[13]，愿为小相焉[14]。""点，尔何如？"鼓瑟希[15]，铿尔，舍瑟而作[16]，对曰："异乎三子者之撰。"子曰："何伤乎？亦各言其志也。"曰："莫春者[17]，春服既成，冠者五六人[18]，童子六七人，浴乎沂[19]，风乎舞雩[20]，咏而归。"夫子喟然叹曰："吾与点也！"三子者出，曾皙后。曾皙曰："夫三子者之言何如？"子曰："亦各言其志也已矣。"曰："夫子何哂由也？"曰："为国以礼。其言不让，是故哂之。""唯求则非邦也与[21]？""安见方六七十如五六十而非邦也者？""唯赤则非邦也与？""宗庙会同，非诸侯而何？赤也为之小，孰能为之大？"

[注释]

[1]曾皙：名点，曾参的父亲，也是孔子的学生。　[2]以吾一日长乎尔，毋吾以也：虽然我年龄比你们稍长一些，不要因为我年长而不敢说话。　[3]居：平日。　[4]则何以哉：何

以，即何以为用的意思。 [5]率尔：轻率，急忙。 [6]摄：迫。摄乎大国之间是夹在大国之间的意思。 [7]比（bì）及：等到。 [8]方：方向。这里指礼义。 [9]哂：微笑。 [10]方六七十：纵横各六七十里，指小国。如：或者的意思。 [11]宗庙之事：指祭祀。 [12]会同：诸侯会见，时见叫会，众见叫同。 [13]端章甫：端，玄端，衣名。章甫，帽名。都是古代的礼服。 [14]相：赞礼的人。 [15]希：同"稀"。 [16]作：站起来。 [17]莫：同"暮"。 [18]冠者：成年人。古人二十岁行冠礼，表示已成年。 [19]浴乎沂：浴，盥濯（guàn zhuó），水边洗头面手足。沂，水名。 [20]舞雩（yú）：地名，祭天求雨的地方。 [21]唯：语气词，无意义。

这一章的意思是：子路、曾皙、冉有、公西华陪孔子坐着。孔子说："我年龄比你们大一点，不要因为我年长而不敢说。你们平时常说别人不了解自己，如果有人了解了你们，你们怎么去做呢？"子路赶忙答道："一个有兵车一千辆的国家，夹在大国之间，大国军队常来侵犯，加上国内又闹饥荒，让我去治理，三年以后，就可以使百姓勇敢，并且懂得礼义。"孔子微微一笑。问："冉求，你怎么样？"冉求答道："国土纵横六七十里或五六十里的小国，让我去治理，三年以后，就可以使百姓丰衣足食，至于礼乐教化，就要等君子来施行了。"孔子又问："公西赤，你怎么样？"公西华答道："我不敢说已经能够做到了，只是愿意学习罢了。宗庙祭祀或者诸侯会盟，我愿意穿着礼服，戴着礼帽，做一个赞礼的小相。"孔子又问："曾点，你怎么样？"曾皙正在弹瑟，他逐渐放慢声调，接着铿的一声，放下瑟站起来，回答道："我想的和他们三人讲的不同。"孔子说："那有什么关系呢？也就是各人讲自己的志向而已。"曾皙说："暮春三月，已经穿上春装的时节，约上五六个成年人，六七个童子，一起到沂水边洗洗澡，到舞雩台吹吹风，一路唱着歌走回来。"孔子长叹一声说："我赞成曾点的想法呀！"子路、冉有、公西华出去了，曾晳留在后面，问孔子道："他们三人的话怎么样呢？"孔子说："也就是各人讲自己的志向而已。"曾晳说："夫子为什么要笑仲由呢？"孔子说："治国要讲礼，他讲话不谦让，所以我笑他。"曾晳说："那么是不是冉求讲的不是治理国家呢？"孔子说："哪里有纵横六七十里或五六十里的土地还不是一个国家的呢？"曾晳又说："那么是不是公西赤讲的不是治国呢？"孔子说："宗庙祭祀和诸侯会盟，这不是诸侯的事又是什么？像赤这样的人如果只能做一个小相，那谁又能做大相呢？"

[**点评**]

孔子与四弟子谈志向，孔子唯独表示了对曾晳的赞许。对此有不同的理解和解释。一说孔子是肯定曾点"知时而不求为政"，一说肯定曾点只求日常生活之乐，无志于社会民生，等等。

孔子知时。孔子讲知命，也就是知时，但不是"不求为政"。孔子周游列国，未尝放弃过为政行道的努力，以至于被人称为"知其不可而为之"。

子路、冉有、公西华三人所言，都属短期的具体政事，而曾晳所言，则不是具体政事，而是描绘了一幅平和、宁静、安乐的画面。这与孔子"老者安之，朋友信之，少者怀之"，饭疏食饮水，乐在其中的追求有相契之处。孔子独许曾晳，反映了孔子之志重在天下归仁、百姓得安的终极目标，而不在一时一事上之成就。而孔子又深感此种境界的难以实现，曾生乘桴浮海之想。所以骤听曾点所说，喟然而叹。其中既有对理想生活的向往和追求，又有对理想之难以实现的悲哀和感伤。"孔子之叹，所感深矣，诚读者所当细玩。"（钱穆《论语新解》）

颜渊篇第十二

12·1　颜渊问仁。子曰："克己复礼为仁[1]。一日克己复礼，天下归仁焉[2]。为仁由己，而由人乎哉？"颜渊曰："请问其目[3]。"子曰："非礼勿视，非礼勿听，非礼勿言，非礼勿动。"颜渊曰："回虽不敏，请事斯语矣[4]。"

[注释]

[1]克己复礼：有不同的解释：一、克，克制，约束。复，践行。克制和约束自己来践行礼。二、克，胜。复，返回。战胜自己离开了礼的言行回归到礼的要求上来。两种解释意思相近。　[2]天下归仁焉：有几种解释：一、归是与、赞许的意思，一旦做到了克己复礼，便会得到天下人的赞许。二、专指君主如果能克己复礼，天下人都会归顺这仁德之君。三、一旦做到克己复礼，天下

的一切就都归于仁了。程子注："克己复礼，则事事皆仁，故曰天下归仁。"以第三种解释较合理。这里"克己复礼"的主语似不是指个人，而泛指众人。即如果大家都能做到克己复礼，天下就都归于仁了。四、钱穆《论语新解》说，本文说"归仁焉"，焉是在这里的意思，原文的意思应是如果能一日克己复礼，即在此处，便见天下尽归入我之人心中。　[3]目：条目。　[4]事：从事，实行。

这一章的意思是：颜渊问怎样才是仁。孔子说："约束自己，一切都照着礼的要求去做，就是仁。一旦做到了这一点，天下就都归于仁了。实行仁德全在于自己，还能靠别人吗？"颜渊说："请问实行仁德的条目。"孔子说："不合于礼的不要看，不合于礼的不要听，不合于礼的不要说，不合于礼的不要做。"颜渊说："我虽然资质迟钝，让我照这些话去做吧！"

[点评]

"克己复礼"包括了两个方面，克己是个人修养的能力，复礼是修养的标准和要达到的目标；克己是对内心道德情感的修养，复礼是对视听言动等外在行为的规范。孔子希望人们通过自己的道德修养自觉遵守礼的规定。从当政者为政的方针说，是"道之以德，齐之以礼"；从个人的修养方面说，就是要"克己复礼"。这是孔子的基本思想，贯穿于《论语》全书，可注意联系起来研究、把握。

"克己复礼为仁"，说明仁要通过礼来体现和落实；离开礼，仁就无所依托，无从体现和检验。所以依礼而行是仁的根本要求。3·3章又说："人而不仁如礼何？"

是说明仁是礼的基础和灵魂，离开仁，礼就徒具形式，失去了意义。仁是内在的，礼是外在的；仁是本质、灵魂，礼是形式、表现。一内一外，互为表里，紧密结合。15·17章说"君子义以为质，礼以行之"，可以参读。

本章特别提出"为仁由己"，是修养的根本原则。仁道的修养，克己复礼，全在于自己，而不由他人。可与4·6、6·10、7·29等章参读。

12·2　仲弓问仁。子曰："出门如见大宾，使民如承大祭[1]；己所不欲，勿施于人；在邦无怨，在家无怨[2]。"仲弓曰："雍虽不敏，请事斯语矣。"

[注释]

[1]出门如见大宾，使民如承大祭：接见贵宾和进行重大的祭祀，都要求谨慎恭敬。这句话是说出门办事和役使百姓，都要像接见贵宾和进行大祭时那样恭敬谨慎，也就是说要敬。　[2]在邦无怨，在家无怨：在邦指在诸侯国做官，在家指在卿大夫家做事。"无怨"有两种解释：一、指仁的效果。做到了前面所说的敬和恕，别人对自己便没有怨恨。二、指自己而言，前文所说敬、恕都是发自内心的要求，在任何情况下都无怨无悔，不怨天尤人。

这一章的意思是：仲弓问怎样才是仁。孔子说："出门办事像会见贵宾一样，役使百姓像进行重大祭祀一样；自己不愿意的，不要加于别人；在诸侯的邦国里不怨恨，在大夫的家中也不怨恨。"仲弓说："我虽然资质迟钝，让我按照这些话去做吧。"

［点评］

"出门如见大宾，使民如承大祭"，是敬；"己所不欲，勿施于人"，是恕。这是修养仁道的两个要点。无怨，是"为己"精神的体现，是修养应具备的基本态度。

12·3 司马牛问仁。子曰："仁者其言也讱[1]。"曰："其言也讱，斯谓之仁已乎？"子曰："为之难，言之得无讱乎？"

［注释］

[1]讱（rèn）：难，迟钝。《史记》记载，司马牛多言而躁。孔子的话是针对他的缺点而说的。

这一章的意思是：司马牛问怎样才是仁。孔子说："仁人说话迟钝。"司马牛说："说话迟钝，这就叫作仁了吗？"孔子说："做起来很难，说起来能不迟钝吗？"

［点评］

这一章用"为之难"解释为什么"讱"是仁的要求。说明孔子并不是赞赏说话迟钝，而是考虑到言行一致，为了避免说了做不到，所以才要说话谨慎。《论语》还讲到"讷"是仁的要求。"讷"与这一章讲的"讱"是一个意思，可联系起来读，并与2·13、4·22等章参读。

12·4 司马牛问君子[1]。子曰："君子不忧不惧。"曰："不忧不惧，斯谓之君子已乎？"子曰："内省不疚，夫何忧何惧？"

［注释］

[1]司马牛：旧注说这个司马牛是宋国桓魋的兄弟。桓魋和他的几个兄弟一起谋反，失败后有的死了，有的逃亡在外。只有司马牛不赞成兄弟们的谋反行动，但也流亡在外。杨伯峻《论语译注》认为，桓魋的弟弟司马牛和孔子的学生司马牛是两个人，不能混为一谈。

这一章的意思是：司马牛问怎样才是君子。孔子说："君子不忧愁，不畏惧。"司马牛说："不忧愁，不畏惧，这就叫作君子了吗？"孔子说："内心自省而问心无愧，还有什么忧愁和畏惧呢？"

［点评］

孔子回答司马牛的问话说"君子不忧不惧"，是针对司马牛的具体情况而说的，但同时也有着普遍的意义。为什么君子能不忧不惧呢？孔子说是因为内省不疚。自己的思想行为端正，问心无愧，自然也就心地坦荡，不忧不惧。7·36章说"君子坦荡荡"，14·30章说"仁者不忧，知者不惑，勇者不惧"，都可联系起来理解。要做到这些，基础就是"内省不疚"。

12·5 司马牛忧曰："人皆有兄弟，我独亡[1]。"子夏曰："商闻之矣：死生有命，富贵在天。

君子敬而无失，与人恭而有礼，四海之内，皆兄弟也。君子何患乎无兄弟也？"

[注释]

[1] 人皆有兄弟，我独亡：亡，同"无"。司马牛的兄弟都参与谋反，逃亡在外，而司马牛反对谋反，与兄弟们分道扬镳，因此而有独无兄弟的感叹。

这一章的意思是：司马牛忧愁地说："别人都有兄弟，唯独我没有。"子夏说："我听说过：死生都由命决定，富贵都在天的安排。君子严肃谨慎而没有过失，对人恭敬而有礼，那么天下人就都是兄弟。君子哪愁没有兄弟呢？"

12·6　子张问明。子曰："浸润之谮[1]，肤受之愬[2]，不行焉，可谓明也已矣。浸润之谮，肤受之愬，不行焉，可谓远也已矣[3]。"

[注释]

[1] 浸润之谮（zèn）：像水浸润物件那样开始不易觉察的谗言，即暗中的中伤。谮，谗言。　[2] 肤受之愬（sù）：像感受到切肤之痛那样的诬告，即直接的诽谤。愬，诬告。　[3] 远：明之至也。明智的最高境界。

这一章的意思是：子张问怎样才是明智。孔子说："像水的浸润那样的谗言和像有切肤之痛那样的诽谤，在他面前都行不通，那就可以说是明智了。像水的浸润那样的谗言和像有切肤之痛的诽谤，在他面前都行不通，那就可以说是很有远见了。"

[点评]

浸润之谮，像温水煮青蛙，不易察觉；肤受之愬，易于被激怒，难以冷静处置。难而能不受影响，所以是明智。

12·7　子贡问政。子曰："足食，足兵，民信之矣。"子贡曰："必不得已而去，于斯三者何先？"曰："去兵。"子贡曰："必不得已而去，于斯二者何先？"曰："去食。自古皆有死，民无信不立。"

[注释]

这一章的意思是：子贡问怎样治理政事。孔子说："要使粮食充足，军备充足，百姓信任政府。"子贡说："如果不得不去掉一项，那么在这三项中先去哪一项呢？"孔子说："去掉军备。"子贡说："如果不得不再去掉一项，那么在剩下的两项中先去哪一项呢？"孔子说："去掉粮食。自古以来人总是要死的，没有了百姓的信任国家就不能存在。"

[点评]

孔子谈为政，提出足食、足兵、民信三项，而把足食放在第一位，反映了他对民生的重视。13·9章提出

"庶、富、教"的三步骤，20·2章又主张对百姓"惠而不费""因民之所利而利之"，1·5章说"节用而爱人，使民以时"，12·9章说"百姓足，君孰与不足？百姓不足，君孰与足"，可以联系起来参读。

足食、足兵、民信三项是为政的基本要求，而民生是基础，三个方面不能兼顾的时候，先去兵、去食，是特殊情况下的特殊处置。"民无信不立"，说明孔子认为百姓的信任是政权存在的根本。这两个方面是统一的，联系起来看，才能全面把握孔子的思想。

12·8　棘子成曰[1]："君子质而已矣，何以文为？"子贡曰："惜乎！夫子之说君子也，驷不及舌[2]。文犹质也，质犹文也，虎豹之鞟犹犬羊之鞟[3]。"

[注释]

[1] 棘子成：卫国大夫。　[2] 驷不及舌：话一出口，四匹马也追不回来，即"一言既出，驷马难追"。　[3] 鞟（kuò）：去掉毛的皮，即革。

这一章的意思是：棘子成说："君子只要有好的本质就够了，还要那礼节仪式上的文采有什么用？"子贡说："遗憾啊，你是这样谈论君子。一言既出，驷马难追。本质就像文采，文采就像本质，同样重要。虎豹的皮革，失去了毛的文采，就和犬羊的皮革一样了。"

[点评]

这一章也是说文与质、仁与礼必须很好地配合。可与12·1章"克己复礼"，6·16章"文质彬彬"，15·17章"义以为质，礼以行之"参读。

12·9　哀公问于有若曰："年饥，用不足，如之何？"有若对曰："盍彻乎[1]？"曰："二[2]，吾犹不足，如之何其彻也？"对曰："百姓足，君孰与不足？百姓不足，君孰与足？"

[注释]

[1]盍彻乎：盍，何不。彻，西周的田税制度，从收获中抽取十分之一为田税。"什一而税谓之彻。"　[2]二：指抽取十分之二的赋税。

这一章的意思是：鲁哀公问有若说："遭了饥荒，国家用度不足，怎么办呢？"有若回答说："何不实行彻法，只抽十分之一的田租呢？"哀公说："现在抽十分之二，我还不够，怎么能实行彻法呢？"有若回答说："百姓富足了，国君怎么会不够？百姓贫困，用度不够，国君又怎么会够呢？"

[点评]

"百姓足，君孰与不足？百姓不足，君孰与足？"藏富于民，是很有价值的思想。

12·10　子张问崇德辨惑[1]。子曰:"主忠信,徙义[2],崇德也。爱之欲其生,恶之欲其死。既欲其生,又欲其死,是惑也。'诚不以富,亦祇以异[3]。'"

[注释]

[1]崇德:提高道德修养。　[2]徙义:改变自己的思想使之合于义。徙,迁移。　[3]诚不以富,亦祇以异:《诗·小雅·我行其野》中的诗句。引用在这里很费解。有人认为是错简,应在16·12"齐景公有马千驷"一章。杨伯峻《论语译注》译作:"这样,的确对自己毫无好处,只是使人奇怪罢了。"

这一章的意思是:子张问怎样提高道德修养和辨别迷惑。孔子说:"以忠信为主,使自己的思想合于义,这就是提高道德修养。对一个人,爱他的时候就希望他活,厌恶他的时候就巴不得他死;既要他活,又要他死,这就是迷惑。"

[点评]

讲崇德,孔子特别提出"主忠信";谈辨惑,孔子特别提出"爱之欲其生,恶之欲其死"。这二点都值得认真领会。《论语》1·8、9·24两章都说到"主忠信",还有多处说到"忠信",可见孔子对忠信的重视。《论语》又说"中庸"是"至德""过犹不及";"爱之欲其生,恶之欲其死"则是不知节制爱恶,走极端,违背中庸的表现。孔子以此为"惑"的表现,实际也是教人以中庸之道。12·21章也谈"崇德辨惑",可参读。

12·11　齐景公问政于孔子[1]。孔子对曰："君君、臣臣、父父、子子。"公曰："善哉！信如君不君，臣不臣，父不父，子不子，虽有粟，吾得而食诸？"

[注释]

[1] 齐景公：齐国国君，名杵臼。

这一章的意思是：齐景公向孔子问治国之道。孔子答道："君要行君道，臣要行臣道，父要行父道，子要行子道。"景公说："说得好呀！如果君不行君道，臣不行臣道，父不行父道，子不行子道，尽管有粮食，我能吃得上吗？"

[点评]

孔子"君君、臣臣、父父、子子"的主张，是针对春秋时期社会变动，君臣父子的等级名分遭到破坏的局面而提出的。可与13·3章参读。人的生活是社会性的。每一个人都生活在种种社会关系中，在这些关系中处于一定的地位，充当一定的角色，有他相应的权利、义务和责任，要遵守一定的规范。每一个人都能处在他应处的地位，遵守他应守的规范，尽他应尽的义务和责任，同时也享有他应有的权利，这就是"各得其所"，是保证社会秩序稳定的必要条件。使万物都能各得其所，是中国古代管理思想的根本理念。孔子所说君君、臣臣、父父、子子，就是体现了这个要求。不同时代、不同社会下人们的社会关系是

孔子主张的君君、臣臣、父父、子子，在孔子当时，其具体内容是希望恢复西周的礼制。今天应予否定。然而君君、臣臣、父父、子子的主张中又包含着一切社会都必须遵循的普遍规律，即各部分人都必须名实相副，各得其所，如此才能有社会的和谐发展。认识事物特殊性和普遍性这两个方面及其相互关系，是对待传统文化的根本方法。

不同的。孔子当时所要求的君君、臣臣、父父、子子的具
体内容，今天已不再适用了，但君君、臣臣、父父、子子
中体现的各得其所的原则仍然是重要的。13·3章说"正
名"，9·14章说"各得其所"，可以参读。

12·12　子曰："片言可以折狱者 [1]，其由
也与 [2]？"子路无宿诺 [3]。

[注释]

[1]片言：诉讼双方中一方的言辞，古时也叫"单辞"。　[2]其
由也与：从来断案都要有原告和被告双方的陈述和供辞，为什
么子路可以仅凭一方的单辞断狱呢？有几种解释：一、子路明
决，凭单辞就可作出判断；二、子路为人忠信，人们信服他，在
他面前不讲假话，因此他可以只听一面之辞来断案；三、子路
忠信，所说的话绝无虚假，所以只听子路的一面之辞，就可断
案。　[3]宿诺：有两种解释：一、宿解释为预，预先的许诺；二、
宿解释为留，拖延诺言的实现。

这一章的意思是：孔子说："只听了一方的话就可以断狱的，
大概只有仲由吧？"子路履行自己的诺言从不拖延。

[点评]

断狱应该听取双方的陈述，不可只凭一方之言。本
章只是对子路的评价，不是对断狱的主张。

12·13　子曰："听讼 [1]，吾犹人也。必也

使无讼乎 [2]！"

［注释］

[1] 听讼：审理诉讼案件。　[2] 使无讼：通过道德教化来消灭诉讼案件。

这一章的意思是：孔子说："审理诉讼案件，我同别人也一样。重要的是一定要做到没有诉讼案件才好。"

［点评］

无讼，是孔子的理想。但是在现实社会中这是不可能实现的。

12·14　子张问政。子曰："居之无倦，行之以忠。"

［注释］

这一章的意思是：子张问怎样治理政事。孔子说："身居官位不要懈怠，处理政事要忠心。"

12·15　子曰："博学于文，约之以礼，亦可以弗畔矣夫！"

［注释］

这一章重出，见 6·25 章。

12·16　子曰："君子成人之美[1]，不成人之恶。小人反是。"

[**注释**]

[1] 成：帮助促成。成人之美是助人为善的意思。

这一章的意思是：孔子说："君子助成别人善的方面，而不促成别人的恶处。小人则正相反。"

[**点评**]

成人之美或成人之恶，反映君子与小人存心的不同。自身存心向善，自然成人之美；自身存心向恶，自然助人为恶。

治国为政的根本理念。

12·17　季康子问政于孔子。孔子对曰："政者正也。子帅以正[1]，孰敢不正？"

[**注释**]

[1] 帅：同"率"，带头。

这一章的意思是：季康子问孔子怎样治理政事。孔子答道："政就是正的意思。你自己带头走正道，还有谁敢不走正道呢？"

[**点评**]

"政者正也"是孔子为政治国的根本理念。本章中，这个"正"说的是"正人"，而"正人"的关键是在位者"帅以正"，即正人先正己。13·3章提出"正名"，12·11章提出"君君、臣臣、父父、子子"，说的都是社会秩序的正。所以，"政者正也"包含正名和正人两个方面，正名的根本在正人，正人的关键在正己。9·14章说"乐正，《雅》《颂》各得其所"，说明"正"就是各得其所。

12·18 季康子患盗，问于孔子。孔子对曰："苟子之不欲，虽赏之不窃。"

[注释]

这一章的意思是：季康子苦于盗贼太多，向孔子求教。孔子答道："如果你自己不贪求财货，即使你奖励偷盗，他们也不会去偷。"

12·19 季康子问政于孔子曰："如杀无道以就有道[1]，何如？"孔子对曰："子为政，焉用杀？子欲善而民善矣。君子之德风，小人之德草，草上之风必偃[2]。"

[注释]

[1]就：成就，成全。　[2]上：一作"尚"。加。草上之风就是风加之于草。偃：仆，倒。

这一章的意思是：季康子向孔子问怎样治理政事，说："如果杀掉无道的人来成全有道的人，怎么样？"孔子答道："你治理政事，哪里用得着杀戮的手段呢？只要你想向善，百姓就会向善。在位的人的品德好比风，在下的人的品德好比草。风加到草上，草一定会顺风倒下的。"

[点评]

以上两章都是说"正人先正己"的道理。13·6、13·13两章也是讲同一道理，可参读。本章说"君子之德风，小人之德草，草上之风必偃"，指出民风不好，责任在上不在下；社会风气之正，关键在于"官风"之正。此点有深刻意义，尤其应引起在位者的重视。

12·20　子张问："士何如斯可谓之达矣[1]？"子曰："何哉，尔所谓达者？"子张对曰："在邦必闻，在家必闻。"子曰："是闻也，非达也。夫达也者，质直而好义，察言而观色，虑以下人[2]。在邦必达，在家必达。夫闻也者，色取仁而行违，居之不疑。在邦必闻，在家必闻。"

[注释]

[1]达：通达，显达。　[2]下人：居于人下，指对人谦恭。

这一章的意思是：子张问："士要怎样才可以算是达了呢？"孔子说："你所说的达是什么意思？"子张答道："无论在国内还是在卿大夫的家中，都必定有名声。"孔子说："这是闻，不是达呀。所谓达，那是要品质正直，爱好礼义，能分析别人的言论，观察别人的脸色，总是存着谦让之心，居于人下。因此无论在国内还是在卿大夫家中都能显达。所谓闻，只是外表上装出仁的样子而行动上却是违背仁，自己还心安理得，不怀疑自己。但他无论在国内还是在卿大夫家中都能有名声。"

[点评]

　　人们都希望能在社会上通达、显达。子张以为，达就是有好名声。孔子答子张问，特别说明"闻"和"达"的区别。在人们中有好名声，只是闻，不是达。有良好的品质又爱好道义，能分辨是非又谦逊待人，自然在国人和卿大夫那里都能通达。达，不在名声而在自身的修养。可以与14·25"为己""为人"章参读。1·10章说孔子所以每到一处都能与闻政事，是"温、良、恭、俭、让以得之"，也可参读。

　　12·21　樊迟从游于舞雩之下，曰："敢问崇德、修慝、辨惑[1]。"子曰："善哉问。先事后得[2]，非崇德与？攻其恶，无攻人之恶，非修慝与？一朝之忿，忘其身，以及其亲，非惑与？"

[注释]

　　[1]修慝（tè）：修，治、改正的意思。慝，恶。朱熹《论语集注》引胡注："恶之匿于心者。"即邪恶的念头。　[2]先事后得：有的解释为先付出劳动然后收获。15·37章说："事君，敬其事而后

其食。"6·20章说："仁者先难而后获。"都是说要先致力于事，而把利禄放在后面。先事后得也是这个意思。

这一章的意思是：樊迟跟随孔子在舞雩台下闲游，说道："请问怎样提高品德修养，改掉邪念，辨别迷惑？"孔子说："问得好。以做事为先，得利为后，不就是提高品德修养吗？检讨自己的过失，而不指责别人的过失，不就是改掉自己的邪念吗？因为一时的气愤，就忘了自身的安危，以至牵连自己的亲人，不就是迷惑吗？"

[点评]

12·10章也谈到"崇德辨惑"，可参读。

12·22　樊迟问仁。子曰："爱人。"问知。子曰："知人。"樊迟未达。子曰："举直错诸枉，能使枉者直。"樊迟退，见子夏曰："乡也吾见于夫子而问知[1]，子曰'举直错诸枉，能使枉者直'，何谓也？"子夏曰："富哉言乎！舜有天下，选于众，举皋陶[2]，不仁者远矣[3]。汤有天下，选于众，举伊尹，不仁者远矣。"

[注释]

[1] 乡（xiàng）：同"向"，过去。　[2] 皋陶（gāo yáo）：舜的臣子。　[3] 远：远去。这里有能使枉者直，使不仁者化而为仁的意思。

这一章的意思是：樊迟问什么是仁。孔子说："爱人。"樊迟问什么是智。孔子说："了解人。"樊迟没有理解。孔子说："选拔正直的人，放到邪恶的人的地位之上，能够使邪恶的人归于正直。"樊迟退出来，见到子夏说："我去见老师问他什么叫智，他说'选拔正直的人，放到邪恶的人的地位之上，能使邪恶的人归于正直'，这是什么意思？"子夏说："涵义多么丰富的话呀！舜有了天下，在众人中挑选，把皋陶选拔出来，不仁的人就远去了；汤有了天下，在众人中挑选，把伊尹选拔出来，不仁的人就远去了。"

[点评]

"爱人"和"知人"都有丰富的内涵。爱人的精神体现和贯穿于孔子思想的一切方面。1·16章、2·19章等多处都谈到"知人"的重要，也有多处谈到"知人"的方法，可参读。要联系《论语》的全部内容来理解和把握。

12·23 子贡问友。子曰："忠告而善道之，不可则止，毋自辱焉。"

[注释]

这一章的意思是：子贡问交友之道。孔子说："要忠言直告又要恰当地引导，如果不听也就罢了，不要自取侮辱。"

[点评]

4·26章也谈到这个问题。孔子谈交友之道，还有

1·8、4·1、5·16、12·24、15·9、16·4 等 章，可
以参读。

12·24 曾子曰："君子以文会友，以友辅
仁。"

[注释]
这一章的意思是：曾子说："君子用文章学问来聚合朋友，靠
朋友来帮助培养仁德。"

子路篇第十三

13·1　子路问政。子曰：“先之劳之^[1]。”请益。曰：“无倦^[2]。”

[注释]

[1]先之劳之：之，指百姓。先之，做在百姓之先，身先百姓。劳之，使百姓勤劳工作。《国语·鲁语下》：公父文伯之母敬姜说：“民劳则思，思则善心生；逸则淫，淫则忘善，忘善则恶心生。”　[2]无倦：不要倦怠。指照上面所说的去做不要倦怠。

这一章的意思是：子路问怎样管理政事。孔子说：“做在百姓之先，然后让百姓勤劳地工作。”子路请求再讲一点。孔子说：“不要倦怠。”

13·2　仲弓为季氏宰，问政。子曰：“先有司^[1]，赦小过，举贤才。”曰：“焉知贤才而举之？"曰："举尔所知。尔所不知，人其舍诸？"

[注释]

[1]先有司：先让有司各负其责的意思。有司，负责管理各种具体事务的官吏。

这一章的意思是：仲弓做了季氏的总管，问怎样管理政事。孔子说："先责成有司各负其责，赦免他们的小过错，选拔贤才来任职。"仲弓说："怎样才能知道谁是贤才而选拔他呢？"孔子说："选拔你所知道的。你所不知道的，别人难道会丢弃他们吗？"

正名，使各部分人都名实相副，各得其所，是社会治理的根本原则。

13·3　子路曰："卫君待子而为政[1]，子将奚先？"子曰："必也正名乎[2]！"子路曰："有是哉，子之迂也[3]！奚其正？"子曰："野哉由也，君子于其所不知，盖阙如也[4]。名不正则言不顺，言不顺则事不成，事不成则礼乐不兴，礼乐不兴则刑罚不中，刑罚不中则民无所措手足。故君子名之必可言也，言之必可行也。君子于其言，无所苟而已矣。"

[注释]

[1]卫君：卫出公辄，卫灵公之孙。其父蒯聩被卫灵公驱逐出国。卫灵公死后，蒯辄继位。蒯聩要回国争夺君位，遭到蒯辄拒绝。　[2]正名：名，事物的称号。孔子认为卫君与父亲争

位，破坏了"君君、臣臣、父父、子子"的等级名分，使君、臣、父、子的名与实不相符，所以提出首先要正名。　[3]迂：迂阔，不切实情。　[4]阙：同"缺"，存疑的意思。

这一章的意思是：子路对孔子说："卫君等着你去治理政事，你打算从哪里做起？"孔子说："首先必须正名吧。"子路说："你真是迂阔到这等地步呀，这名怎么正呀？"孔子说："仲由，真粗野啊。君子对于他所不知道的事，总是采取存疑的态度。如果名不正，说话就不顺当合理。说话不顺当合理，事情就办不成。事情办不成，礼乐也就不能兴盛。礼乐不兴盛，刑罚就不会得当。刑罚不得当，老百姓就会手足无措，不知怎样做才好。所以君子定下一个名一定要说得出来，说出来一定要可以实行。君子对于自己的言论，没有一点儿马虎的地方罢了。"

[点评]

正名，是孔子的基本政治主张，是孔子"政者正也"理念中"正"的核心内容。当时礼崩乐坏，诸侯国争相扩张，周王室衰微，卿大夫篡位专权，形成"君不君，臣不臣"，社会秩序混乱的局面。孔子提出正名，是要恢复正常的社会秩序。其具体内容，就是12·11章孔子答齐景公问时提出的"君君、臣臣、父父、子子"，使君臣父子各得其所。在当时，孔子正名的实际内容是要恢复西周的礼乐制度，这是它的时代性；而任何社会要稳定发展，都必须做到使各部分人各得其所，这是"正名"的普遍意义。

13·4　樊迟请学稼[1]。子曰："吾不如老

生产知识进入教育，是机器用于生产以后的要求。对于孔子拒绝樊迟学稼学圃的要求，应以历史的观点来看待。

农。"请学为圃。曰："吾不如老圃。"樊迟出。子曰："小人哉，樊须也！上好礼，则民莫敢不敬；上好义，则民莫敢不服；上好信，则民莫敢不用情[2]。夫如是，则四方之民襁负其子而至矣，焉用稼？"

[注释]

[1]稼：种五谷叫稼。后文"为圃"，种蔬菜的地叫圃，为圃即种菜。　[2]用情：以真心实情来对待。情，实情。

这一章的意思是：樊迟请求学种庄稼。孔子说："我不如老农。"又请求学种菜。孔子说："我不如老菜农。"樊迟退出之后，孔子说："樊迟真是小人。在上位的人只要重视礼，百姓就不敢不敬；在上位的人重视义，百姓就不敢不服；在上位的人重视信，百姓就不敢不用真心实情来对待你。做到这样，四方的百姓都会背着自己的小孩来投奔，哪里用得着自己去种庄稼呢？"

[点评]

这一章反映了孔子的教育思想。孔子之教，在教人学道，从生物意义上的人，提升为社会意义上的人；以培育君子和治国的贤才为目标。对教育本质和目标的认识，决定了他的教学内容，不需要教耕稼、园圃的知识，而只需要礼、义、信等政治、道德的知识和修养。这一思想在《论语》其他章也有反映。

这曾被批评为轻视生产知识。其实孔子这样的教育思想是反映了古代社会对教育的实际要求，古代社会没有对教育提出传授生产知识的要求。生产知识引进教育是近代以来机器用于生产，机器工业发展以后的事。科学在生产中的应用，愈来愈要求通过教育培养有文化的劳动者（包括科学技术专家和具有科学知识的生产劳动者），智育在教育中也就有了愈来愈重要的地位。这是现代教育与古代教育的重要区别。可是，智育重要性的提高并不改变教育培养提高人的人文素质的本质。孔子的教育思想仍有着重要意义。因为科学技术的发展和智育的重要性日益提高而忽视德育，从而模糊了对教人做人的本质的认识，是一种片面性，应该纠正；因强调教人做人的本质而忽视智育，也是一种片面性，应该避免。对于孔子的教育思想，既要充分肯定和继承他对关于教育本质的基本思想，又要适应时代需要，赋予它新的内容，有所发展。可与2·21、6·25、13·5、19·4、19·7、19·13诸章参读。

13·5　子曰："诵《诗》三百 [1]，授之以政，不达；使于四方，不能专对 [2]。虽多，亦奚以为 [3]？"

[注释]

[1]《诗》三百：指《诗经》。　[2]专对：独立对答的意思。　[3]以：用。

这一章的意思是：孔子说："熟读了《诗经》三百篇，让他处理政务，却办不通；让他出使外国，又不能独立谈判。虽然学了很多，有什么用呢？"

[点评]

本章体现了学以致用的要求，也反映了对学《诗》的意义的理解。

13·6 子曰："其身正[1]，不令而行；其身不正，虽令不从。"

[注释]

[1]其身正：12·17 章孔子说："政者正也。子帅以正，孰敢不正？"可见这里的"其"是指在上位的执政者。

这一章的意思是：孔子说："自身正了，不用发令百姓就会去做；自身不正，即使发布命令百姓也不会听从。"

[点评]

这一章和 13·13 章孔子提出了为政必先正己，首先对在上位者提出要求。在上位者要做表率，要求百姓做到的，在上位者自己先要做到。上梁不正下梁歪，自身不正，无以正人。这是古今中外普遍适用的道理。可与 12·17、12·18、12·19 等章参读。

13·7 子曰："鲁卫之政[1]，兄弟也。"

［注释］

[1] 鲁卫：鲁国是周公旦的封地，卫国是康叔的封地。周公旦和康叔是兄弟，而且当时两国政治状况也相似。

这一章的意思是：孔子说："鲁和卫两国的政事，像兄弟一样。"

13·8 子谓卫公子荆[1]："善居室[2]。始有，曰：'苟合矣[3]。'少有，曰：'苟完矣。'富有，曰：'苟美矣。'"

［注释］

[1] 卫公子荆：卫国大夫。　[2] 善居室：善于居家理财过日子。　[3] 苟：苟且，将就。合：足。

这一章的意思是：孔子谈到卫国的公子荆说："他善于居家理财。刚开始有一点，他说：'凑合着也就够了。'稍为多一点时，他说：'将就算是完备了。'更多一点时，他说：'将就算是很美了。'"

［点评］

卫公子治家，不急于求富求尽美，不为更高的欲求而烦恼和操心，又能不断有所改善。如此理财的态度可为今人借鉴。

13·9 子适卫，冉有仆[1]。子曰："庶矣哉。"冉有曰:"既庶矣[2],又何加焉?"曰:"富之。"曰:"既富矣,又何加焉?"曰:"教之。"

[注释]

[1]仆:驾车。　[2]庶:众多。这里指卫国人口多。

这一章的意思是:孔子去到卫国,冉有给他赶车。孔子说:"人口真多呀!"冉有说:"人口已经够多了,还要再做什么呢?"孔子说:"使他们富起来。"冉有说:"富了以后又还要做些什么呢?"孔子说:"对他们进行教化。"

[点评]

这一章可与12·7章联系起来读。

13·10　子曰:"苟有用我者[1],朞月而已可也[2],三年有成。"

[注释]

[1]苟:如果。　[2]朞(jī)月:朞,同"期"。期月,一周年。可:仅仅可以而还不足的意思。

这一章的意思是:孔子说:"如果有人用我,只要一年就可以搞出个样子来,三年就一定会有成效。"

[点评]

这是孔子得不到任用的情况下说的,反映了孔子的抱负和自信。

13·11　子曰："善人为邦百年，亦可以胜残去杀矣[1]。诚哉是言也。"

［注释］

[1] 胜残：使残暴的人不再作恶。　[2] 去杀：废除刑罚杀戮。

这一章的意思是：孔子说："善人治理国政一百年，也可以消除残暴，废除刑罚杀戮了。这话真对呀。"

［点评］

孔子胜残去杀的理想，带有空想的成分。从实际的为政来说，孔子并没有完全否定刑罚的必要，这是现实的一面，而他主张的刑罚也是为实现废除刑罚的理想的一种手段。可与12·13章"必也使无讼乎"参读。也可参读13·3章"刑罚不中则民无所措手足"。

13·12　子曰："如有王者，必世而后仁[1]。"

［注释］

[1] 世：古代三十年为一世。

这一章的意思是：孔子说："如果有王者兴起，也一定要三十年才能使仁道行于天下。"

13·13 子曰："苟正其身矣，于从政乎何有？不能正其身，如正人何？"

[注释]

这一章的意思是：孔子说："如果能使自身正了，对于治理政事还有什么困难呢？不能正自身，怎么去正人呢？"

[点评]

"不能正其身，如正人何？"也是说明"正人先正己"的思想，足以为一切当政者戒。可与13·6章参读。"苟正其身矣，于从政乎何有？"把正身看作从政的唯一的条件，却夸大了正身的意义和作用，这也导致对法制的忽视和人治思想的形成。

13·14 冉子退朝[1]。子曰："何晏也？"对曰："有政。"子曰："其事也？如有政，虽不吾以，吾其与闻之。"

[注释]

[1]朝：朝廷。或指鲁君的朝廷，或指季氏议事的场所。解释不一。

这一章的意思是：冉求退朝回来，孔子说："怎么这样晚呀？"冉求回答说："有政务。"孔子说："只是一般事务吧？如果有政务，虽然不用我，我也该知道的。"

13·15　定公问："一言而可以兴邦，有诸？"孔子对曰："言不可以若是其几也[1]。人之言曰：'为君难，为臣不易。'如知为君之难也，不几乎一言而兴邦乎？"曰："一言而丧邦，有诸？"孔子对曰："言不可以若是其几也。人之言曰：'予无乐乎为君，唯其言而莫予违也。'如其善而莫之违也，不亦善乎？如不善而莫之违也，不几乎一言而丧邦乎？"

［注释］

[1] 言不可以若是其几也："几"有两种解释：一、期望。这句话的意思是不能期望言语必然有这样的效果，即说话不能这样绝对的意思。二、近。这句话断作"言不可以若是，其几也"。意思是：说话不可能有这样的作用，只是近似这样吧。

这一章的意思是：鲁定公问："一句话可以振兴国家，有这样的事吗？"孔子说："话不可以说得这样绝对。有句话说：'做君难，做臣不易。'如果知道了做君的难，那不近乎是一句话可以使国家兴盛吗？"定公说："一句话可以亡国，有这样的事吗？"孔子回答说："话不可以说得这样绝对。有句话说：'我对做国君不觉得有什么可快乐的，唯一感到快乐的只是我说话没有人敢违抗。'如果说得对而没有人违抗，不也好吗？如果说得不对而没有人违抗，那不近乎是一句话可以亡国吗？"

［点评］

一言兴邦，一言丧邦，虽不可说得那么绝对，然而国君居心之正或邪，确实对国家兴亡有重要的影响，不可不慎。尤其孔子批评国君以无人敢于违抗自己意志为乐的态度，认为这样就近乎是一言可以丧邦了，更应引为鉴戒。可与11·23、14·23两章参读。

13·16 叶公问政。子曰："近者说[1]，远者来。"

［注释］

[1]说：同"悦"。

这一章的意思是：叶公问怎样管理政事。孔子说："使近处的人高兴，远方的人来归附。"

［点评］

"近者说，远者来"，不是靠强力、征战扩展疆土，胁迫百姓归服；而是靠德政取得百姓的信任和拥护，吸引远方百姓主动归服，这是孔子的政治理想。可与13·4章"四方之民襁负其子而至矣"及16·1章参读。

13·17 子夏为莒父宰[1]，问政。子曰："无欲速，无见小利。欲速则不达，见小利则大事不成。"

［注释］

[1] 莒（jǔ）父：鲁国邑名。

这一章的意思是：子夏做莒父的长官，问怎样治理政事。孔子说："不要求速成，不要图小利。求速成反而达不到目的，图小利就做不成大事。"

［点评］

"欲速则不达，见小利则大事不成"，急功近利者应牢记，并引为鉴戒。

13·18　叶公语孔子曰："吾党有直躬者 [1]，其父攘羊 [2]，而子证之 [3]。"孔子曰："吾党之直者异于是：父为子隐，子为父隐，直在其中矣。"

对"直"的不同理解，反映了法与情的矛盾。怎样处理这个问题，关系到依法治国和以德治国相结合，以及建设中国特色社会主义法制，需要研究。

［注释］

[1] 党：乡党，古代五百户为党。直躬者：正直的人。　[2] 攘（rǎng）：偷窃。　[3] 证：告发。

这一章的意思是：叶公告诉孔子说："我们乡党有一个正直的人，他父亲偷了羊，他告发了父亲。"孔子说："我们乡党的正直的人不是这样。父亲为儿子隐瞒，儿子为父亲隐瞒，正直就在这中间了。"

［点评］

孔子与叶公的讨论反映了一个重要的问题：法制与人情的关系。父子相隐，是人之常情。孔子说父子相隐，直在其中，是从人情的角度，肯定这是人间真情的表现，没有矫饰。叶公则是从法制的角度，强调对于违法的人和事，知情人应该举报。这两个方面之间存在着冲突。中国传统文化重情，今天实行依法治国和以德治国相结合，如何协调兼顾法和情这两个方面，是需要研究的重要问题。

13·19　樊迟问仁。子曰："居处恭，执事敬[1]，与人忠。虽之夷狄[2]，不可弃也。"

[注释]

[1]恭、敬：严肃、谨慎而有礼貌。表现在外叫恭，含于内心叫敬。　[2]之：动词，到。

这一章的意思是：樊迟问怎样才是仁。孔子说："平常在家要恭敬有礼，办事要严肃谨慎，待人要忠心诚意。即使到了夷狄地区，也是不可废弃的。"

[点评]

15·5章子张问行，孔子的回答与本章类似，可以参读。

对士的三个层次、三种境界，反映了孔子对做人的要求。其差别的实质是什么要认真体会。

13·20　子贡问曰："何如斯可谓之士矣？"子曰："行己有耻，使于四方，不辱君命，可谓士矣。"曰："敢问其次。"曰："宗族称孝

焉，乡党称弟焉。"曰："敢问其次。"曰："言必
信，行必果[1]，硁硁然小人哉[2]！抑亦可以为
次矣。"曰："今之从政者何如？"子曰："噫！斗
筲之人[3]，何足算也。"

[注释]

[1] 果：果断，坚决。 [2] 硁（kēng）硁：敲击石头的声音，引申为像小石块那样坚硬。这里有固执的意思。 [3] 斗筲（shāo）之人：一斗十升。筲，竹器，容一斗二升（一说容五升）。斗筲之人是比喻器量狭小之人。

这一章的意思是：子贡问道："怎样才可以叫作士？"孔子说："自己有知耻之心，出使外国能完成君主的使命，可以叫作士了。"子贡说："请问次一等的呢？"孔子说："宗族中人称赞他孝，乡党之人称赞他悌。"子贡又说："请问再次一等的呢？"孔子说："说到一定做到，干事一定干到底，不问是非地固执己见，那是小人啊。但也可以说是再次一等的士了。"子贡说："现在执政的那些人怎么样呢？"孔子："唉！这些器量狭小的人，哪里数得上啊！"

[点评]

本章谈到士的三个不同的层次和境界。三个层次的差别，反映了一个人存心的不同。存心于弘道行仁，能自觉修身，担当邦国天下大任，是对士的要求；存心于和睦家族、乡里，能行孝悌，但还不能心存天下担当大任，是其次；而"言必信，行必果"，则存心只在个人的

"小行"，虽有向善的追求，也只属于更次。而且信和果必须以义为依据。合于义的，言必信，行必果；不合于义的，言不必信，行不必果。只知"言必信，行必果"，不知辨别是非对错，则只能属于小人一类了。

关于士，可与4·9、8·7、13·28、14·3、19·1等章参读。

关于"言必信，行必果"，可与1·13、15·36两章参读。

13·21 子曰："不得中行而与之 [1]，必也狂狷乎 [2]！狂者进取，狷者有所不为也。"

[注释]

[1] 中行：指行为合乎中庸的人。 [2] 狂狷（juàn）：狂，志大激进而不能完全做到的人。狷，拘谨，有所不为，不与不良现象同流合污。

这一章的意思是：孔子说："得不到行为合乎中庸的人与之相交往，也一定要找狂或狷的人相交往。因为狂者勇于进取，狷者则能不同流合污。"

[点评]

这一章可以与7·10章"用之则行，舍之则藏"联系起来阅读。孔子要求进能行道，退能有所不为，兼有这两方面，才是合乎中道，即本章所说的中行。狂者勇于进取，狷者有所不为，虽各有可取之处，却都偏于一面，于另一面则不足，不合中庸的要求。"狂"和"狷"，不是过和不及的关系；中行也不是在狂和狷之间，而是兼取狂、狷二者之长，避二者之短。

13·22　子曰："南人有言曰：'人而无恒，不可以作巫医[1]。'善夫！""不恒其德，或承之羞[2]。"子曰："不占而已矣。"

[注释]

[1] 巫医：用卜筮给人治病的人。　[2] 不恒其德，或承之羞：《周易》恒卦的爻辞。

这一章的意思是：孔子说："南方人有句话说：'人如果不能始终如一，不可以当巫医。'这话说得好啊。"（《周易》说：）"不能始终如一地保持自己的道德操守，随之而来的常常是羞辱。"孔子说："这样的人不去占卦就罢了。"

[点评]

本章的主旨讲恒。人的修身行事都要有恒。

13·23　子曰："君子和而不同[1]，小人同而不和。"

"和"是认识和处理一切事物的根本态度和原则。

[注释]

[1] 和、同：不同的东西和谐地配合叫作和。比如做汤，要使水、火、酱、醋、盐与鱼、肉等调配得当，才能做出好的滋味。

又如奏乐，要有多种乐器和乐调上的清浊、大小、短长、快慢、哀乐、刚柔、高低等等互相补充，和谐地配合，才能奏出悦耳的声音，这就叫和。同样的东西相加叫作同。比如把水加到水里面，奏乐只有一种乐器、一个声调，这就叫同。用在人事上，晏婴说："君所谓可，而有否焉，臣献其否，以成其可；君所谓否，而有可焉，臣献其可，以去其否。"这是和。"君所谓可，据亦曰可；君所谓否，据亦曰否。"这就是同。

这一章的意思是：孔子说："君子能取长补短，协调各种不同的意见，但不盲从附和；小人只求完全一致（或盲从附和），不讲不同意见的协调。"

［点评］

"和"是中华文化重要的核心理念。《论语》直接讲到"和"的，有这一章与 1·12 章"礼之用，和为贵"。春秋时期，就有关于和与同的讨论。和是指多种成分或因素共处组成一个统一体。同是指同一成分或因素的存在或叠加。中国古人已经认识到，"和实生物"，一切事物都是由多种成分和谐共存而形成的。"和"衍生了万物；有"和"，才有世界，才有万物，才有发展。如果破坏了"和"，只是同一事物相加，宇宙和万物就失去了存在的基础。这是中华文化的宇宙观。

"和为贵"就是以这样的宇宙观为基础的。认识到事物都存在于"和"的状态，"和"是客观的要求，所以以和为贵。

"和而不同"是从"和实生物"和"和为贵"的认识引申出的待人处事的基本态度。世界的本来面目就是"和而不同"的，所以我们待人处事也必须持"和而不同"的原则和态度。就是要承认差别的存在，在承认差别的基础上求不同事物、不同意见和利益之间的协调、平衡和和谐。这是处理人际关系，一切经济、政治、文化、思想关系，以及人与自然关系的一个基本原则。

所谓"同而不和"，就是不承认差别的存在，追求没有差别的"统一""一致"。要求一切服从自己利益，容不得不同意见，排斥持不同意见者，经营"一言堂"；盲从附和，唯唯诺诺，没有独立主见，唯上唯书；赞同我者是友，反对我者是敌，拉帮结派等等，都是"同而不和"的表现。可与2·14章参读。

13·24　子贡问曰："乡人皆好之，何如？"子曰："未可也。""乡人皆恶之，何如？"子曰："未可也。不如乡人之善者好之，其不善者恶之。"

[**注释**]

这一章的意思是：子贡问道："一乡的人都喜欢他，这个人怎样？"孔子说："还不能肯定。"子贡又问："一乡的人都厌恶他，这个人怎样？"孔子说："还不能肯定。不如乡里的善人都喜欢他，乡里的坏人都厌恶他。"

[**点评**]

对人的考察，不能仅以众人的好恶为依据。"不如乡人之善者好之，其不善者恶之"，15·27章又说"众恶之，

必察焉；众好之，必察焉"。听取众人意见固然重要，但
人的好恶，各有不同，善人赞扬善人贬斥恶人，恶人赞
扬恶人贬斥善人。如果人人说好，可能是八方讨好，没
有原则的人；如果人人厌恶，则可能是怪诞不能与人相
处，或一无是处的人。所以单纯从众，不足以辨善恶，
要看是什么人赞扬他，什么人贬斥他，善人赞扬、恶人
贬斥的人，才值得肯定。可与 4·3、4·7 两章参读。

13·25   子曰："君子易事而难说也[1]。说之
不以道，不说也；及其使人也，器之[2]。小人难事
而易说也。说之虽不以道，说也；及其使人也，求
备焉。"

[注释]

[1]易事：容易与他共事，或说易于服侍。说：同"悦"。 [2]器
之：按其器来用他，即量才使用。

这一章的意思是：孔子说："在君子手下工作容易而讨他喜欢
却难。不按着正道去讨他喜欢，他是不会喜欢的。但他用人的时候，
却能量才使用。在小人手下工作难而讨他喜欢却容易。你只要讨
好他，尽管是搞歪门邪道，他也喜欢。但他用人时，却是求全责
备。"

13·26   子曰："君子泰而不骄，小人骄而
不泰。"

[注释]

这一章的意思是:孔子说:"君子安详舒泰而不骄傲,小人骄傲而不安详舒泰。"

13·27　子曰:"刚、毅、木、讷,近仁。"

[注释]

这一章的意思是:孔子说:"刚强、果敢、质朴、言语谨慎,这四种品德近于仁。"

13·28　子路问曰:"何如斯可谓之士矣?"子曰:"切切偲偲[1],怡怡如也[2],可谓士矣。朋友切切偲偲,兄弟怡怡。"

[注释]

[1]切切偲(sī)偲:互相恳切批评勉励的样子。 [2]怡怡:和顺貌,和气顺从的样子。

这一章的意思是:子路问道:"怎样就可叫作士?"孔子说:"互相切磋勉励,又能和顺相处,可算是士了。朋友之间切磋勉励,兄弟之间和顺相处。"

[点评]

本章也是说士,可与13·20章参读。

13·29 子曰："善人教民七年，亦可以即戎[1]。"

[注释]

[1] 即戎：参军作战。即，就，开始从事。戎，兵戎。

这一章的意思是：孔子说："善人教导训练百姓七年时间，也可以叫他们去作战了。"

13·30 子曰："以不教民战，是谓弃之。"

[注释]

这一章的意思是：孔子说："用没有经过教导训练的老百姓去打仗，这就叫抛弃他们。"

[点评]

这一章和上一章都是说教和战的关系。孔子并不绝对否定用兵，但强调必须先经教导训练才可。

宪问篇第十四

14·1 宪问耻[1]。子曰："邦有道，穀；邦无道，穀，耻也。"

[注释]

[1] 宪：孔子的学生原宪。

这一章的意思是：原宪问什么是可耻的。孔子说："国家有道，做官拿俸禄；国家无道，还做官拿俸禄，就是可耻。"

[点评]

可与 8·13 章参读。

14·2 "克、伐、怨、欲不行焉，可以为仁矣[1]？"子曰："可以为难矣，仁则吾不知也。"

［注释］

[1] 克、伐、怨、欲不行焉，可以为仁矣：这句也是原宪的问话。克，好胜。伐，自夸。怨，怨恨。欲，贪欲。

这一章的意思是："好胜、自夸、怨恨、贪欲这四样毛病都没有表现，可以说是仁了吧？"孔子说："这可说是难能可贵了，至于是不是仁，那我就不知道了。"

［点评］

要做到没有好胜、自夸、怨恨、贪欲四项毛病，是不容易的，所以说"可以为难矣"。但仁是全德，是贯穿于一切德行之中的根本精神。只有某些方面的德行，没有仁心，不能说就是仁。如果只是克制自己，不犯好胜、自夸、怨恨、贪欲的毛病，而没有修养仁心，祛除病根，则四病随时可以复发。所以孔子说"仁则吾不知也"。

14·3　子曰："士而怀居[1]，不足以为士矣。"

［注释］

[1] 怀居：指留恋家庭的安逸生活。居，家居。

这一章的意思是：孔子说："士如果留恋家庭的安逸生活，就不配做士了。"

［点评］

可与 4·9、8·7、13·20、13·28、19·1 等章参读。

14·4　子曰:"邦有道,危言危行[1];邦无道,危行言孙[2]。"

[注释]

[1]危:有两种解释:一、高峻;二、正,正直。　[2]孙:同"逊"。

这一章的意思是:孔子说:"国家有道,要正言正行;国家无道,还要正行,但说话要谦逊。"

[点评]

不同环境下的处世之道,可与7·10、8·13、15·6等章参读。

14·5　子曰:"有德者必有言[1],有言者不必有德。仁者必有勇,勇者不必有仁。"

[注释]

[1]言:言论。有言是说出来,在言论上有所表现的意思。

这一章的意思是:孔子说:"有道德的人一定有言论上的表现,能说的人却不一定有道德。仁人一定勇敢,勇敢的人却不一定仁。"

[点评]

德和言,德是根本,言是表现;仁和勇,仁是根本,勇是表现。所以有德一定有言，有言不一定有德；有仁一定有勇，有勇不一定有仁。这是本和末的关系，可以和14·2章参读。

14·6　南宫适问于孔子曰[1]："羿善射[2]，奡荡舟[3]，俱不得其死然。禹稷躬稼[4]，而有天下。"夫子不答。南宫适出。子曰："君子哉若人！尚德哉若人！"

[注释]

[1]南宫适：即南容。适，亦作"括"。　[2]羿（yì）：传说中夏代有穷国的国君，善射箭。他夺了夏太康的王位，后来被他的臣子寒浞（zhuó）所杀。　[3]奡（ào）：传说中寒浞的儿子，后来为夏少康所杀。荡舟：用手推船。传说奡力大，能陆地行舟。另一说解释为水战。　[4]稷：传说中周朝国君的祖先，教民种植庄稼。

这一章的意思是：南宫适问孔子说："羿善于射箭，奡之力能陆地行舟，但都不得好死。禹和稷亲自种植庄稼，却得到了天下。"孔子没有回答。南宫适出去后，孔子说："这个人真是君子呀！这个人真是尊崇道德呀！"

[点评]

南宫适以羿、奡与禹、稷对比，说明不可凭借强力而应依靠德行，而且他说这些，是以羿、奡比喻当时的当权者，以禹、稷比喻孔子，所以孔子没有回答。而南宫适所说的意思是对的，所以在南宫适离去后孔子赞誉了他。还可与 7·20、14·35、15·1 及 13·29、13·30 等章参读。

14·7 子曰："君子而不仁者有矣夫[1]，未有小人而仁者也。"

[注释]

[1] 君子而不仁者：有两种解释：一、君子中不仁的人，二、君子而有时不仁。

这一章的意思是：孔子说："君子而有时不仁，这种情形是有的吧，但没有小人而能仁的。"

[点评]

看人要看本质，不可据一时一事做判断。

14·8 子曰："爱之，能勿劳乎？忠焉，能勿诲乎？"

[注释]

这一章的意思是：孔子说："爱他，能不叫他勤劳吗？忠于他，能不教诲他吗？"

[点评]

道理简单，却值得深思。

14·9　子曰："为命[1]，裨谌草创之，世叔讨论之，行人子羽修饰之，东里子产润色之[2]。"

[注释]

[1]命：外交辞令。　[2]裨谌、世叔、子羽、子产：四人都是郑国大夫。行人：官名，掌管朝觐聘问，即外交事务。东里：地名，子产住的地方。

这一章的意思是：孔子说："郑国拟定一项外交辞令，由裨谌起草，世叔提意见，行人子羽修改，东里子产加以润色。"

[点评]

史书记载，郑国应对诸侯，很少有失误。本章孔子讲郑国起草外交文书的程序慎重、严密，又集多人之智慧合作完成，是对此表示赞许。

14·10　或问子产。子曰："惠人也。"问子西[1]。曰："彼哉！彼哉！"问管仲。曰："人也[2]。夺伯氏骈邑三百[3]，饭疏食，没齿无怨言[4]。"

[注释]

[1]子西：春秋时有三个子西。一是郑国子产的同宗兄弟，另两个都是楚国大夫。这里的子西有人认为是郑国子西，有人认为

指楚公子申。　[2]人也：即此人也。有人认为"人"字上脱一"仁"字，应为"仁人也"。有人译作有才干的人。　[3]伯氏：齐国大夫。骈邑：地名，伯氏的采邑。　[4]没齿：死。齿，指年龄。

这一章的意思是：有人问子产这个人怎样。孔子说："是对人有恩惠的人。"又问子西。孔子说："他呀！他呀！"又问管仲。孔子说："这个人呀，剥夺了伯氏骈邑的三百家，伯氏终生吃粗粮，至死没有怨言。"

14·11　子曰："贫而无怨难，富而无骄易。"

[注释]

这一章的意思是：孔子说："贫穷而能没有怨恨是难以做到的，富有而不骄傲倒容易做到。"

[点评]

可与1·15章参读。

14·12　子曰："孟公绰为赵、魏老则优[1]，不可以为滕、薛大夫。"

知人善任。

[注释]

[1]孟公绰：鲁国大夫。老：大夫的家臣。优：有余。

这一章的意思是：孔子说："孟公绰做晋国赵氏、魏氏的家臣，是才力有余的，但不能当滕、薛这样小国的大夫。"

[点评]

本章主旨是说用人要因才善用。做大夫的管家，地位尊贵而事务不繁；做大夫治政，则政事繁杂。孟公绰是一个"廉静寡欲"（司马光《资治通鉴》）的人，所以做家臣有余力而不能做大夫。

完备人格的标准。

14·13　子路问成人[1]。子曰："若臧武仲之知[2]，公绰之不欲，卞庄子之勇[3]，冉求之艺，文之以礼乐，亦可以为成人矣。"曰："今之成人者何必然？见利思义，见危授命，久要不忘平生之言[4]，亦可以为成人矣。"

[注释]

[1]成人：人格完备的人。　[2]臧武仲：鲁国大夫臧孙纥。　[3]卞庄子：鲁国卞邑大夫。　[4]久要：有两种解释：一、旧约，过去的诺言。二、长久处于穷困中。要，通"约"，穷困。平生：平日的意思。

这一章的意思是：子路问怎样才是完人。孔子说："像臧武仲那样的智慧，孟公绰那样的没有贪欲，卞庄子那样的勇敢，冉求那样的多艺，再加上礼乐修养使他有文采，也就可以算是一个完人了。"孔子又说："现在的完人何必一定要这样呢？见到财利能想到义的要求，遇到危险能献出生命，长久处于穷困还不忘平日的诺言，也就可以说是完人了。"

[点评]

成人，即人格完备之人，是孔子教育培养的目标。本章谈成人的标准。孔子提出要有如臧武仲等四人的知、廉、勇、艺四方面的品质，再加之以礼乐的文饰，才可成为成人。这是很高的要求，一般人不易达到。所以孔子又提出退一步的要求："见利思义，见危授命，久要不忘平生之言。"见利思义，体现了义；见危授命，体现了忠；久要不忘平生之言，体现了信。义、忠、信三项，也体现了做人的基本要求。虽然是次一等的要求，如能做到，也是难能可贵，可谓成人了。可与"君子不器"章和"志于道，据于德，依于仁，游于艺"章参读。

《论语》一书，中心是讲做人。关于成人的思想，贯穿全书。要会通《论语》全书有关论述，以求深切的了解。

14·14　子问公叔文子于公明贾曰[1]："信乎，夫子不言、不笑、不取乎？"公明贾对曰："以告者过也[2]。夫子时然后言，人不厌其言；乐然后笑，人不厌其笑；义然后取，人不厌其取。"子曰："其然，岂其然乎？"

[注释]

[1]公叔文子：卫国大夫公孙拔。公明贾：姓公明，名贾，卫

国人。　[2]以：这里是"此"的意思。

这一章的意思是：孔子向公明贾问到公叔文子，说："先生他不说、不笑、不取钱财，是真的吗？"公明贾回答道："这是告诉你的人说得过分了。先生他到该说话的时候才说，所以别人不讨厌他说话；快乐的时候才笑，所以别人不讨厌他笑；合于义的才取，所以别人不讨厌他取。"孔子说："是这样吗？难道真是这样的吗？"

［点评］

"时然后言，人不厌其言；乐然后笑，人不厌其笑"，凡事适度就不会招人厌烦。

14·15　子曰："臧武仲以防求为后于鲁[1]，虽曰不要君[2]，吾不信也。"

［注释］

[1]臧武仲以防求为后于鲁：防，臧武仲的封地。臧武仲因得罪孟孙氏而逃离鲁国，后回到防邑，向鲁君要求，以立臧氏之后为卿大夫为条件，自己离开防邑。为后，立后的意思。　[2]要（yāo）：要挟。

这一章的意思是：孔子说："臧武仲凭借防邑请求鲁君立他的后代为卿大夫，虽然有人说他不是要挟国君，我可不相信。"

14·16　子曰："晋文公谲而不正，齐桓公正而不谲[1]。"

［注释］

[1] 晋文公、齐桓公:"春秋五霸"中最有名的两个霸主。晋文公名重耳,齐桓公名小白。谲(jué):欺诈,玩弄权术阴谋。

这一章的意思是:孔子说:"晋文公诡诈而不正派,齐桓公正派而不诡诈。"

14·17　子路曰:"桓公杀公子纠,召忽死之,管仲不死[1]。"曰:"未仁乎?"子曰:"桓公九合诸侯[2],不以兵车[3],管仲之力也。如其仁[4],如其仁。"

这样恰当地对人作评价,是重要而复杂的问题。孔子对管仲的评价可资借鉴。

［注释］

[1] 桓公杀公子纠,召忽死之,管仲不死:齐桓公和公子纠都是齐襄公的弟弟。齐襄公无道,二人都逃离齐国。召忽、管仲侍奉公子纠逃到鲁国。襄公被杀以后,桓公先回齐国立为君,兴兵伐鲁,逼鲁国杀了公子纠。召忽自杀,管仲则归服齐桓公,当了宰相。　[2] 桓公九合诸侯:指齐桓公多次召集诸侯盟会。　[3] 不以兵车:不靠武力的意思。　[4] 如其仁:有两种解释:一、谁有他这样的仁? 二、这就是他的仁。"如"作乃、就是讲。

这一章的意思是:子路说:"齐桓公杀了公子纠,召忽自杀了,管仲却不自杀。"接着又说:"管仲还没有做到仁吧?"孔子说:"桓公多次主持诸侯的盟会,不依靠武力,都是管仲的功劳呀。这就是他的仁,这就是他的仁。"

14·18　子贡曰："管仲非仁者与？桓公杀公子纠，不能死，又相之。"子曰："管仲相桓公，霸诸侯，一匡天下，民到于今受其赐。微管仲[1]，吾其被发左衽矣[2]。岂若匹夫匹妇之为谅也[3]，自经于沟渎而莫之知也[4]。"

[注释]

[1]微：无。　[2]被发左衽：被，同"披"。衽，衣襟。被发左衽是当时所谓"夷狄之俗"，这里指落后、不开化。　[3]谅：小信。不问是非地死守信用。　[4]自经：自缢。渎：小沟渠。

这一章的意思是：子贡说："管仲不是仁人吧？桓公杀了公子纠，他不能为公子纠殉死，还去做桓公的宰相。"孔子说："管仲辅佐桓公，称霸诸侯，匡正了天下，百姓直到今天还受他的好处。如果没有管仲，我们恐怕也要披散头发，衣襟向左开了。哪里能像普通男女那样讲小节小信，自杀死在山沟里，而谁也不知道呀。"

[点评]

这一章和上一章，孔子赞扬管仲辅助齐桓公九合诸侯，匡正天下，避免了中原被夷狄统治，文化衰落，百姓"被发左衽"局面的出现，因此肯定管仲是仁。而3·22章孔子曾批评管仲为不知礼。两处评价不同，值得注意。人生在世，兼有功过是非两面。孔子不因管仲卫护中原文化之功而掩盖他违礼之过，也不因管仲有违礼的过而抹杀他卫护文化的大功，分别给以恰当的评价，反映了他全面把握事物两端、不偏不倚的中道思想和着眼于大节而不拘泥于小节小信的思想。可与 9·7、19·11 两章参读。

14·19　公叔文子之臣大夫僎与文子同升诸公[1]。子闻之曰："可以为文矣。"

[注释]

[1] 僎（zhuàn）：人名。公叔文子的家臣。升诸公：升为公朝的大夫。诸，于。公，公朝。

这一章的意思是：公叔文子的家臣大夫僎和文子一起进到公朝。孔子听说了，说："可以给他文的谥号了。"

[点评]

孔子说公叔文子可以担当得起"文"的谥号，是赞许他善于识人，又无私地荐于国君。

14·20　子言卫灵公之无道也，康子曰："夫如是，奚而不丧？"孔子曰："仲叔圉治宾客[1]，祝鮀治宗庙，王孙贾治军旅，夫如是，奚其丧？"

[注释]

[1] 仲叔圉（yǔ）：即孔文子。他与祝鮀、王孙贾都是卫国的

大夫。

这一章的意思是：孔子说到卫灵公的无道，季康子说："既然如此，为什么他没有败亡呢？"孔子说："他有仲叔圉接待宾客，祝鮀管理宗庙祭祀，王孙贾统率军队，像这样，怎么会败亡呢？"

[点评]

卫灵公无道而卫国不亡，孔子说是有赖于他有仲叔圉等三位良臣辅佐，说明举贤才、知人善任的重要。

14·21　子曰："其言之不怍[1]，则为之也难。"

[注释]

[1] 怍（zuò）：惭愧。

这一章的意思是：孔子说："说话大言不惭，那么要实行这些话就很难。"

[点评]

也是说慎言。可与 4·22、12·3 两章参读。

14·22　陈成子弑简公[1]。孔子沐浴而朝，告于哀公曰："陈恒弑其君，请讨之。"公曰："告夫三子[2]。"孔子曰："以吾从大夫之后[3]，不敢不告也。君曰告夫三子者。"之三子告，不可。

孔子曰：“以吾从大夫之后，不敢不告也。”

［注释］

[1]陈成子：即陈恒。简公：齐简公，名壬。　[2]三子：指季孙、孟孙、叔孙三家。　[3]从大夫之后：孔子曾经做过大夫而这时已经去官家居，所以说“从大夫之后”。

这一章的意思是：陈成子杀了齐简公。孔子斋戒沐浴而后去朝见鲁哀公，告诉鲁哀公说：“陈恒杀了他的国君，请出兵去讨伐他。”哀公说：“去告诉那三位大夫。”孔子退朝后说：“因为我还追随在大夫之后，所以不敢不来告诉，国君却说去告诉那三位大夫。”孔子到三位大夫那里告诉了，他们不同意讨伐。孔子说：“因为我还追随在大夫之后，所以不敢不告诉呀。”

［点评］

孔子这样做，反映了他“事君尽礼”（3·18）的态度。

14·23　子路问事君。子曰：“勿欺也[1]，而犯之[2]。”

［注释］

[1]欺：一说犯颜直谏就是欺；一说言过其实，要求君主一定听从，就是欺。本书取后说。　[2]犯：冒犯，指犯颜谏诤。

这一章的意思是：子路问怎样侍奉君主。孔子说：“不要要求君主一定听从，要能犯颜直谏。”

[点评]

本章谈君臣关系。对君要能犯颜直谏，是原则；不可强求一定听从，是适度。可与3·19、11·23、13·15、16·1等章参读。

14·24　子曰："君子上达，小人下达^[1]。"

[注释]

[1] 上达、下达：有多种解释：一、上达于仁义，下达于财利。二、上达于道，下达于器，即农工商各业。三、上达是日进乎高明，长进向上；下达是日进乎污下，沉沦向下。本书取第一说。

这一章的意思是：孔子说："君子通达于仁义，小人通达于财利。"

"为己"是真正的道德精神，也是儒学的根本精神。要细心体会，身体力行。

14·25　子曰："古之学者为己，今之学者为人^[1]。"

[注释]

[1] 为己、为人：有不同的解释：一、"为己"是为了充实提高自己，使自己在道德学问上有所得；"为人"是为了给别人看，让别人知道。因此"为己"能身体力行，"为人"则只能夸夸其谈。二、"为己"指德行一科，"为人"指言语、政事、文学等科。孔子并不否定"为人之学"，只是必须以"为己之学"为根本。

这一章的意思是：孔子说："古代人学习是为了充实提高自

己，现在的人学习是为了给别人看。"

[**点评**]

"为己"，是说所学所为都是出于自己内心要求，既不是畏惧外力的强制，也不是顾虑他人的评议，更不是为了沽名钓誉；而只为求自己心安，除此别无他求。"为人"，则是所学所为只求人知，借以博取名利，与自身修养无关。用今天的语言说，就是作秀，所说所为都是给人家看。表现在行为中，"为己"就要求身体力行，言行一致；而"为人"则只是夸夸其谈，心口不一。可与5·25、6·13、7·14、8·1、17·21等章参读。

"为己"，是道德精神的核心，修身的根本，也是孔子儒家思想的根本精神，所以儒学又称为"为己之学"。宋儒说："今人不会读书。如读《论语》，未读时是此等人，读了后又只是此等人，便是不曾读。"（朱熹《四书章句集注》）指出读《论语》如果不能用在自己身上，就等于没有读，这体现了"为己"的精神。一些研究儒学的学者，抛弃了儒学"为己之学"的传统，把儒学当作纯粹的知识体系，把对儒学的研究当成职业、饭碗、敲门砖，与自己的为人处事毫不相干。结果就是做的与讲的完全背道而驰，彻底背离了儒学的精神。读《论语》者，应引以为戒。可与12·20、15·28两章参读。

14·26　蘧伯玉使人于孔子 [1]，孔子与之坐而问焉。曰："夫子何为？"对曰："夫子欲寡其过而未能也。"使者出，子曰："使乎！使乎！"

[注释]

[1] 蘧（qú）伯玉：卫国的大夫，名瑗（yuàn）。孔子到卫国时曾住过他家。

这一章的意思是：蘧伯玉派使者去拜访孔子，孔子让使者坐下，然后问道："先生近来在做什么？"使者回答说："先生想要减少自己的过错而还没能做到呀。"使者出去之后，孔子说："好一位使者呀！好一位使者呀！"

[点评]

使者的谦卑，彰显了主人的贤德，所以得到孔子的赞扬。

14·27　子曰："不在其位，不谋其政。"

[点评]

此章重出。见 8·14 章。

14·28　曾子曰："君子思不出其位。"

[注释]

这一章的意思是：曾子说："君子考虑问题不越出自己的职位。"

[点评]

可与 8·14 章参读。

14·29　子曰：“君子耻其言而过其行。”

[注释]

这一章的意思是：孔子说：“君子以说得多做得少为可耻。”

[点评]

以言行一致为美德，以言过其行为可耻，这种风气应该提倡。可与2·13、4·22、4·24、5·13等章参读。

14·30　子曰：“君子道者三，我无能焉：仁者不忧，知者不惑，勇者不惧。”子贡曰：“夫子自道也。”

[注释]

这一章的意思是：孔子说：“君子之道有三，我一样也没能做到：仁德的人不忧虑，智慧的人不迷惑，勇敢的人不畏惧。”子贡说：“这是先生说他自己哩。”

[点评]

9·28章也讲到“知者不惑，仁者不忧，勇者不惧”，可以参读。孔子自称没能做到三者，7·32章说“躬行君子，则吾未有所得”，7·33章说“若圣与仁，则吾岂敢”，意思相近，可以参读。孔子这样说，并非简单的自谦，也反映了他对学的态度。可与7·2、8·17

两章参读。

14·31　子贡方人^[1]。子曰："赐也贤乎哉^[2]！夫我则不暇。"

[注释]

[1]方人：有两种解释：一、方，比的意思。比方人物而议论其短长。二、方，同"谤"，"言人之过恶"（刘宝楠《论语正义》）。　[2]赐也贤乎哉：有两种解释：一作疑问语气解释，意思是批评子贡；一作肯定语气解释，肯定子贡的贤。

这一章的意思是：子贡常对别人进行比较评论。孔子说："赐呀是有贤能！我可没有这闲工夫。"

[点评]

对人进行比较评论，也是知人的一个方面，但过于关注这个方面就会放松自身的修养。所以孔子既赞子贡之贤，又说自己没有闲暇，委婉地提醒子贡。

14·32　子曰："不患人之不己知，患其不能也。"

[注释]

这一章的意思是：孔子说："不忧虑别人不了解自己，只怕自己无能呀。"

[点评]

只患自己无能，体现了"求诸己"（15·20）的精神。《论语》多处（1·16、15·18）谈到这一思想，文字稍异而意思相同，应是孔子经常讲到而弟子各自记录的。可参读。还可与"古之学者为己，今之学者为人"（14·25），"人能弘道、非道弘人"（15·28）和12·20章关于闻和达的区别等联系起来理解。在这些言论中贯穿了一个共同的基本精神，就是最重要的不在于闻名于人，而在自己有所得、有所能。

14·33　子曰："不逆诈[1]，不亿不信[2]，抑亦先觉者，是贤乎！"

[注释]

[1]逆诈：事先猜疑别人存心欺诈。逆，迎。　[2]亿：同"臆"，主观地臆测。

这一章的意思是：孔子说："不事先猜疑别人的欺诈，不无根据地猜测别人不诚实，但对别人的欺诈和不诚实却能事先觉察，这就是贤人吧。"

[点评]

无根据地猜疑他人，是待人不诚；对他人的欺诈不能察觉，以致受骗，是缺乏智慧。不无根据地猜疑他人欺诈，但对他人的欺诈却能事先察觉，既诚信待人，又明辨善恶，是贤。二者相联系，能明辨善恶，察觉欺诈，自然不会猜疑。

14·34　微生亩谓孔子曰[1]："丘，何为是栖栖者与[2]？无乃为佞乎？"孔子曰："非敢为佞也，疾固也[3]。"

[注释]

[1]微生亩：人名，姓微生，名亩。　[2]是：如此。栖（xī）栖：忙碌不安貌。　[3]固：有两种解释：一、固执，二、指世道的固陋。

这一章的意思是：微生亩对孔子说："孔丘，你为什么这样栖栖遑遑奔忙不定呢？不是要显示你的口才取悦于人吧？"孔子说："我不是敢于显示自己的口才，只是厌恶固执不通而已。"

14·35　子曰："骥不称其力[1]，称其德也。"

[注释]

[1]骥：千里马。

这一章的意思是：孔子说："对于千里马不是称赞它的气力，而是称赞它的品德。"

[点评]

称德不称力。可与3·16、3·25、7·20、14·6、15·1等章参读。

14·36　或曰："以德报怨，何如？"子曰："何以报德？以直报怨，以德报德。"

［注释］

这一章的意思是：有人说："用恩德来报答怨恨，怎么样？"孔子说："那又怎样报答恩德呢？应该是用正直来报答怨恨，用恩德来报答恩德。"

［点评］

怎样处理人间恩怨，是人生中的大问题。孔子反对冤冤相报，也反对以德报怨，主张"以直报怨"。这可与5·22章"不念旧恶"联系起来理解，不以有旧恶私怨而改变自己的公平正直，也就是"以直报怨"了。"以直报怨"不是对旧怨不问是非，一笔勾销。在原则问题上，分清是非，坚持原则，正是直的要求。在一定的条件下也需要针锋相对的斗争。

"以德报德"，知恩图报，"滴水之恩，涌泉相报"，是中华民族的优良传统。佛教、基督教都倡感恩，现在人们也常说感恩，儒学则说报恩。其间的异同，要仔细体会。

14·37　子曰："莫我知也夫！"子贡曰："何为其莫知子也？"子曰："不怨天，不尤人[1]。下学而上达[2]，知我者其天乎！"

［注释］

[1]尤：责怪，归咎。　[2]下学而上达：下学学人事，上达达天命。由人事之学而达于知命，所以下文说"知我者其天乎"。

这一章的意思是：孔子说："没有人了解我啊！"子贡说："为什么没有人了解你呢？"孔子说："不怨恨天，不责怪人。从下面学习而通达到上面，了解我的只有天吧！"

［点评］

孔子一生不为人所知。他多次说"不患人之不己知"，"人不知而不愠"；本章又说"不怨天，不尤人。下学而上达"。他的不患、不愠、不怨、不尤，既立足于下学，也建基于知命。下学上达反映了"与命与仁"两个方面。

14·38　公伯寮愬子路于季孙[1]。子服景伯以告[2]，曰："夫子固有惑志于公伯寮，吾力犹能肆诸市朝[3]。"子曰："道之将行也与，命也；道之将废也与，命也。公伯寮其如命何？"

［注释］

[1]公伯寮：公伯是姓，寮是名。愬：同"诉"，诽谤。　[2]子服景伯：鲁国大夫，姓子服，名何，字伯，景是谥号。　[3]肆诸市朝：古时处死罪人后陈尸在朝廷或街市示众。肆，陈尸。

这一章的意思是：公伯寮向季孙诽谤子路。子服景伯告诉了孔子，说："季孙氏已经被公伯寮迷惑了，但我的力量还能够把公伯寮杀了，把他陈尸于市。"孔子说："道将要得到推行吗，是天命决定的；或者道将要废弃吗，也是天命决定的。公伯寮能把天命怎么样呢？"

[点评]

知命，是孔子思想的重要方面。这两章具体说到天、命，都是在遇到危难、打击的情况下。他说："道之将行也与，命也；道之将废也与，命也。公伯寮其如命何？"把道的行与不行，归之于命。命指的是人力所不能支配的领域。同时他自信"下学而上达""知我者其天乎"，自己是秉承天命，他人奈何不了他，表现出高度的自信。9·5章说"天之将丧斯文""天之未丧斯文"，与这一章意思相同，可参读。

14·39　子曰："贤者辟世[1]，其次辟地，其次辟色，其次辟言。"

[注释]

[1]辟：同"避"。

这一章的意思是：孔子说："贤人逃避乱世而隐居，其次有的避开有动乱的国家，再其次有的见到人家不能以礼相待而避开，又其次有的听到人家有恶言而避开。"

[点评]

本章谈避世退隐的四种情况。四者的先后次序，是从所避对象程度深浅排列的，不是指四者有优劣之分。

孔子对避世的态度，可与 14·41、18·6、18·7 等章参读。

14·40 子曰："作者七人矣[1]。"

[注释]

[1] 作者七人矣：这一章应与上一章连读。作者七人是说因各种情形隐去的已有七人。

这一章的意思是：孔子说："这样做的已经有七个人了。"

14·41 子路宿于石门[1]。晨门曰[2]："奚自？"子路曰："自孔氏。"曰："是知其不可而为之者与？"

[注释]

[1] 石门：地名。一说是鲁城（今山东曲阜）外城门。 [2] 晨门：看守城门的人。

这一章的意思是：子路夜里住在石门，看门的人问："从哪里来？"子路说："从孔子那里来。"看门人说："是那个明知做不到却还要去做的人吗？"

14·42 子击磬于卫[1]，有荷蒉而过孔氏之门者[2]，曰："有心哉，击磬乎！"既而曰："鄙

哉！硁硁乎！莫己知也，斯己则已矣。深则厉，浅则揭[3]。"子曰："果哉！末之难矣[4]。"

［注释］

[1]磬：乐器名。　[2]荷蒉（kuì）：荷，肩扛。蒉，草编的筐子，盛土用。　[3]深则厉，浅则揭：穿着衣服涉水叫厉，提起衣襟涉水叫揭。这两句是《诗·邶风·匏有苦叶》的诗句。这里用来比喻处世也要审时度势，知道深浅。　[4]末：无。难：责问。

这一章的意思是：孔子在卫国，一天正在击磬，一个挑着草筐从门前走过的人说："这个击磬的人有心思呀！"一会儿又说："声音硁硁的，可鄙呀！没有人了解自己，你就只为你自己就是了。水深，就穿着衣服涉水而过；水浅，就撩起衣襟过去。"孔子说："真果断呀！没有什么可责问他的了。"

［点评］

这一章所记荷蒉人和上一章的看门人应该都是避世的隐者。14·39、14·40两章谈隐，这两章记隐者对孔子的评论。《论语》中还有3·24、14·42、18·5、18·6、18·7等章，也是记载当时一些人对孔子的评论。从这些评论，可以从一个侧面了解孔子的思想和当时人对孔子的态度。看门人说孔子是"知其不可而为之者"，可见孔子积极救世的担当精神。

14·43　子张曰："《书》云[1]：'高宗谅阴[2]，三年不言。'何谓也？"子曰："何必高宗，古人之皆然。君薨^[3]，百官总己以听于冢宰^[4]，三年。"

[注释]

[1]《书》：指《尚书》。以下两句见《尚书·无逸》。 [2]高宗谅阴：高宗，商王武丁。谅阴，天子居丧。确切意义不清。 [3]薨（hōng）：周代诸侯死称薨。 [4]冢宰：官名。听于冢宰是说百官都听命于冢宰，继位的新君可不理政事。

这一章的意思是：子张说："《尚书》说：'高宗守丧，三年不谈政事。'这是什么意思？"孔子说："不仅高宗，古代的人都这样。国君死了，朝廷百官都总管自己的职事，听命于冢宰三年。"

[点评]

本章谈三年之丧。商代天子与庶民同样要服丧三年，服丧期间将政事交由冢宰管理。西周以后，这种做法已有改变。可见礼是随时而有损益的，不可拘于旧礼形式而不变。

14·44　子曰："上好礼，则民易使也。"

[注释]

这一章的意思是：孔子说："在上位的人重视礼，那么百姓就好指挥了。"

14·45　子路问君子。子曰："修己以敬。"

"修己"和"安人、安百姓"，是对君子两方面的要求，回答了人生两个基本问题：物质生命与精神生命的关系问题，个体与群体的关系问题。提出了中华文化两项核心价值：崇德和乐群。

曰："如斯而已乎？"曰："修己以安人[1]。"曰："如斯而已乎？"曰："修己以安百姓。修己以安百姓，尧舜其犹病诸。"

[注释]

[1] 人：下文有"修己以安百姓"，所以这里的人没有把百姓包括在内，是指上层的人。

这一章的意思是：子路问怎样才是君子。孔子说："修养自己，使自己能敬。"子路说："这样就够了吗？"孔子说："修养自己，使周围的人们安乐。"子路说："这样就够了吗？"孔子说："修养自己，使所有百姓都安乐。修养自己使所有百姓都安乐，尧舜还怕难于做到呢。"

[点评]

修己安人，提出了对君子的两方面的基本要求。一是"修己以敬"，认真修身，提高自己的精神品格；二是"安人、安百姓"，不仅要自己好，还要帮助他人好，要让所有百姓都好。修己是立身之本，而修身是为了安人、安百姓，为民造福。它概括、体现了上古、三代以来圣贤"以天下为己任"的精神，也为后世仁人志士所继承、发扬，成为中华民族民族精神的核心内容。安百姓，一般人是做不到的；"修己以安人"则应该成为君子追求的人生理想。这两方面，回答了人生两个基本问题：物质生命和精神生命，要把精神生命放在第一位；个体和群体关系，要把个人当作群体的一分子，个人的发展和群体的发展相统一。这是中华文化做人的核心价值。可与6·28章参读。

14·46　原壤夷俟[1]。子曰："幼而不孙弟[2]，长而无述焉，老而不死，是为贼。"以杖叩其胫。

［注释］

[1]原壤：鲁国人，孔子的旧友。夷俟：夷，有解释为蹲的；也有解释为箕踞，即双腿分开而坐。俟，等待。夷俟是说他蹲着或坐着等在那里，很没有礼貌。　[2]孙弟：同"逊悌"。

这一章的意思是：原壤蹲在那里等着。孔子说："年幼的时候不知道逊悌，年长了又没有什么可说的成就，老而不死，真是害人虫。"说着用手杖敲他的小腿。

14·47　阙党童子将命[1]。或问之曰："益者与？"子曰："吾见其居于位也，见其与先生并行也[2]。非求益者也，欲速成者也。"

［注释］

[1]阙党：即阙里，孔子家住的地方。将命：在宾主之间传言。　[2]居于位、并行：古时礼节，童子不能和长者同坐并行，应坐在一边，走在后面。此处是说这童子不知礼节。

这一章的意思是：阙里的一个童子来给孔子传话，有人问道：

"这是个求上进的孩子吗？"孔子说："我看见他坐在成年人的位子上，又见他和长辈并肩而行，他不是要求上进的人，只是个急于求成的人。"

卫灵公篇第十五

15·1　卫灵公问陈于孔子^[1]。孔子对曰："俎豆之事^[2]，则尝闻之矣；军旅之事，未之学也。"明日遂行。在陈绝粮，从者病，莫能兴。子路愠见曰："君子亦有穷乎？"子曰："君子固穷^[3]，小人穷斯滥矣。"

[注释]

[1]陈：同"阵"。　[2]俎豆：古代盛食物的礼器，用于祭祀。　[3]固穷："固"有两种解释：一、固然；二、固守，虽穷仍能固守其道。

这一章的意思是：卫灵公向孔子问军阵的事，孔子回答说："祭祀礼仪的事，倒是听到过；用兵打仗的事，没有学过。"第二天孔子就离开了卫国。在陈断了粮，随行的人都病得起不来。

子路很不高兴地来见孔子，说："君子也有穷困的时候吗？"孔子说："君子固然也有穷困的时候，但小人一穷困就胡作非为了。"

[点评]

人处困境，在所难免，也是对人的考验。小人"穷斯滥矣"，无所不为；只有君子能坚守道义信念。可与9·27章参读。

15·2　子曰："赐也！女以予为多学而识之者与？"对曰："然，非与？"曰："非也。予一以贯之。"

[注释]

这一章的意思是：孔子说："赐呀！你以为我是多多地学习而一一记住的吗？"子贡答道："是呀！难道不对吗？"孔子说："不是的。我是有一个东西贯穿始终的。"

[点评]

多学而识，是只学而不思。一以贯之，则必须在学的基础上通过思考才能达到。孔子纠正子贡的看法，说自己不是多学而识，而是一以贯之，也是告诉他的学生不能只学习不思考。可与2·15章"学而不思则罔"、4·15章"一以贯之"参读。

15·3　子曰："由！知德者鲜矣。"

[注释]

这一章的意思是：孔子说："由呀！懂得德的人太少了。"

15·4　子曰："无为而治者^[1]，其舜也与？夫何为哉？恭己正南面而已矣。"

[注释]

[1]无为而治：指国君不必亲自有所作为而可以天下太平。

这一章的意思是：孔子说："能够无为而治的，大概只有舜吧？他做些什么呢？只是庄严端正地南面而坐罢了。"

15·5　子张问行^[1]。子曰："言忠信，行笃敬，虽蛮貊之邦行矣^[2]。言不忠信，行不笃敬，虽州里行乎哉^[3]？立则见其参于前也^[4]，在舆则见其倚于衡也^[5]，夫然后行。"子张书诸绅^[6]。

[注释]

[1]行：此处是通达的意思。　[2]蛮貊（mò）：古时对兄弟民族的贱称，蛮在南，貊在北。　[3]州里：五家为邻，五邻为里。五党为州，二千五百家。州里指近处。　[4]参：耸立貌。　[5]衡：车辕前端的横木。　[6]绅：士大夫束在腰间，一头儿垂下的大带。

15·3　子曰："由！知德者鲜矣。"

[注释]

这一章的意思是：孔子说："由呀！懂得德的人太少了。"

15·4　子曰："无为而治者[1]，其舜也与？夫何为哉？恭己正南面而已矣。"

[注释]

[1]无为而治：指国君不必亲自有所作为而可以天下太平。

这一章的意思是：孔子说："能够无为而治的，大概只有舜吧？他做些什么呢？只是庄严端正地南面而坐罢了。"

15·5　子张问行[1]。子曰："言忠信，行笃敬，虽蛮貊之邦行矣[2]。言不忠信，行不笃敬，虽州里行乎哉[3]？立则见其参于前也[4]，在舆则见其倚于衡也[5]，夫然后行。"子张书诸绅[6]。

[注释]

[1]行：此处是通达的意思。　[2]蛮貊（mò）：古时对兄弟民族的贱称，蛮在南，貊在北。　[3]州里：五家为邻，五邻为里。五党为州，二千五百家。州里指近处。　[4]参：耸立貌。　[5]衡：车辕前端的横木。　[6]绅：士大夫束在腰间，一头儿垂下的大带。

这一章的意思是：子张问怎样才能到处行得通。孔子说："说话要忠信，行事要笃敬，即使到了蛮貊地区也能行得通；说话不忠信，行事不笃敬，就是在本乡本土，能行得通吗？站着就仿佛看见忠信笃敬这几个字矗立在面前，坐车就仿佛看见这几个字刻在前面的横木上，这样才能使自己到处行得通。"子张把这些话写在自己腰间的大带上。

[点评]

"言忠信，行笃敬"，是对言行的要求，《论语》多处提到相关的内容。"立则见其参于前也，在舆则见其倚于衡也"，是修养的态度。对于忠信笃敬，要念念不忘，须臾不离，把忠信笃敬落实到言行中。4·5章说"君子无终食之间违仁，造次必于是，颠沛必于是"，可参读。

15·6　子曰："直哉史鱼[1]！邦有道，如矢[2]；邦无道，如矢。君子哉蘧伯玉！邦有道，则仕；邦无道，则可卷而怀之[3]。"

[注释]

[1]史鱼：卫国大夫，名鳝。　[2]如矢：形容其直。矢，箭。　[3]卷：同"捲"。

这一章的意思是：孔子说："史鱼真正直啊！国家有道，他像箭一样直；国家无道，他也是像箭一样直。蘧伯玉真是君子啊！国家有道，就出来做官；国家无道，就把自己的主张收藏在心里。"

［点评］

孔子赞史鱼直，称蘧伯玉为君子。有人说"史鱼之直，未尽君子之道。若蘧伯玉，然后可免于乱世"（朱熹《四书章句集注》）。对于身居危邦乱世，应如何自处，8·13章就各种不同情况有比较全面的说明，中心是"守死善道"。进退出处，不同的处理，全是为了"善道"，而不是"免于乱世"。18·1章肯定"殷有三仁"，说明处乱世之道，并非只有一种模式。本章对史鱼和蘧伯玉的评价，不宜作高下之分理解。5·20、7·10、8·13、14·4、18·1等章都谈到这方面的问题，可参读。

15·7 子曰："可与言而不与之言，失人[1]；不可与言而与之言，失言。知者不失人，亦不失言。"

［注释］

[1]失："失人"的"失"作错过讲，后文"失言"的"失"作过失讲。

这一章的意思是：孔子说："可以与他讲而不同他讲，这是错过了人；不可以与他讲而与他讲了，这是说错了话。有智的人既不错过人，也不说错话。"

［点评］

本章说把握语言的重要。把握不当，会导致失人、失言。

15·8　子曰："志士仁人，无求生以害仁，有杀身以成仁。"

［注释］

这一章的意思是：孔子说："志士仁人，没有贪生怕死而损害仁的，只有牺牲自己的性命来成全仁。"

［点评］

本章孔子提出处理生死问题的原则：不可为保命而损害仁道，必要时可以牺牲生命来成全仁道。14·13、19·1两章以"见危授命"为对士的要求，说的是同一个意思。以后孟子又提出，生与义二者不可得兼的时候要"舍生取义"。杀身成仁，舍生取义，生死抉择，惟义所在，代表了儒学传统的生死观。

杀身成仁，舍生取义，反映了传统儒学对生命的理解。4·8章说"朝闻道，夕死可矣"；孟子说"所欲有甚于生者""所恶有甚于死者"（《孟子·告子上》），都是说生命的意义在于精神生命，物质生命并非最高的价值。杀身成仁，舍生取义既是为道义献身，也是对生命意义的追求和个人人格的完成。

在悠久的历史发展中，杀身成仁，舍生取义成为传统士人最高的人生理想追求，无数志士仁人，在这一理想追求下，创造出无数可歌可泣的英雄业绩，成为民族的脊梁。精神生命重于物质生命的人生价值观，也潜移默化，代代相传，渗透到中国人的意识中，成为民族精

精神生命高于物质生命，杀身成仁，舍生取义，生死抉择，惟义所在，是中华文化的核心价值和优秀传统。毛泽东解释说，为人民利益而死，就比泰山还重；替法西斯卖力，替剥削人民和压迫人民的人去死，就比鸿毛还轻。这句话赋予了这一传统新的时代精神，它也成为共产党人、革命者的人生信念，以及革命和建设的伟大精神力量。

神的一部分。

不同时代，处于不同地位的人，对人生的追求不同，他们理解的成仁取义也有不同的具体内容；但精神生命重于物质生命，"生死抉择，惟义所在"的精神则是普遍的，永恒的。

15·9　子贡问为仁。子曰："工欲善其事，必先利其器。居是邦也，事其大夫之贤者，友其士之仁者。"

[注释]

这一章的意思是：子贡问怎样去做到仁。孔子说："工匠要做好他的工作，一定先要弄好他的工具。住在一个国家里，就要侍奉那些大夫中的贤人，与士人中的仁人交朋友。"

[点评]

正如工匠要完成其制作必须有良好的工具，修养和成就仁德，必须有贤人、仁者相助。4·1章说"里仁为美"，9·24章说"毋友不如己者"，12·24章说"以友辅仁"，1·14章说"就有道而正焉"，可参读。

15·10　颜渊问为邦。子曰："行夏之时[1]，乘殷之辂[2]，服周之冕[3]，乐则《韶》舞[4]。放郑声[5]，远佞人。郑声淫，佞人殆。"

[注释]

[1]夏之时：时，历法，夏代的历法即现在的农历。殷代是以农历十二月为正月，周代是以农历十一月为正月，以冬至日为元日。因为夏历便于农业生产，当时很多国家还是用夏历。　[2]殷之辂（lù）：辂，天子所乘的车。殷代的辂是木制，比较质朴。　[3]周之冕：冕，礼帽。周代的冕比以前的要华美。　[4]《韶》舞：《韶》乐，是舜时的舞乐，孔子说《韶》乐尽美尽善。另一说认为"舞"即"武"，古时舞、武通用。武，周代的乐。孔子说《武》乐尽美而未尽善。参见3·25章。　[5]放郑声：放，禁绝的意思。郑声，郑国的乐曲。孔子认为郑国乐曲是淫声，是靡靡之音。

这一章的意思是：颜渊问怎样治理国家。孔子说："用夏代的历法，坐殷代的车子，戴周代的礼帽，乐舞则用《韶》乐。禁绝郑国的乐曲，斥退能言善辩谄媚的佞人。郑国的乐曲浮靡不正派，佞人太危险。"

[点评]

对于历法、车、帽、乐四项，孔子分别取夏、商、周和舜四个时代所用，反映礼乐要随时代变迁而有所损益（见2·23）。孔子至今，时代已经历剧变，此章所说已不合时宜，而因时损益则是不变的原则。今天传承中华礼乐文化也应有所损益，不宜拘泥于恢复古礼。

15·11　子曰："人无远虑，必有近忧。"

[注释]

这一章的意思是：孔子说："人没有长远的考虑，一定会有眼前的忧患。"

[**点评**]

13·17章说"无欲速，无见小利"，欲速和见小利，急功近利，就是无远虑的表现。可参读。

15·12 子曰："已矣乎！吾未见好德如好色者也。"

[**注释**]

这一章的意思是：孔子说："罢了！我没有见过能像爱好女色那样爱好德的人。"

[**点评**]

本章内容与9·17章同；多"已矣乎"三字，加重了语气。

15·13 子曰："臧文仲其窃位者与[1]！知柳下惠之贤而不与立也[2]。"

[**注释**]

[1]窃位：身居官位而不称职。 [2]柳下惠：鲁国人，本名展获，字禽，又叫展季。柳下，一说是其封地，一说是其住处。惠是他的私谥（不是由朝廷授予的谥号）。

这一章的意思是：孔子说："臧文仲是一个窃居官位的人吧！他明知柳下惠的贤良，却不举荐他与自己并立于朝。"

[点评]

可与 14·19 章参读。

15·14　子曰："躬自厚而薄责于人，则远怨矣。"

[注释]

这一章的意思是：孔子说："督责自己严而对人督责宽，就可以避免怨恨了。"

[点评]

责己严，责人宽，是"求诸己"（15·20）的具体表现，也是寻求人际关系和谐的一项重要原则。

15·15　子曰："不曰如之何如之何者[1]，吾末如之何也已矣[2]。"

[注释]

[1] 如之何：怎么办。"如之何如之何"表示深思熟虑。　[2] 末：无。

这一章的意思是：孔子说："从不说怎么办怎么办的人，我对他也没有什么办法了。"

15·16　子曰："群居终日，言不及义，好行小慧，难矣哉！"

[注释]

这一章的意思是：孔子说："整天聚在一起，说的话都与道义无关，专好卖弄小聪明，这就真难了啊！"

[点评]

这两章孔子批评的两种现象，都是平日所常见。人无精神，不知其可，戒之戒之。

15·17　子曰："君子义以为质，礼以行之，孙以出之，信以成之。君子哉！"

[注释]

这一章的意思是：孔子说："君子以义作为行事的根本，用礼仪来实行它，用谦逊的态度来表达它，靠诚信来完成它。这才是君子啊！"

[点评]

质，实质、本质。君子立身以义为本，以下三句中的"之"都是指义。"道之以德，齐之以礼"（2·3），"克己复礼为仁"（12·1），义通过礼而落实于行；礼的精神在恭敬、辞让，要通过谦逊的态度来表现；最后的完成，则在于诚信。四句说的是一件事，以义为本；后三项都是为了义的落实和完成。

15·18　子曰："君子病无能焉，不病人之不己知也。"

[注释]

这一章的意思是：孔子说："君子只忧虑自己无能，不忧虑别人不了解自己。"

[点评]

本章亦反映"求诸己"（15·20）的精神。可与1·16、4·12、14·32等章参读。

15·19　子曰："君子疾没世而名不称焉[1]。"

[注释]

[1] 没世：死亡。

这一章的意思是：孔子说："君子担心死后名字不为人们所称颂。"

中国传统对"青史留名"的追求，反映了对个人价值的关注。不求当世之名而求身后之名，也体现出中华文化对个人价值理解的特点。

［点评］

君子之学为己，不求人知，上一章即说"不病人之不己知"，本章则说君子担心死后不能留名后世。此处所说的名，是身后之名。人总是追求不朽。中国人对不朽的追求，不在天国和极乐世界，而在人世间；也就是追求青史留名，永垂不朽，"留取丹心照汗青"。这是中国人的一个重要传统。

身后的名，不由自己决定，全在百姓的评价，百姓评价则取决于人一生所作所为对群体的影响。立德、立功、立言，有益于社会、百姓，或造福于后世，得到百姓肯定，为百姓所纪念、学习，在后世长存，虽久不废，才得不朽。16·12章谈对齐景公和伯夷、叔齐的评价，是生动的例证。可参读。

生前的名，只在一时，变幻不定，而且多有虚名；死后则与身同去，不复存在。身后的名，由后世百姓所定，经受历史考验，千秋功罪，公正客观，永留人间。物质生命结束，精神生命不死，永垂不朽，这是人生价值的真正所在。

尽其在我，一切从自己做起，是"壹是皆以修身为本"（《礼记·大学》）的体现，是儒学的基本精神。

15·20　子曰："君子求诸己，小人求诸人。"

［注释］

这一章的意思是：孔子说："君子求之于自己，小人求之于别人。"

[点评]

"求诸己"而不"求诸人"，是孔子为人为学的基本态度。君子追求青史留名，也必立足于"求诸己"。《论语》中反映孔子这一态度的还有1·1、1·16、4·14、14·32、14·37、15·14、15·18等章。

15·21　子曰："君子矜而不争[1]，群而不党。"

[注释]

[1]矜：庄重。

这一章的意思是：孔子说："君子庄重而不与人争执，合群而不结党营私。"

[点评]

"矜而不争""群而不党"两点，可分别与3·7章和2·14章参读。

15·22　子曰："君子不以言举人，不以人废言。"

[注释]

这一章的意思是：孔子说："君子不凭一个人说的话来荐举人，也不因为一个人不好而抹杀他讲的正确的话。"

[点评]

不以言举人，也不以人废言，是知人的重要原则。
"不以言举人"可与5·9、14·5两章参读。有言者，不
必有德，所以要听其言而观其行，不能以言举人。不好
的人也并非句句话都错，所以不能以人废言。

15·23　子贡问曰："有一言而可以终身行
之者乎？"子曰："其恕乎！己所不欲，勿施于
人。"

[注释]

这一章的意思是：子贡问道："有没有一个字是可以终身奉行
的呢？"孔子说："那就是恕吧！自己所不愿意要的，不要加给别
人。"

[点评]

"己所不欲，勿施于人"，是恕；6·28章讲"己欲立
而立人，己欲达而达人"，是忠。合而讲之就是忠恕之道。
4·15章曾子曰："夫子之道，忠恕而已矣。"可联系起来
读。

"己所不欲，勿施于人""己欲立而立人，己欲达而
达人"，一个是对自己的约束，一个是对他人的责任。对
待他人，首先要尊重，不要妨碍他人；其次，还要尽心
尽力地帮助他人。而共同的一个精神，就叫作推己及人，
或"能近取譬"。从自己之所欲所想，推及他人，理解他

人的所欲所想。也就是民间所讲的将心比心、设身处地地为他人着想。从深处说，这包含着平等观念、对人的爱和尊重；从简单处讲，推己及人就是心里要想着他人。这是与他人交往的基本原则。孔子说，"能近取譬，可谓仁之方也已"，处理与他人的关系就要从这里做起。

　　"己所不欲，勿施于人"，已经为世界各大宗教所接受，被公认为人类可以普遍接受的共同价值，被称为"金律"。但若仔细考察，可发现其共同之中又有差异。《论语》说的是"己所不欲，勿施于人"，《圣经》说的则是："你们要他人怎样对待你们，你们也要怎样对待他们。"（《路加福音》6·31）"己所不欲，勿施于人"出发点和落脚点都是他人；《圣经》的出发点和落脚点是在自己。这正反映出中西文化核心价值观的分歧。这一点也值得注意。

　　15·24　子曰："吾之于人也，谁毁谁誉？如有所誉者，其有所试矣[1]。斯民也，三代之所以直道而行也[2]。"

[注释]

[1]试：考察，验证。　[2]斯民也，三代之所以直道而行也：斯民，指当代的百姓。三代之所以直道而行，是说夏、商、周三代都是依靠这些百姓而使直道通行，也就是说三代以来百姓都是依直道而行的，对是非毁誉都有公正的评判。从这一句中可以知道，前面说其有所试，不是指孔子亲自去考验，而是指在百姓中

是经过考验的。

这一章的意思是：孔子说："我对于别人，诋毁过谁？称赞过谁？如果有称赞，那是经过考验的。当代的百姓，就是夏商周三代依靠他们而使直道得以通行的人呀。"

[点评]

本章意思是说，夏、商、周三代以来直道行于民间，对是非善恶都有公正的评判，所以不需再有什么毁誉。

15·25　子曰："吾犹及史之阙文也[1]，有马者借人乘之[2]，今亡矣夫。"

[注释]

[1]阙文：史官记史，遇到有疑问处就缺而不记，叫阙文。 [2]有马者借人乘之：这一句话在这里是什么意思，和上一句有什么关联，不好理解。有一种解释说：有马而自己不会调教，靠别人来训练。与"史之阙文"一样是表现了严谨老实的作风。

这一章的意思是：孔子说："我还见过史书上存疑的地方；有马的人自己不会调教，靠别人来训练，现在都没有了。"

[点评]

朱熹注说："此章义疑，不可强解。"（《四书章句集注》引胡氏说）

15·26　子曰："巧言乱德，小不忍则乱大谋。"

[注释]

这一章的意思是：孔子说："花言巧语会败坏人的德行，小事情不忍耐就会坏大事。"

[点评]

1·3章说"巧言令色，鲜矣仁"，本章说"巧言乱德"，意义相同。可参读。喜怒哀乐之情，宜节制适度；任性而为，往往招致祸端。忍，就是为求适度而自我节制。在提倡个性发展的环境下，这一点尤其值得注意。

15·27　子曰："众恶之，必察焉；众好之，必察焉。"

[注释]

这一章的意思是：孔子说："大家都厌恶他，我一定要考察一下；大家都喜欢他，也一定要考察一下。"

[点评]

可与13·24章参读。

15·28　子曰："人能弘道 [1]，非道弘人。"

［注释］

[1]弘：扩大。

这一章的意思是：孔子说："人能把道发扬光大，不是道使人弘大。"

［点评］

这一章可与8·7章"仁以为己任"，14·25章"古之学者为己，今之学者为人"参读。弘扬仁道，是士的使命，也是君子的人生追求，是为己不是为人。也只有为己，身体力行，在自身一言一行中都体现出仁道，才是最好的弘道。而为人之学，恰恰是想要以道弘人，用来装点门面，哗众取宠。以弘道为立身之本，是孔子儒家的真精神；以道弘人是对孔子儒家思想的败坏。关于孔子对道的态度，还可联系4·8、8·7、15·8等章来体会。

15·29　子曰："过而不改，是谓过矣。"

［注释］

这一章的意思是：孔子说："有了过错而不改正，这就真叫过错了。"

［点评］

人不可能没有过错。重要的是要及时改正并且不重犯错误。孔子说："过而不改，是谓过矣。"用简明的语

言反映了这一真理，指出了对待过错的正确态度。1·8
章孔子说"过则勿惮改",6·2章孔子称赞颜渊"不贰过",
都是说的这个问题。还可与 19·8、19·21 两章谈君子
与小人对过错的不同态度的内容参读。

15·30　子曰："吾尝终日不食，终夜不寝，
以思，无益，不如学也。"

［注释］

这一章的意思是: 孔子说："我曾经整天不吃、整夜不睡地思
索，结果没有益处，不如去学习的好。"

［点评］

这一章强调了学的重要，是"思而不学则殆"的发
挥，可与 2·15、17·8 两章参读。

15·31　子曰："君子谋道不谋食。耕也，
馁在其中矣[1]；学也，禄在其中矣。君子忧道不
忧贫。"

［注释］

[1] 馁（něi）: 饥饿。

这一章的意思是: 孔子说："君子谋求学道行道，不谋求衣食。
耕田，也常要饿肚子；学习，可以得到俸禄。君子只担心道不能

明不能行，不担心贫穷。"

［点评］

可与 1·14、4·9、13·4 等章参读。

15·32　子曰："知及之[1]，仁不能守之，虽得之，必失之；知及之，仁能守之，不庄以涖之[2]，则民不敬；知及之，仁能守之，庄以涖之，动之不以礼，未善也。"

［注释］

[1] 知及之："之"字有几种解释：一、指民，"知及之"是说政令可以及于百姓；二、指职位或国家、天下；三、指治民之道。下文"涖之""动之"的"之"字指百姓。　[2] 涖（lì）：同"莅"，临。

这一章的意思是：孔子说："一个人的才智已能达到治国之道，但他的仁德不足以保持它，那么虽然得到了，一定还会失去；才智达到了，仁德也足以保持了，但不能庄严地对待百姓，那么百姓就会不敬；才智达到了，仁德足以保持了，也庄严地对待百姓了，但动员百姓时不按照礼的要求，那也还不是完善的。"

［点评］

本章谈治国之道的四个层次：才智、仁德、庄严和礼，前二项是说对治道的体认，属内心德智的修养；后二项是说治道用之于民，属外在行为的实行。人的修养，事的完成，都必须兼顾这两个方面，内外兼修。6·16章说"质胜文则野，文胜质则史。文质彬彬，然后君子"，可参读。

15·33　子曰："君子不可小知而可大受也[1]，小人不可大受而可小知也。"

[**注释**]

[1] 小知、大受：大受，承担大任。"小知"有两种解释：一、知是被人所知，君子在小事上未必可观，小人未必无一长可取。二、用小事考验。君子不可用小事考验，小人可以用小事考验。

这一章的意思是：孔子说："君子不能从小事上去赏识他，但可以接受重大任务；小人不能接受重大任务，却可以在小事上得到人们的赏识。"

[**点评**]

本章也是知人之道。看人当看大处，不可只看小处。

15·34　子曰："民之于仁也，甚于水火。水火吾见蹈而死者矣，未见蹈仁而死者也。"

[**注释**]

这一章的意思是：孔子说："百姓对于仁的需要，超过了对水火的需要。我只见过人跳到水火中而死的，没有见过实行仁德而死的。"

［点评］

此章勉励人们为仁。人不可一日无水火，人之依赖于仁，更甚于水火。而且水火有时还会伤人致死，仁则无此危险。既如此，何乐而不为呢？

15・35　子曰："当仁不让于师[1]。"

［注释］

[1]不让于师："师"字有两种解释：一、师长。二、作"众"讲。遇到众人应做的事，应带头去做而不谦让。当仁不让即是见义勇为的意思。

这一章的意思是：孔子说："面临实行仁德的事，就是对老师也不谦让。"

［点评］

谦让是中华文化提倡的美德。《论语》1・10、4・13、8・1和11・25章都谈到了。本章则说"当仁不让"，可与2・24章"见义不为，无勇也"，8・7章"仁以为己任"参读。

15・36　子曰："君子贞而不谅[1]。"

［注释］

[1]贞：有两种解释：一、正，二、大信。谅：见14・18章注。

这一章的意思是：孔子说："君子固守正道而不拘泥于小信。"

［点评］

13·20 章说"言必信，行必果，硁硁然小人哉"，14·18 章说"匹夫匹妇之为谅"，1·13 章说"信近于义，言可复也"，可与本章参读。这几章说明了关于"信"的一个重要问题：不能孤立地讲信，信要服从于道义，也就是服从于仁、礼。离开了仁、礼的大原则，不问是非地讲"言必信"，这是小人对信的理解，为君子所不取。

15·37 子曰："事君，敬其事而后其食[1]。"

［注释］

[1] 食：指食禄。

这一章的意思是：孔子说："侍奉君主，要敬守职事而把领俸禄的事放在后面。"

［点评］

可与 6·20 章"仁者先难而后获"，12·21 章"先事后得，非崇德与"参读。三章所说是一个意思：以敬其事为先，得利禄为后。用现在的语言说，就是工作第一，享受第二。

15·38 子曰："有教无类[1]。"

[注释]

[1] 无类：不加分类区别。类，类别。

这一章的意思是：孔子说："人人都可以有教化，没有区别。"

[点评]

古时学在官府，只有贵族能接受教育。孔子开办私学，提出"有教无类"，不问出身、地位，都可入学。反映了当时文化下移的现实，突破了教育只限于贵族阶层的传统，是中国教育史上一个有重大意义的突破。实际上，孔子的学生，许多都出身贫贱。教育方面的这种变化，其意义不只限于教育领域。私学的兴起和"有教无类"的教育思想的实施，对于中国社会士阶层的形成，有着直接的影响。

15·39　子曰："道不同，不相为谋。"

[注释]

这一章的意思是：孔子说："各人主张的道不同，就不相互商议。"

15·40　子曰："辞 [1]，达而已矣。"

[注释]

[1] 辞：言辞。有人认为此处专指外交辞命。如此则全章意思是：出使他国，只要能传达使命就行了。

　　这一章的意思是：孔子说："言辞只要能表达意思就行了。"

　　15·41　师冕见[1]。及阶，子曰："阶也。"及席，子曰："席也。"皆坐。子告之曰："某在斯，某在斯。"师冕出，子张问曰："与师言之道与？"子曰："然，固相师之道也[2]。"

　　[注释]

　　[1]师冕：乐师，名冕。古代乐师一般都是盲人。　[2]相：帮助。

　　这一章的意思是：乐师冕来见孔子。走到台阶边，孔子说："这儿是台阶。"走到座席旁，孔子说："这儿是座席。"等大家都坐下了，孔子告诉他："某某在这里，某某在这里。"师冕走后，子张问道："这就是与乐师谈话的道吗？"孔子说："对，这就是帮助盲人的道呀！"

　　[点评]

　　这一章具体描述了孔子对盲人的态度，可与9·9章参读。两章都是记载孔子日常的行为表现。正是在这些具体表现中体现了孔子仁、礼的思想和孔子身体力行的态度。

季氏篇第十六

16·1　季氏将伐颛臾[1]。冉有、季路见于孔子曰："季氏将有事于颛臾[2]。"孔子曰："求，无乃尔是过与？夫颛臾，昔者先王以为东蒙主[3]，且在邦域之中矣，是社稷之臣也，何以伐为？"冉有曰："夫子欲之，吾二臣者皆不欲也。"孔子曰："求，周任有言曰[4]：'陈力就列[5]，不能者止。'危而不持，颠而不扶，则将焉用彼相矣[6]？且尔言过矣，虎兕出于柙[7]，龟玉毁于椟中[8]，是谁之过与？"冉有曰："今夫颛臾，固而近于费[9]。今不取，后世必为子孙忧。"孔子曰："求，君子疾夫舍曰欲之而必为之辞。丘也闻有国有家者，不患寡而患不均，不患贫而患不安[10]。盖均无贫，和无寡，安无倾。夫如是，故远人不服，则修文德以来之。既来之，则安之。今由与求也，相夫子，远人不服而不能来也，邦分崩离析而不能守也，而谋动干戈于邦内。吾恐季孙之忧，不在颛臾，而在萧墙之内也[11]。"

[注释]

[1]颛臾（zhuān yú）：鲁国的附庸国。　[2]有事：指用兵。　[3]东蒙主：东蒙，蒙山。主，主持祭礼的人。　[4]周任：人名，古史官。　[5]陈力就列：拿出自己的才气，按才力担任适当的职位。陈，摆出来。列，位。　[6]相：辅助。　[7]兕（sì）：野牛。一说是雌的犀牛。柙（xiá）：关野兽的木笼。　[8]椟：匣。　[9]费：季氏的采邑。　[10]不患寡而患不均，不患贫而患不安：应是不患贫而患不均，不患寡而患不安。　[11]萧墙：古代国君宫室前用以分隔内外的小墙，人臣来见国君，到这里就肃然起敬，所以叫萧墙（萧字从肃来）。萧墙之内指宫廷之内。

这一章的意思是：季氏快要攻打颛臾了。冉有、子路去见孔子，说："季氏要向颛臾用兵了。"孔子说："冉求，这怕是你的过失吧？那颛臾，从前的国君曾让他主持东蒙的祭祀，而且在鲁国的疆域之内，是国家的臣属呀！为什么要去攻打它呢？"冉有说："是季孙大夫想去攻打，我们二人都不这样想呀。"孔子说："冉求，周任有句话说：'拿出你的才力来，承担你的职务，如果不能胜任就辞去。'有了危险不去扶助，跌倒了不去搀扶，那还用辅助的人干什么呢？而且你的话错了。老虎、野牛从笼子里跑出来，龟甲、玉器在匣子里毁坏了，这是谁的过错呢？"冉有说："现在颛臾城墙坚固，而且离费邑很近。现在不夺取它，将来一定会成为子孙的忧患。"孔子说："冉求，君子痛恨那种不肯说自己想要那样做而又一定要找出理由来为之辩解的做法。我听说，对于诸侯和大夫，不怕贫穷，而怕财富不均；不怕人口少，而怕不安定。因为财富均了，就没有所谓贫穷；大家和睦，就不会感到人少；安定了也就没有倾覆的危险。因为这样，所以如果远方的人不归服，就用修治自己的礼乐政教来招致他们。他们来了，就帮助他们安定下来。现在仲由和冉求你们两个人辅助季氏，远方的人不归服，你们不能招来；国内民心离散，你们不能保全，却在那里策划在国内用兵。我恐怕季孙的忧患不在颛臾，而是在他自己内部呢！"

[点评]

孔子对冉求的批评，体现出对臣的要求，要能够为国分忧，扶危救困。"不患寡而患不均，不患贫而患不安""远人不服，则修文德以来之"，是孔子的治国思想。治国为政要做到财富分配均衡、和谐、安定。均，不是平均。旧说："谓各得其分。"（朱熹《四书章句集注》）也就是使各部分人都能按其地位、身份得到应得的份额。对于境外的人，则靠完善德政来吸引他们归服，而不靠强力征服。可与13·4、13·16两章参读。

16·2　孔子曰："天下有道，则礼乐征伐自天子出；天下无道，则礼乐征伐自诸侯出。自诸侯出，盖十世希不失矣[1]；自大夫出，五世希不失矣；陪臣执国命[2]，三世希不失矣。天下有道，则政不在大夫。天下有道，则庶人不议。"

[注释]

[1] 希：同"稀"。　[2] 陪臣：卿大夫的家臣。

这一章的意思是：孔子说："天下有道的时候，制礼作乐和出兵打仗都由天子决定；天下无道的时候，制礼作乐和出兵打仗就由诸侯决定。由诸侯决定，大概传到十代很少有不失掉君位的；由大夫决定，传到五代很少有不失掉的；由家臣来执掌国家的命令，传到三代很少有不失掉的。天下如果有道，政权不会在大夫手里；天下如果有道，老百姓就不会议论国家政治了。"

16·3　孔子曰："禄之去公室五世矣[1]，政逮于大夫四世矣[2]，故夫三桓之子孙微矣[3]。"

[注释]

[1] 五世：指鲁宣公、成公、襄公、昭公、定公五世。　[2] 逮：及。四世：指季孙氏文子、武子、平子、桓子四世。　[3] 三桓：鲁国仲孙、叔孙、季孙都出于鲁桓公，所以叫三桓。

这一章的意思是：孔子说："爵禄之权离开鲁君已经五代了，政权落到大夫手中已经四代了，所以三桓的子孙也衰微了。"

［点评］

以上两章反映了孔子对时势的认识和态度。他认为当时的社会变动是"天下无道"，他的理想追求是要使"天下无道"变为"天下有道"。可与14·22章参读。

16·4　孔子曰："益者三友，损者三友。友直，友谅^[1]，友多闻，益矣。友便辟^[2]，友善柔^[3]，友便佞^[4]，损矣。"

［注释］

[1]谅：诚信。　[2]便（pián）辟：有两种解释：一、善于避开人之所忌以求媚，即逢迎谄媚；二、惯于装饰外表而内心不直。　[3]善柔：善于以和颜悦色骗人。　[4]便佞：惯于花言巧语。

这一章的意思是：孔子说："有益的交友有三种，有害的交友有三种。同正直的人交友，同诚信的人交友，同见闻广博的人交友，便有益了。同逢迎谄媚的人交友，同善于装出和颜悦色骗人的人交友，同惯于花言巧语的人交友，便有害了。"

［点评］

本章提出交友有益有损，不可不慎。《论语》谈到交友之道的还有1·4、1·7、1·8、4·1、4·26、12·23、12·24、13·28、15·9、16·4、19·3等章，可参读。

乐，有益有损。只知求快乐而不问有损还是有益，是有害的。

16·5　孔子曰："益者三乐，损者三乐。乐节礼乐[1]，乐道人之善，乐多贤友，益矣。乐骄乐[2]，乐佚游[3]，乐晏乐[4]，损矣。"

[注释]

[1]节礼乐：孔子主张用礼乐来节制、调节人的言行，使之达到中和的要求。　[2]骄乐：骄纵不知节制的乐。　[3]佚：同"逸"。　[4]晏乐：沉溺于饮酒作乐。

这一章的意思是：孔子说："有益的快乐有三种，有害的快乐有三种。以礼乐调节自己为乐，以称道别人的好处为乐，以有许多贤人做朋友为乐，便有益了。喜欢骄纵无节制的作乐，喜欢游荡忘返，喜欢沉溺于饮酒作乐，便有害了。"

[点评]

本章孔子举出了六种不同的对乐的追求，三者有益，三者有损。说明对乐的追求有益有损，不可不辨。追求快乐，是人的天性，是人生的普遍要求，而对乐的追求则是具体的，只说人生要追求快乐是不够的，重要的是追求什么样的快乐，怎样去追求快乐。6·9章讲颜渊身处贫困不改其乐，7·15章讲孔子处清贫生活而乐在其中。可参读。

16·6　孔子曰："侍于君子有三愆[1]：言未及之而言谓之躁，言及之而不言谓之隐，未见颜色而言谓之瞽。"

［注释］

[1]愆：过失。

这一章的意思是：孔子说："陪着君子说话容易犯三种过失：还没有问到你的时候就说，这叫急躁；已经问到你了还不说，这叫隐瞒；不先看君子的脸色就说，这叫瞎了眼。"

［点评］

可与15·7章参读。

16·7　孔子曰："君子有三戒：少之时，血气未定，戒之在色；及其壮也，血气方刚，戒之在斗；及其老也，血气既衰，戒之在得[1]。"

［注释］

[1]得：贪得，包括名誉、地位、财货等。

这一章的意思是：孔子说："君子有三件事要戒除：年轻的时候，血气未定，要戒除的是迷恋女色；等到壮年时候，血气方刚，要戒除的是好斗；等到老年，血气已经衰了，要戒除的是贪得无厌。"

［点评］

人在少年、壮年、老年有不同特点，君子的修养也有不同的重点，值得注意。

16·8　孔子曰："君子有三畏[1]：畏天命，畏大人[2]，畏圣人之言。小人不知天命而不畏也，狎大人[3]，侮圣人之言。"

[注释]

[1] 畏：敬畏，心服。　[2] 大人：指身居高位的人。　[3] 狎（xiá）：不尊重。

这一章的意思是：孔子说："君子敬畏三件事：敬畏天命，敬畏地位高贵的人，敬畏圣人的话。小人不懂天命，因而也不敬畏，不尊重地位高贵的人，轻侮圣人的话。"

[点评]

人不能无敬畏之心。命，指人力不可支配的领域。知命，知道有人力所达不到的领域，然后有所敬畏。今人可以不信天命，却不可不知有人力不可及的领域之存在。科学思维深信，世上无不能认识之事物。然而不能不承认，至今人们已知的领域，远不及未知的领域；人的生存、发展，不能摆脱那未知的、不可抗拒的力量的控制。风雪雷电、地震海啸、疫病流行等等灾害，时刻威胁着人类生存，不可不心存敬畏。以为科学可以解决一切，以征服自然为目标，可谓"不知天命而不畏也"。此种科学主义思想和立场，已经给人类带来了巨大灾难和危机。

人类文明前后相继，代代相传，每一代人都在前代已有成果的基础上前进；年轻人都是在长辈、师长的教导下成长。应知传统文化是前人智慧之结晶，师长之经验、学识是宝贵的财富。对代代相传的传统文化，对圣人之言，对师长的教诲不可不存敬畏之心。鄙弃传统，轻侮师长，就阻塞了年轻一代上进之路。现今一班年轻人，一味追求张扬个性，常以"我已经成年"为辞，将师长的关怀、劝告和批评拒之千里，亦可谓"狎大人，侮圣人之言"。这也是当今青年成长中值得关注的一大问题。

16·9　孔子曰："生而知之者，上也；学而知之者，次也；困而学之，又其次也；困而不学，民斯为下矣。"

[注释]

这一章的意思是：孔子说："生来就知道的人，是上等；学习以后才知道的，次一等；遇到了困难再去学习的，又次一等；遇到困难还不学习的，这种人就是下等的了。"

[点评]

孔子把人分为"生而知之""学而知之""困而学之""困而不学"四等，根据对学的态度定人的高下，突出强调了学的重要。他虽承认有"生而知之"，但他并不认为自己是"生而知之"，而强调自己的特点是"好学"。7·19章说"我非生而知之者，好古，敏以求之者也"，5·27章说"十室之邑，必有忠信如丘者焉，不如丘之好学也"，其他一些章也都清楚地说明了这一点，可以参读。

16·10　孔子曰："君子有九思：视思明，听思聪，色思温，貌思恭，言思忠，事思敬，疑思问，忿思难，见得思义。"

［注释］

这一章的意思是：孔子说："君子有九种要考虑的事：看的时候，要考虑是不是看明白了；听的时候，要考虑是不是听清楚了；自己的脸色，要考虑是不是温和；容貌态度，要考虑是不是谦恭；言语说话，要考虑是不是忠诚；办事要考虑是不是谨慎严肃；遇到疑问，要考虑向人家请教；忿怒时，要考虑是不是会有后患；看见可以有所得，要考虑是否合于义的要求。"

［点评］

本章所说的思，有自我要求、自我省察的意思。"视思明，听思聪"，要求自己看得清楚听得明白，又时时自省是否做到如此了。这样的要求和省察，反映在视、听、言、动（事）各个方面；疑、忿、得是在行事中遇到的问题；色、貌是视、听、言、动中的表情。九个方面各指一项，分别提出了要求，合起来则是无时无事不对自己严格要求。

16·11　孔子曰："见善如不及，见不善如探汤[1]。吾见其人矣，吾闻其语矣。隐居以求其志，行义以达其道。吾闻其语矣，未见其人也。"

[注释]

[1]汤：沸水。

这一章的意思是：孔子说："看见好的行为，就像赶不上似的，努力追求；看见不好的行为，就像要把手伸到沸水里去那样，赶紧避开。我见过这样的人，也听到过这样的话。隐居避世以保全自己的志向，依义而行来贯彻他的主张。我听到过这样的话，却没有见过这样的人。"

[点评]

可与4·6章"好仁者，恶不仁者"，7·10章"用之则行，舍之则藏"参读。

立德、立功、立言，虽久不废，此之谓不朽。对个人价值的评判，全看死后百姓的评价。

16·12　齐景公有马千驷[1]，死之日，民无德而称焉。伯夷、叔齐饿于首阳之下[2]，民到于今称之。其斯之谓与[3]？

[注释]

[1]千驷：四千匹，也就是千乘。　[2]首阳：山名。传说伯夷、叔齐饿死在首阳山。　[3]其斯之谓与：这一句中的斯字指什么，上文没有交代，因此意思不清。有人认为，《颜渊》篇第十章"诚不以富，亦祇以异"两句应放在"其斯之谓与"之前。这样，意

思就是："《诗经》上说：不是靠富，富也只是与人不同而已，就是这个意思吧。"意思可通，但没有证据。

这一章的意思是：齐景公有马四千匹，死的时候，大家觉得他没有什么德行可以称颂；伯夷、叔齐饿死在首阳山下，大家至今还称颂他们。大概就是这个意思吧。

[点评]

孔子评价齐景公和伯夷、叔齐，不是根据他们在世时的贫富贵贱，而是根据他们死后百姓对他们的评价。这体现了孔子对人生价值的看法。"老百姓心中有一杆秤"，每一个人的一生都要在这杆秤上称出他的价值。这一点值得很好体会。可与15·19章"君子疾没世而名不称焉"参读。

16·13　陈亢问于伯鱼曰[1]："子亦有异闻乎[2]？"对曰："未也。尝独立，鲤趋而过庭。曰：'学《诗》乎？'对曰：'未也。''不学《诗》，无以言。'鲤退而学《诗》。他日又独立，鲤趋而过庭。曰：'学礼乎？'对曰：'未也。''不学礼，无以立。'鲤退而学礼。闻斯二者。"陈亢退而喜曰："问一得三。闻《诗》，闻礼，又闻君子之远其子也[3]。"

[注释]

[1]陈亢：即陈子禽。　　[2]异闻：这里指不同于对其他学生所讲的内容。　　[3]远：这里是不偏爱的意思，不是疏远。

这一章的意思是：陈亢问伯鱼说："你在你父亲那里听到过特别的教导吗？"伯鱼回答说："没有呀。有一次他独自站在堂上，我快步从庭中走过，他说：'学《诗》没有？'我回答：'还没有。'他说：'不学《诗》，就不懂得怎样说话。'我回去就学《诗》。又有一天，他又独自站在堂上，我快步走过庭院，他说：'学礼没有？'我回答：'还没有。'他说：'不学礼就不懂怎样立身。'我回去就学礼。我就听到这两次。"陈亢回去高兴地说："我问一件事，得到了三点收获：听到了关于《诗》的道理，听到了关于礼的道理，又听到了君子不偏爱自己儿子的事。"

[点评]

全章末尾陈亢的话点出本章主旨：学《诗》，学礼，君子不偏私其子。

16·14　邦君之妻，君称之曰夫人，夫人自称曰小童，邦人称之曰君夫人；称诸异邦曰寡小君，异邦人称之亦曰君夫人。

[注释]

这一章的意思是：国君的妻子，国君称他为夫人，她对国君自称小童。国内的人称她叫君夫人；对他国人讲则称寡小君，他国人称她也叫君夫人。

阳货篇第十七

17·1　阳货欲见孔子[1]，孔子不见，归孔子豚[2]。孔子时其亡也而往拜之[3]，遇诸涂[4]。谓孔子曰[5]："来，予与尔言。"曰："怀其宝而迷其邦，可谓仁乎？曰不可。好从事而亟失时[6]，可谓知乎？曰不可。日月逝矣，岁不我与。"孔子曰："诺，吾将仕矣。"

[注释]

[1]阳货：季氏的家臣，又叫阳虎。　[2]归孔子豚：归，同"馈"，赠送。豚，小猪。当时的礼节，大夫赠送礼物给士，如果受赠者不是当面接受，就应回拜。阳货送蒸熟的小猪给孔子，是想要孔子去见他。　[3]时其亡：时，同"伺"。亡，同"无"。时其亡就是等他外出的时候。　[4]涂：同"途"。　[5]谓孔子曰：

从此以下至"孔子曰"之前的语言，都是阳货的话。　[6]亟（qì）：屡次。

　　这一章的意思是：阳货想见孔子，孔子不见他。阳货便送了一只蒸小猪给孔子，想要孔子去见他。孔子等阳货不在家的时候，去阳货家拜谢，却在路上遇见了。阳货对孔子说："来，我同你讲。"阳货说："把自己的本领藏起来而听任国家迷乱，这可以说是仁吗？回答是不可以。喜欢参与政事而屡次错过机会，这可以说是智吗？回答是不可以。时间一天天过去了，年岁是不等人的。"孔子说："好吧，我准备去做官了。"

17·2　子曰："性相近也，习相远也。"

［注释］

　　这一章的意思是：孔子说："人的本性是相近的，因为习染不同才相互远离了。"

［点评］

　　整部《论语》，孔子谈到性的，只有这一章。孔子这段话指出了人生的两个方面：先天的方面和后天的方面。性是先天的、自然的，习是后天的、人文的。而在这两个方面中，前者是相近的，现实中表现出的人的善恶、高下，不是天生的，而是由后天的习染所形成的。由此可以引出一个极重要的认识：人应该而且也可以在生活中不断提高自己，完善自己。高尚的人格、丰富的知识和高强的能力，都要通过后天的学习和修养才能得到，而且从根本上说，人也只有在后天的学习修养中才能摆脱禽兽的境界，从自然的、生物的人提升为社会的人，成为真正意义上的人。这就从根本上说明了学习、修养和教育的重要。

在《三字经》里，把"性相近，习相远"和"人之初，性本善"连在一起。《论语》读到这一章，常有人问，孔子是主张性善还是性恶？其实孔子没有说人性是善还是恶，讨论这个问题是没有意义的。人的认识和思想是发展的，每一个时代的人们，只能回答这个时代提出的和可能回答的问题。在孔子的时代，性善还是性恶的问题还没有提出，这个问题是孟子那个时代才提出的。我们所要研究和讨论的，是每一个时代提出了什么问题，人们是怎样回答和解决这些问题的，而不是拿后代讨论的问题去向前人求解。重要的是清楚地了解孔子说了些什么，为什么这样说，有什么意义。而不是去探求他没有说过的，把后人的思想加到他身上。朱熹谈读《论语》，曾说"读《论语》，如无《孟子》"（《朱子语类》）。这是对读《论语》方法的重要提示。

17·3　子曰："唯上知与下愚不移。"

[注释]

这一章的意思是：孔子说："只有上等的智者与下等的愚者是改变不了的。"

[点评]

"上知与下愚不移",有解释为上等人天生聪明,下等人天生愚笨;或智商高的人聪明,智商低的人愚笨,不可改变。但从上一章和《论语》全书来看,孔子重视后天的学习更重于先天的秉赋。联系16·9章,可以这样理解:上知是指的"生而知之者,上也",下愚则是指"困而不学,民斯为下矣"。生而知之,自然不会改变;困而不学,其愚也不可改变;所以不可改变,是因为不学,不是因为天生愚笨。学而知之,困而学之,都是可以化愚为知的。

17·4　子之武城[1],闻弦歌之声[2]。夫子莞尔而笑曰[3]:"割鸡焉用牛刀?"子游对曰:"昔者偃也闻诸夫子曰:君子学道则爱人,小人学道则易使也。"子曰:"二三子,偃之言是也。前言戏之耳。"

[注释]

[1]武城:地名,当时子游是武城宰。　[2]弦歌:弦指琴瑟。弦歌即以琴瑟伴奏歌唱。这里是说子游用礼乐来教化百姓。　[3]莞尔:微笑的样子。

这一章的意思是:孔子到武城,听到有弹琴唱歌的声音。孔子微笑说:"杀鸡哪里用得着宰牛刀呀?"子游回答说:"以前我听先生说过,君子学了道就能爱人,小人学了道就容易指挥。"

孔子说:"学生们,言偃的话是对的。我刚才讲的话不过是和他开个玩笑罢了。"

[点评]

这一章说教化在孔子治国思想中的地位和意义。不论大国和小国,也不论在位的君子和普通百姓,都需要接受礼乐教化,学为人之道。可与2·3、2·21两章参读。

17·5 公山弗扰以费畔[1],召,子欲往。子路不说,曰:"末之也已[2],何必公山氏之之也[3]。"子曰:"夫召我者,而岂徒哉[4]?如有用我者,吾其为东周乎[5]?"

[注释]

[1]公山弗扰:季氏的家臣,又名公山不狃(niǔ)。 [2]末之也已:末,无。之,到。末之,无处去。已,有两种解释:一、语气词,无实义;二、止,算了。 [3]何必公山氏之之也:前一个"之"字是助词;后一个"之"字是动词,去、到的意思。这句的意思是,为什么非到公山氏那里去呢。 [4]徒:徒然,空无所据。 [5]吾其为东周乎:有两种解释:一、在东方复兴周的礼乐,二、我不至于像东周一样无所作为。

这一章的意思是:公山弗扰据费邑反叛,来召孔子,孔子准备去。子路不高兴地说:"没有地方去就算了,为什么一定要到公山氏那里去呢?"孔子说:"他来召我,难道只是一句空话吗?如果有人用我,我或许能在东方复兴周道,建起一个东周来哩。"

[点评]

孔子说："如有用我者，吾其为东周乎？"反映出他急切想要出仕以行其道的心情。而最后因为知道公山弗扰不能真有所为而没有去。17·7章内容与此章相类，可参读。

17·6　子张问仁于孔子。孔子曰："能行五者于天下为仁矣。"请问之。曰："恭、宽、信、敏、惠。恭则不侮，宽则得众，信则人任焉，敏则有功，惠则足以使人。"

[注释]

这一章的意思是：子张问孔子怎样才是仁。孔子说："能处处实行五种品德，就是仁了。"子张请问是哪五种。孔子说："恭、宽、信、敏、惠。恭敬就不会招致侮辱，宽厚就能得到众人的拥护，诚信就能得到别人的任用，勤敏就能取得成功，慈惠就可以使唤人。"

[点评]

本章先提出恭、宽、信、敏、惠五项，然后又从其功效方面加以阐述。说明仁并非只是个人的道德要求，同时也是为政的原则；不仅用于自身，还要行于天下。

17·7　佛肸召[1]，子欲往。子路曰："昔者由也闻诸夫子曰："亲于其身为不善者，君子不入也。'佛肸以中牟畔[2]，子之往也，如之何？"子曰："然，有是言也。不曰坚乎，磨而不磷[3]；不曰白乎，涅而不缁[4]。吾岂匏瓜也哉[5]？焉能系而不食。"

[注释]

[1]佛肸（bì xī）：晋国大夫赵简子的家臣，中牟邑宰。　[2]中牟：地名。　[3]磷（lìn）：薄，损伤。　[4]涅（niè）：黑土，黑色染料。这里作动词，用黑色染料染物。缁（zī）：黑色。　[5]匏（páo）瓜：葫芦中的一种，味苦不能吃，但可系在腰间作泅渡用。

这一章的意思是：佛肸来召孔子，孔子准备去。子路说："以前我听先生说过：'亲自做坏事的人那里，君子是不去的。'现在佛肸据中牟反叛，你要去他那里，怎么解释呢？"孔子说："是的，我说过那样的话，不是说坚硬的东西磨也磨不坏吗，不是说洁白的东西染也染不黑吗？我难道是个不能吃的葫芦吗？怎么能只是挂在那里不给人吃呢？"

[点评]

本章所记，与17·5章相类。可参读。

17·8　子曰："由也，女闻六言六蔽矣乎？"对曰："未也。""居[1]，吾语女。好仁不好学，其蔽也愚[2]；好知不好学，其蔽也荡[3]；

好信不好学，其蔽也贼[4]；好直不好学，其蔽也绞；好勇不好学，其蔽也乱；好刚不好学，其蔽也狂。"

[注释]

[1]居：坐。古人回答长者的问题时要站起来，所以孔子叫子路坐下。　[2]愚：受人愚弄的意思。　[3]荡：好高骛远而没有基础。　[4]贼：害。

这一章的意思是：孔子说："由呀，你听说六种品德六种弊病了吗？"子路回答说："没有。"孔子说："坐下，我告诉你。爱好仁而不爱好学习，其弊病是容易受人愚弄；爱好智而不爱好学习，其弊病是好高骛远而没有基础；重视诚信而不爱好学习，其弊病是会被伤害；重视直率而不爱好学习，其弊病是急切而尖刻刺人；爱好勇力而不爱好学习，其弊病是犯上作乱；爱好刚强而不爱好学习，其弊病是狂妄。"

[点评]

孔子谈"六蔽"，说明仁、知、信、直、勇、刚这些美德都必须建立在好学的基础上，如果不好学，就都会转化成弊病。孔子把好学看作各方面修养的基础，这一点应引起我们的重视。

17·9　子曰："小子何莫学夫《诗》？《诗》可以兴[1]，可以观[2]，可以群[3]，可以怨[4]。迩之事父^[5]，远之事君；多识于鸟兽草木之名。"

［注释］

[1] 兴：有两种解释：一、《诗经》中即景生情的表现手法叫兴，因此这里的兴是引譬连类，联想的意思；二、兴起、激发感动的意思。　[2] 观：观察了解天地万物及各国盛衰得失。　[3] 群：合群。　[4] 怨：有两种解释：一、讽谏上级，二、怨而不怒。　[5] 迩：近。

这一章的意思是：孔子说："学生们为什么不学习《诗》呢？学《诗》可以激发志气，可以观察天地万物及各国的盛衰得失，可以使你懂得合群，可以使你懂得如何讽谏上级。近可以用来侍奉父母，远可以用来侍奉君主；还可以多认识一些鸟兽草木的名称。"

［点评］

这一章谈学《诗》的多方面的意义。13·5、16·13两章也谈到学《诗》的意义，可以参读。

17·10　子谓伯鱼曰："女为《周南》《召南》矣乎^[1]？人而不为《周南》《召南》，其犹正墙面而立也与^[2]。"

［注释］

[1]《周南》《召南》：《诗经》"国风"部分前两篇的篇名。马融说："《周南》《召南》，……三纲之首，王教之端。"朱熹说："所

言皆修身齐家之事。"(《论语集注》) [2] 正墙面而立：面向墙壁站立，比喻什么也看不见。

这一章的意思是：孔子对伯鱼说："你学习《周南》《召南》了吗？一个人如果不学习《周南》《召南》，那就像面对着墙壁站着吧。"

[点评]

这一章可与上一章连读。

17·11　子曰："礼云礼云，玉帛云乎哉？乐云乐云，钟鼓云乎哉？"

[注释]

这一章的意思是：孔子说："礼呀礼呀，只是说的玉帛之类的礼器吗？乐呀乐呀，只是说的钟鼓之类的乐器吗？"

[点评]

这一章说礼乐与仁的关系，强调礼乐不只是玉帛钟鼓等形式。离开仁，钟鼓玉帛等就失去了意义。可与3·3章参读。

17·12　子曰："色厉而内荏 [1]，譬诸小人，其犹穿窬之盗也与 [2]？"

［注释］

[1] 色厉而内荏：厉，威严。荏，软弱。　　[2] 窬（yú）：墙洞。

这一章的意思是：孔子说："外表严厉而内心软弱，拿小人来比喻，就像是钻墙洞的小偷吧？"

17·13　子曰："乡原，德之贼也。"

［注释］

[1] 乡原：也作"乡愿"。愿，朴实善良。乡愿是指那些与世俗同流合污，谁也不得罪的好好先生。

这一章的意思是：孔子说："那种谁也不得罪的好好先生是败坏道德的人。"

［点评］

乡愿，指那些不讲好恶，对所有人都一味讨好，都不得罪的人。4·3章说："唯仁者能好人，能恶人。"1·12章又说："礼之用，和为贵。……知和而和，不以礼节之，亦不可行也。"是说仁者好恶分明。乡愿看似公正清白，但实际上和仁道没有任何相同之处；似是而非，迷惑视听，所以说是对道德的残害。17·18章说"恶紫之夺朱也"，可以参读。

17·14　子曰："道听而涂说，德之弃也。"

[**注释**]

这一章的意思是：孔子说："以路上听到传言就到处传播，是对道德的背弃。"

[**点评**]

在资讯发达、微信普及、网络欺诈猖獗的今天，这一点尤其值得注意。对如潮的资讯，要审慎地对待。

17·15　子曰："鄙夫可与事君也与哉？其未得之也，患得之[1]。既得之，患失之。苟患失之，无所不至矣。"

[**注释**]

[1] 患得之：即患不得之。

这一章的意思是：孔子说："可以和一个鄙夫一起侍奉君主吗？他在没有得到官位时，总担心得不到；已经得到之后，又担心失掉。如果他担心失掉官位，那就什么都干得出来了。"

[**点评**]

本章深刻地刻画了那些一心只想个人官位得失的鄙夫的心理。"患得患失"的成语就来源于此。这样的鄙夫今天也大有人在。

17·16　子曰："古者民有三疾，今也或是之亡也。古之狂也肆[1]，今之狂也荡[2]；古之矜也廉[3]，今之矜也忿戾[4]；古之愚也直，今之愚也诈而已矣。"

[注释]

[1]狂：志愿太高。肆：任意直言，不拘小节。　[2]荡：放荡不羁。　[3]廉："廉隅"的廉，本意是器物的棱角。这里指为人有棱角，严厉。　[4]忿戾：火气大，蛮横不讲理。

这一章的意思是：孔子说："古人有三种毛病，现在或许连这也没有了。古代的狂者任意直言，现在的狂者就放荡不羁了；古代的矜持的人为人严厉难以接近，现在矜持的人就常发怒和蛮不讲理；古代的愚笨的人常自作主张，现在的愚笨的人却只是欺诈而已。"

[点评]

可与8·16章参读。

17·17　子曰："巧言令色，鲜矣仁。"

[点评]

此章重出，见1·3章。

17·18　子曰："恶紫之夺朱也[1]，恶郑声之乱雅乐也[2]，恶利口之覆邦家者。"

[注释]

[1]紫之夺朱：朱是正色，紫是杂色。当时紫色代替朱色成为诸侯衣服的颜色。　[2]雅乐：正统音乐。

这一章的意思是：孔子说："我厌恶用紫色取代了红色，厌恶用郑国的曲调扰乱了雅乐的正统音调，厌恶用巧口利辩倾覆国家的人。"

[点评]

孔子厌恶似是而非、以非为是。可与17·13章参读。

17·19　子曰："予欲无言。"子贡曰："子如不言，则小子何述焉？"子曰："天何言哉？四时行焉，百物生焉，天何言哉？"

[注释]

这一章的意思是：孔子说："我想不说话了。"子贡说："你如果不说话，那我们这些学生传述什么呢？"孔子说："天说了些什么呢？四季照样运行，百物照样生长，天说了些什么呢？"

[点评]

孔子以四季运行、百物生长不依赖于天的宣告、言说做比喻，说明人道也是体现在日常行为之中，不一定依靠言说。学道不能只从语言文字中学，而要从实际言行中学。可与7·23章参读。

17·20　孺悲欲见孔子[1]，孔子辞以疾。将命者出户，取瑟而歌，使之闻之。

[注释]

[1]孺悲：鲁国人。鲁哀公曾派他向孔子学习丧礼。

这一章的意思是：孺悲要见孔子，孔子以生病为理由推辞不见。传话的人刚出门，孔子就拿过瑟来边弹边唱，让传话的人听到。

17·21　宰我问："三年之丧，期已久矣。君子三年不为礼，礼必坏；三年不为乐，乐必崩。旧谷既没，新谷既升，钻燧改火[1]，期可已矣[2]。"子曰："食夫稻[3]，衣夫锦，于女安乎？"曰："安。""女安则为之。夫君子之居丧，食旨不甘[4]，闻乐不乐，居处不安，故不为也。今女安，则为之！"宰我出，子曰："予之不仁也！子生三年，然后免于父母之怀，夫三年之丧，天下之通丧也。予也有三年之爱于其父母乎？"

[注释]

[1]钻燧改火：古代钻木取火，所用木头四季不同。春用榆柳，夏用枣杏和桑柘（zhè），秋用柞楢（yóu），冬用槐檀，一年轮一遍，叫改火。　[2]期（jī）：一年。　[3]食夫稻：古代北方稻米是珍

贵的食品，居丧时不能吃。　　[4] 旨：美味。

这一章的意思是：宰我问："服丧三年时间太长了。君子三年不习礼仪，礼仪一定会败坏；三年不奏音乐，音乐一定会失传。旧谷吃完，新谷登场，钻燧取火的木头轮过一遍，有一年的时间就可以了。"孔子说："才一年时间就吃大米饭，穿锦缎衣，你心安吗？"宰我说："安。"孔子说："你心安，你就那样去做吧！君子的服丧，吃美味不觉得香甜，听音乐不觉得快乐，住在家里不觉得舒服，所以才不这样做。现在你既觉得心安，那就那样去做吧！"宰我出去后，孔子说："宰予真是不仁啊！孩子生下来，三年以后才能脱离父母的怀抱。服丧三年，是天下通行的丧礼呀。宰予对他的父母是不是也有三年的爱呢？"

［点评］

孔子答宰我关于三年之丧的问题，没有直接回答可与不可，而只问能否心安，又说心安就那样去做吧！直指宰我内心。其中深意要仔细领会。孔子解释说，因为人都由父母抚养长大，出生三年后才能脱离父母的怀抱，所以君子在父母去世后都会因极度悲哀而"食旨不甘，闻乐不乐，居处不安"。服丧三年的规定正是适应了这种感情需要。君子这样做，不是满足他人的要求，而是因为只有这样才能心安。如果不那样做不觉得不安，三年之丧也就徒具形式，失去了意义。所以当宰我说"安"时，孔子说"汝安，则为之"。孔子这样回答宰我，体现了"为己"（14·25）的精神。也可与 17·11 章"礼云礼云，玉帛云乎哉"和 3·3 章"人而不仁，如礼何"参读。

17·22　子曰："饱食终日，无所用心，难矣哉！不有博弈者乎[1]？为之，犹贤乎已[2]。"

[注释]

[1]博弈：博，六博，一种游戏，先掷采［骰（tóu）子］，后行棋。具体办法已不清楚。弈，围棋。　[2]已：止。

这一章的意思是：孔子说："整天吃饱了饭，什么心思也不用，这就真难了啊！不是有玩六博和下围棋的吗？干这个也比什么都不干好一些。"

[点评]

本章极言饱食终日、无所用心的不可，突出强调人要有精神、有追求。可与15·15章参读。

17·23　子路曰："君子尚勇乎？"子曰："君子义以为上。君子有勇而无义为乱，小人有勇而无义为盗。"

[注释]

这一章的意思是：子路说："君子崇尚勇敢吗？"孔子说："君子以义为最高，君子有勇无义就将作乱，小人有勇无义就会偷盗。"

［点评］

"义以为上"，君子以"义"为最高价值，可与15·17章"义以为质"参读。勇也要以义为准绳，可与8·2章"勇而无礼则乱"参读。

17·24　子贡曰："君子亦有恶乎？"子曰："有恶。恶称人之恶者，恶居下流而讪上者[1]，恶勇而无礼者，恶果敢而窒者[2]。"曰："赐也亦有恶乎？""恶徼以为知者[3]，恶不孙以为勇者，恶讦以为直者[4]。"

［注释］

[1]下流：晚唐以前的版本没有"流"字。　[2]窒：阻塞、不通事理的意思。　[3]徼（jiǎo）：有两种解释：一、抄袭；二、即"绞"，绞急，临事急迫，自炫其能。　[4]讦（jié）：揭发、攻击别人的阴私。

这一章的意思是：子贡说："君子也有厌恶的事吗？"孔子说："有厌恶的事。厌恶宣扬别人坏处的人，厌恶身居下位而诽谤在上者的人，厌恶勇敢而无礼的人，厌恶果敢而不通事理的人。"孔子又说："赐，你也有厌恶的事吗？"子贡说："厌恶抄袭别人而自以为知的人，厌恶把不知谦逊当作勇敢的人，厌恶把揭发攻击别人的短处当作直率的人。"

［点评］

君子有爱有恶，爱恶分明。可与4·3章参读。

17·25　子曰："唯女子与小人为难养也，近之则不孙，远之则怨。"

［注释］

这一章的意思是：孔子说："只有女子和小人是难养的。亲近了，他们就不知逊让；疏远了，他们就会怨恨你。"

［点评］

对这一章多有不同意见。近代以来有人从近代平等观念出发，批评孔子轻视妇女；也有人对此做辩解。有的对"女子"所指作了一定的限制，说明并非概指全体妇女。还有的认为"女"字应为"汝"，"女子"意为"你们小子"，指称孔子的弟子。这类不同意见起于近代。古代注释都取"女子"原意，也都不回避轻视妇女之意。这种情况与当时社会背景相合，反映当时社会的思想面貌，应也反映原意。近代以来有人提出批评，反映了近代社会思潮的变化，可以理解。在两千多年以前的宗法社会里，有轻视妇女的思想并不奇怪。站在今天的立场上有所批评是正常的，完全不必对原文另作别解为孔子辩白。而把"女子"解释为"你们小子"，从文字看也与语法不合，既无此必要，也不能通。

17·26   子曰："年四十而见恶焉，其终也已。"

［注释］

这一章的意思是：孔子说："到了四十岁还被人厌恶，他这一生也就完了。"

微子篇第十八

18·1　微子去之^[1]，箕子为之奴，比干谏而死^[2]。孔子曰："殷有三仁焉。"

[注释]

[1]微子：殷纣王的同母哥哥，见纣王无道，离纣王而去。　[2]箕子、比干：都是殷纣王的叔父。箕子谏纣王，被纣王囚禁，降为奴隶，箕子披发装疯而受辱。比干强谏被纣王所杀。

这一章的意思是：微子离开了纣王，箕子做了他的奴隶，比干强谏而被杀。孔子说："殷朝有三位仁人。"

[点评]

微子、箕子、比干三人做法不同，而孔子称许他们三人都是仁人。三人次序的排列，有说"微子为上，箕子次之，比干为下"（徐幹《中论》），有说是"先易者，后难者"（胡炳文《四书通》），反映了注者的不同认识。其实重要的是三人共同的精神，都在"忧乱宁民"，忧虑纣的昏乱，求百姓的安宁，也就是坚守仁道。8·13章说"守死善道"，以及7·10、14·1、14·4、15·6等章，可参读。

　　本篇所记，多是乱世人们处世的表现，涉及各类人的不同情况，并有孔子的评说，对于理解孔子的处世之道，有重要意义。读者宜联系《论语》中相关论述，综合分析，深刻体会。

18·2　柳下惠为士师[1]，三黜。人曰："子未可以去乎？"曰："直道而事人，焉往而不三黜？枉道而事人，何必去父母之邦？"

［注释］

[1] 士师：典狱官。

　　这一章的意思是：柳下惠做典狱官，三次被免职。有人说："你不可以离开鲁国吗？"柳下惠说："按正道侍奉君主，到哪里能不被免职呢？如果按邪道侍奉君主，又何必要离开祖国呢？"

［点评］

　　社会风气败坏，直道而行，无处而不受排斥，一些人往往为求任用而牺牲原则。柳下惠虽三次被黜，却坚持不肯为求官位而放弃原则，"枉道而事人"。所以柳下惠也被称为圣人。可与8·13、14·1两章参读。

18·3　齐景公待孔子曰："若季氏则吾不能，以季、孟之间待之。"曰："吾老矣，不能用也。"孔子行。

[注释]

这一章的意思是：齐景公讲到怎样对待孔子时说："像鲁君对待季氏那样，我做不到。我用介于季氏、孟氏之间的待遇对待他。"又说："我老了，不能用他了。"孔子就离开了齐国。

18·4　齐人归女乐[1]，季桓子受之[2]，三日不朝。孔子行。

[注释]

[1]归：同"馈"。"齐人归女乐"的事在鲁定公十四年（前496）孔子任鲁司寇时。　[2]季桓子：鲁国大夫，名斯。

这一章的意思是：齐国送了一批歌姬舞女给鲁国，季桓子接受了，三天不问政事。孔子于是离开了鲁国。

18·5　楚狂接舆歌而过孔子曰[1]："凤兮凤兮！何德之衰？往者不可谏，来者犹可追。已而已而！今之从政者殆而！"孔子下，欲与之言。趋而辟之，不得与之言。

[注释]

[1] 接舆：楚国的隐士。一说他姓接名舆，一说因他接孔子之车而歌，所以称他为接舆。

这一章的意思是：楚国的狂人接舆唱着歌走过孔子的车旁。他唱道："凤凰啊，凤凰啊，你的德行为什么这样衰微？过去的已经不可挽回，未来的却还可以去追。算了吧，算了吧，今天的当政者危乎其危！"孔子听了下车来，想与他交谈。他却快步避开了，孔子没能和他谈。

面对衰世乱象，孔子与隐者不同的态度，突显孔子对救世的担当精神。

18·6　长沮、桀溺耦而耕 [1]。孔子过之，使子路问津焉 [2]。长沮曰："夫执舆者为谁 [3]？"子路曰："为孔丘。"曰："是鲁孔丘与？"曰："是也。"曰："是知津矣。"问于桀溺。桀溺曰："子为谁？"曰："为仲由。"曰："是鲁孔丘之徒与？"对曰："然。"曰："滔滔者天下皆是也，而谁以易之 [4]？且而与其从辟人之士也 [5]，岂若从辟世之士哉？"耰而不辍 [6]。子路行以告。夫子怃然曰 [7]："鸟兽不可与同群，吾非斯人之徒与而谁与？天下有道，丘不与易也。"

[注释]

[1] 长沮（jū）、桀溺：两隐者，真实姓名已不清楚。耦而耕：两人并耕。　[2] 津：渡口。　[3] 执舆：就是执辔。拉缰绳

的本是子路,因子路下车问路,所以在车上的是孔子。　[4] 以:与。　[5] 辟:同"避"。辟人之士指孔子。　[6] 耰(yōu):用土覆盖种子。　[7] 怃然:怅然,失意。

这一章的意思是:长沮、桀溺在一起耕种,孔子路过,叫子路去问渡口在哪里。长沮说:"那个拿着缰绳的是谁?"子路说:"是孔丘。"长沮说:"是鲁国的孔丘吗?"子路说:"是的。"长沮说:"那他是知道渡口在哪里的了。"子路再去问桀溺。桀溺说:"你是谁?"子路说:"是仲由。"桀溺说:"是鲁国孔丘的门徒吗?"子路回答:"是的。"桀溺说:"现在不合理的坏事像滔滔大水,到处都是,和谁去改变它呀?而且你与其跟着躲避人的人,何不跟着逃避社会的人呢?"说完,不停地继续干他的活。子路回来把情形报告了孔子。孔子怅然若失地说:"人是不能同鸟兽同群的。我不同世上这些人同群又和谁同群呢?如果天下有道,我也不会同他们一起来改变它了。"

[**点评**]

本章鲜明地反映了孔子和隐者面对衰世乱象所表现的不同态度。14·41 章隐者批评孔子是"知其不可而为之者"。在隐者以为孔子是愚,在孔子恰恰是体现了他弘道救世的担当精神。18·7 章说"不仕无义""君子之仕也,行其义也",可参读。

18·7　子路从而后,遇丈人,以杖荷蓧[1]。子路问曰:"子见夫子乎?"丈人曰:"四体不勤,五谷不分[2],孰为夫子?"植其杖而芸。子路拱而立。止子路宿，杀鸡为黍而食之[3]，见其二子焉。明日，子路行以告。子曰："隐者也。"使子路反见之。至则行矣。子路曰："不仕无义。长幼之节，不可废也；君臣之义，如之何其废之？欲洁其身，而乱大伦。君子之仕也，行其义也。道之不行，已知之矣。"

［注释］

[1] 莜（diào）：古代耘田用的竹器。　[2] 四体不勤，五谷不分：这两句有两种解释：一说丈人自指。"分"即粪种的粪。粪种，施肥播种。"不"字是语助词。这一句的意思是：我忙于播种五谷，没有闲暇，怎知你夫子是谁？另一说是丈人责备子路。"分"是分辨。说子路不勤劳手足，不辨五谷。　[3] 黍：黏小米。

这一章的意思是：子路跟随孔子出行，落到了后面，遇到一个老人，用拐杖挑着除草的工具。子路问道："你见到我的老师没有？"老人说："我手脚不停地劳作，五谷还来不及播种，哪知道你的老师是谁？"说完把拐杖插在田边就去耘田了。子路拱着手站在一边。老人留子路到他家住宿，杀了鸡，做了黏小米饭给他吃，又叫两个儿子出来与子路相见。第二天，子路赶上孔子把这事告诉了他。孔子说："这是个隐士呀。"叫子路回去见他。子路到那里，老人已经走了。子路说："不做官是不义的。长幼之间的礼节不能废弃；君臣之间的义，怎么能废弃呢？想要自己清白，却破坏了根本的伦理关系。君子做官，只是为了实行君臣之义。至于道的行不通，这是已经知道的了。"

[点评]

从当时一些隐者对孔子的批评中，我们既看到了孔子当时不为人所了解的处境，也看到了孔子积极入世，为推行仁道、建立理想社会不懈努力的执着精神。

尽管这些隐者的思想与孔子的理想追求根本不同，对孔子作了严厉的批评甚至讥笑，但孔子并不恼怒气愤，还想与他们交谈沟通，也可见孔子"人不知而不愠"的宽广胸怀。3·24、14·41、14·42等章也谈到时人对孔子的评价，可参读。

18·8　逸民[1]：伯夷、叔齐、虞仲、夷逸、朱张、柳下惠、少连[2]。子曰："不降其志，不辱其身，伯夷、叔齐与？"谓柳下惠、少连，"降志辱身矣，言中伦，行中虑，其斯而已矣"。谓虞仲、夷逸，"隐居放言[3]，身中清，废中权"。"我则异于是，无可无不可[4]。"

[注释]

[1]逸：同"佚"，散失，遗弃。　[2]虞仲、夷逸、朱张、少连：四人身世和言行不详。　[3]放：有两种解释：一、放置，不再谈世事；二、放肆，随便。　[4]无可无不可：孟子解释说：所谓无可无不可就是"孔子可以仕则仕，可以止则止，可以久则久，可以速则速"。

这一章的意思是：被遗落的人有：伯夷、叔齐、虞仲、夷逸、朱张、柳下惠、少连。孔子说："不降低自己的志向，不辱没自己的

身份，这是伯夷、叔齐吧？"说柳下惠、少连是"降低志向辱没身
份了，不过是说话合乎伦理，行为合乎人心而已"。说虞仲、夷逸"隐
居独善，不谈世事，他们的隐身合乎洁身的要求，废言合乎权变的
要求"。（又说：）"我则和他们都不同，可以这样，也可以那样。"

[点评]

孔子评价伯夷等人，都加以肯定，同时又有高下之
分。孔子特别赞许伯夷、叔齐"不降其志，不辱其身"，
反映他对个人独立人格的重视。可与 9·25 章"匹夫不
可夺志"参读。孔子自己则是"无可无不可"，根据客观
的环境条件，"可以仕则仕，可以止则止，可以久则久，
可以速则速"。任何情况下都要守死善道，这是原则；不
同情况下采取不同的做法，这是灵活处置，也称作"权"。
可与 9·29、18·1 两章参读。

18·9　大师挚适齐^[1]，亚饭干适楚，三饭
缭适蔡，四饭缺适秦^[2]，鼓方叔入于河，播鼗武
入于汉^[3]，少师阳^[4]、击磬襄入于海。

[注释]

[1]大师挚：大，同"太"。大师，鲁国乐官之长，挚是人名。 [2]亚
饭、三饭、四饭：都是乐官名。干、缭、缺是人名。 [3]鼗（táo）：
小鼓，即现在的拨浪鼓。 [4]少师：乐官名。

这一章的意思是：大师挚到齐国去了，亚饭干到楚国去了，
三饭缭到蔡国去了，四饭缺到秦国去了，打鼓的方叔去了黄河边，

摇小鼓的武去了汉水旁，少师阳和击磬的襄去了海滨。

18·10　周公谓鲁公曰[1]："君子不施其亲[2]，不使大臣怨乎不以[3]。故旧无大故，则不弃也。无求备于一人。"

[注释]

[1]鲁公：周公的儿子伯禽。　[2]施：这里是弛，遗弃。　[3]以：用。

这一章的意思是：周公对鲁公说："君子不遗弃他的亲属，不使大臣抱怨你不用他。旧友老臣没有大错误就不抛弃他们，不要要求一个人十全十美。"

[点评]

本章主旨是讲为政治国。君子应是从地位上说，指在位执政的人。

18·11　周有八士：伯达、伯适、仲突、仲忽、叔夜、叔夏、季随、季骒[1]。

[注释]

[1]周有八士：伯达等八人已不可考。

这一章的意思是：周代有八位士：伯达、伯适、仲突、仲忽、叔夜、叔夏、季随、季骒（guā）。

子张篇第十九

《论语》记孔子言行，至《微子》篇已完成。本篇都是记弟子所说。其内容多是孔子教弟子，弟子依个人的理解复述。注意和前面有关章句联系起来读。

19·1　子张曰："士见危致命，见得思义，祭思敬，丧思哀，其可已矣。"

[注释]

这一章的意思是：子张说："一个士，遇见危险能献出自己的生命，看见可以有所得能考虑是否合于义的要求，祭祀的时候能想到是否严肃恭敬了，居丧的时候能想到是否哀伤了，那也就可以了。"

[点评]

可与4·9、8·7、13·20、13·28、14·3等章参读。14·13章谈"成人"，也说到"见利思义，见危授命""见得思义"（16·10）"祭思敬，丧思哀"（19·1），可参读。

对士的要求，可参读4·9、8·7、13·20、

13 · 28、14 · 3 等章。

19 · 2　子张曰："执德不弘，信道不笃，焉能为有？焉能为亡 [1]？"

[注释]

[1] 焉能为有？焉能为亡：虽活着怎能说是有，虽死去怎能说是无。有他不多，没他不少，无足轻重的意思。

这一章的意思是：子张说："固守德而不弘大，信仰道而不忠实，这样的人，怎能说他是有？又怎能说他是没有呢？"

19 · 3　子夏之门人问交于子张。子张曰："子夏云何？"对曰："子夏曰：'可者与之 [1]，其不可者拒之。'"子张曰："异乎吾所闻：君子尊贤而容众，嘉善而矜不能 [2]。我之大贤与 [3]，于人何所不容？我之不贤与，人将拒我，如之何其拒人也？"

[注释]

[1] 与：可者与之的与是相与、交往的意思。　[2] 矜：怜惜，同情。　[3] 与：和"我之不贤与"的"与"都是语气词，没有意义。

这一章的意思是：子夏的学生向子张问怎样交友。子张说："子夏说了些什么？"答道："子夏说：'可以相交的就和他相交，不可以相交的就拒绝他。'"子张说:"我所听到的和这不同。君子尊敬贤人,也能够容纳众人,赞美善人而同情能力不够的人。如果我是大贤人,那我对人有什么不能容纳的呢?如果我不贤,那人家就会拒绝我,我还怎么能去拒绝别人呢?"

[点评]

1·8章说"无友不如己者"。本章子张、子夏对交友的不同意见,反映了二人不同的理解。两种意见,都有可取之处,又都有所偏颇。要取其合理处,去其偏颇,以求全面的认识。钱穆《论语新解》说:"子夏之教门人,盖初学所宜守。子张之言,则君子大贤之所有事。"

《论语》谈到交友之道的还有1·4、1·7、1·8、4·1、4·26、12·23、12·24、13·28、15·9、16·4等章,可参读。

19·4　子夏曰:"虽小道[1],必有可观者焉,致远恐泥[2],是以君子不为也。"

[注释]

[1] 小道:指农圃医卜之类的技艺。　[2] 泥:阻滞,不通。

这一章的意思是:子夏说:"虽然是小的技艺,也一定有可取的地方,但用它来达到远大目标就行不通了。所以君子不干这些。"

[点评]

旧注以小道为"农圃医卜"之类的"百家技艺"。可与"樊迟请学稼"（13·4）、"君子不器"（2·12）参读。

19·5　子夏曰："日知其所亡，月无忘其所能，可谓好学也已矣。"

[注释]

这一章的意思是：子夏说："每天能知道一些原来不知道的，每月都能不忘掉已经学会的东西，可以说是好学的了。"

[点评]

"日知其所亡"，是说不断有新知；"月无忘其所能"，是说所学能久而坚守不失。日新而不失，才能说是好学。不能日新，或不能坚守，都不可说是好学。2·11章说"温故而知新"，6·5章说颜渊"三月不违仁"，可参读。

19·6　子夏曰："博学而笃志[1]，切问而近思[2]，仁在其中矣。"

[注释]

[1]笃志："志"有两种解释：一、志，同"识"，记忆在心；二、志向。　[2]切：有几种解释：一、恳切；二、近，指切身有关的事；三、急，急切，急迫。

这一章的意思是：子夏说："广泛地学习而又坚守其志向，就切身有关的问题发问而又从近处去思考，仁就在这中间了。"

［点评］

博学、笃志、切问、近思四项，是孔门学习修养的方法，可与《论语》有关章节联系起来理解。如6·25章"君子博学于文，约之以礼，亦可以弗畔矣夫"，是讲博学；8·13章"笃信好学，守死善道"，9·25章"匹夫不可夺志"，18·8章"不降其志，不辱其身"，是讲笃志；3·15章"每事问"，5·14章"不耻下问"，16·10章"疑思问"是讲切问；6·28章"能近取譬，可谓仁之方也已"是讲近思。联系起来就能更好地理解这一章的意思了。

掌握专业技能以成其事，还是致其道以成其人，是两种不同的教育理念。君子之学在"致其道"，是中国传统教育的根本理念。

19·7　子夏曰："百工居肆以成其事[1]，君子学以致其道。"

［注释］

[1]肆：有两种解释：一、陈列货物出售的市场，二、进行制作的作坊。

这一章的意思是：子夏说："各种工匠住在作坊里来完成自己的工作，君子通过学习来掌握道。"

［点评］

本章把君子的学和工匠制作产品对举，可以从两个方面理解。一是说明君子只有通过学才能懂得道，是说学的重要；二是明确指出君子之学是为了"致其道"，是对孔子教育思想很好的说明。可与13·4章"樊迟请学稼"参读，也可与"君子不器"（2·12）参读。

19·8　子夏曰："小人之过也必文。"

[注释]

这一章的意思是：子夏说："小人犯了过错一定要掩饰。"

[点评]

可与 19·21 章参读。

19·9　子夏曰："君子有三变：望之俨然，即之也温，听其言也厉。"

[注释]

这一章的意思是：子夏说："君子有三变：远望他庄严可畏，接近他温和可亲，听他讲话是严厉不苟。"

19·10　子夏曰："君子信而后劳其民，未信则以为厉己也[1]；信而后谏，未信则以为谤己也。"

[注释]

[1]厉：虐害。

这一章的意思是：子夏说："君子要取得信任之后才去役使百

姓，否则百姓就会以为你是在虐害他们；也要取得信任之后才去进谏，否则君主就会以为你是在诽谤他。"

[点评]

无论对上还是对下，都必须有相互的信任；不能取得对方的信任，难以成事。2·22章说"人而无信，不知其可也"，应联系起来理解。

19·11　子夏曰："大德不逾闲，小德出入可也[1]。"

[注释]

[1]大德、小德：大节、小节。闲：栅栏，这里指界限。

这一章的意思是：子夏说："大节上不能超越界限，小节上有些出入是可以的。"

[点评]

本章谈大节、小节，所说有不足。对他人，主要应看其大节，不在小节上苛求；对自己，即使是小节也不可放松。小节的堕落，会影响到大节不保；大节的不保，常开始于小节的疏忽，不可不慎。

19·12　子游曰："子夏之门人小子，当洒扫应对进退则可矣，抑末也[1]。本之则无，如之何？"子夏闻之曰："噫，言游过矣！君子之道，孰先传焉，孰后倦焉 [2]，譬诸草木，区以别矣。君子之道，焉可诬也 [3]？有始有卒者，其惟圣人乎！"

[注释]

[1]抑：连词，表示转折。这里是可是的意思。　[2]倦："诲人不倦"的"倦"。这里指教诲。　[3]诬：欺骗，是说如果不循序渐进，一概以高深的道理教人，就是欺骗学生。

这一章的意思是：子游说："子夏的学生，做一些打扫和接待客人的工作是可以的，可这些只是末节小事，根本的东西却没有学到，这怎么行呢？"子夏听了，说："唉，言游错了。君子的道，哪些先传授，哪些后教诲，就和草木一样，都是分类区别的。君子的道，怎么可以欺骗学生呢？至于能够有始有终，对于小事末节和根本道理都能学通了的，恐怕只有圣人吧！"

[点评]

本章说教和学的本末先后，值得注意。可与1·6、1·7两章参读。

19·13　子夏曰："仕而优则学 [1]，学而优则仕。"

[注释]

[1]优：有余力。

这一章的意思是：子夏说："做官有余力就去学习，学习有余力就去做官。"

[点评]

一方面学有余力才能出仕做官，另一方面做官有余力也还要继续学习，都是讲学习的重要。在这一思想下，平民不仅可以有受教育的机会，而且可以通过学习出仕做官，突破了贵族世袭制度。在孔子所处的时代，是巨大的进步。以后通过科举考试选拔官员，成为我国古代一个优良传统。但在科举制度下，也产生了为谋求官位而学习，一旦考中就把所学丢到脑后的倾向，这是传统中应该否定的一面。可与13·4章"樊迟请学稼"，18·7章"不仕无义"，以及其他有关章参读。

19·14　子游曰："丧致乎哀而止[1]。"

[注释]

[1]致：极，尽。

这一章的意思是：子游说："丧事做到尽哀就可以了。"

[点评]

可与3·4章"丧，与其易也，宁戚"参读。丧礼应重在尽哀而不在形式；而本章"而止"二字，说得绝对，有完全忽视形式的弊病。

19·15　子游曰："吾友张也为难能也，然而未仁。"

[注释]

这一章的意思是：子游说："我的朋友子张是难得的了，但是还没有做到仁。"

19·16　曾子曰："堂堂乎张也[1]，难与并为仁矣。"

[注释]

[1]堂堂：高大显赫，形容容貌威严，不易接近。

这一章的意思是：曾子说："子张外表堂堂，难于和他一起做到仁。"

[点评]

理解这两章对子张的评论，要以对子张的了解为基础。旧注说子张务为高广，人所难能，格外自高而少诚实恻怛之意，不能平易近人。

19·17　曾子曰："吾闻诸夫子，人未有自致者也[1]，必也亲丧乎。"

[注释]

[1] 致：尽其极。

这一章的意思是：曾子说："我听老师说过，人没有能自己竭尽其感情的，如果有，只有在父母死亡的时候吧。"

19·18 曾子曰："吾闻诸夫子，孟庄子之孝也[1]，其他可能也，其不改父之臣与父之政，是难能也。"

[注释]

[1] 孟庄子：鲁国大夫，名仲孙速。

这一章的意思是：曾子说："我听老师说过，孟庄子的孝，其他人也可以做到，而他不改变父亲的旧臣和父亲的政治措施，这是难以做到的。"

[点评]

可与1·11章参读。

19·19 孟氏使阳肤为士师[1]，问于曾子。曾子曰："上失其道，民散久矣。如得其情，则哀矜而勿喜。"

[注释]

[1] 阳肤：曾子的学生。

这一章的意思是：孟氏任命阳肤做典狱官，阳肤向曾子请教。曾子说："在上位的人离开了正道，百姓早就离心离德了。你如果能审出犯罪的真情，应该怜悯同情他们，不要沾沾自喜。"

[点评]

能体谅到犯罪的社会原因，不以破案沾沾自喜，而有怜悯之心，是仁心的体现。

19·20　子贡曰："纣之不善[1]，不如是之甚也。是以君子恶居下流[2]，天下之恶皆归焉。"

[注释]

[1]纣：商代最后一个君主，历来被认为是暴君。　[2]下流：地形卑下四面八方水流汇集的地方。

这一章的意思是：子贡说："纣的坏，不像现在传说的这样厉害。所以君子厌恶处在下流的地方，使天下一切坏名声都归到他身上。"

19·21　子贡曰："君子之过也，如日月之食焉。过也，人皆见之；更也，人皆仰之。"

[注释]

这一章的意思是：子贡说："君子的过错好比日蚀月蚀。他犯过错，人们都看得见；他改正过错，人们都仰望着他。"

［点评］

这一章指出君子之过如日月之食，形象地说明对过错应采取光明磊落的态度，既不隐瞒、掩盖，又公开改正。19·8章"小人之过也必文"，是说小人对待过错的态度，可对照着读。关于这个问题还可与6·2、7·30、9·24、15·29等章参读。

19·22　卫公孙朝问于子贡曰[1]："仲尼焉学？"子贡曰："文武之道，未坠于地，在人。贤者识其大者，不贤者识其小者，莫不有文武之道焉。夫子焉不学？而亦何常师之有？"

［注释］

[1]卫公孙朝：卫国大夫。当时鲁、郑、楚三国都有公孙朝。所以指明是卫公孙朝。

这一章的意思是：卫国的公孙朝问子贡说："仲尼的学问是从哪里学的？"子贡说："周文王武王的道，没有失传，还留在人们中间。贤能的人认识了其大处，不贤的人只认识了其小处，在他们身上无不都有文王武王之道。我们老师哪里不在学，而又哪里有固定的老师呢？"

［点评］

文化传承，并非只在圣贤经典，同时也在民间。无论贤人还是不贤的人，都传承了文化传统，只是有多少

文化传统不只存在于经典，而且"在人"。"贤者识其大者，不贤者识其小者"，今天对传统文化，也应这样看。要发掘、宣扬人们现实生活中表现的优秀传统文化因素。

之别而已。所以，孔子是随时随地向民间所有人学习，没有固定的老师。这也是今天我们传承和弘扬中华文化应有的精神。

　　子贡对孔子的评价，也反映了孔子"学而不厌""不耻下问"的精神。7·21章说"三人行，必有我师焉"，可联系起来读。

19·23　叔孙武叔语大夫于朝曰[1]："子贡贤于仲尼。"子服景伯以告子贡。子贡曰："譬之宫墙[2]，赐之墙也及肩，窥见室家之好。夫子之墙数仞[3]，不得其门而入，不见宗庙之美，百官之富[4]。得其门者或寡矣。夫子之云，不亦宜乎！"

不得入其门，不见宫室之美。传承发展传统文化，首先应提倡读经典，这是传承发展传统文化的基础工作。

[注释]

[1] 叔孙武叔：鲁国大夫，名州仇。　[2] 宫墙：宫也是墙的意思，不指房屋，宫墙即围墙。　[3] 仞：七尺为仞。或说八尺，或说五尺六寸。　[4] 官：这里指房舍。

这一章的意思是：叔孙武叔在朝廷上对大夫们说："子贡比仲尼更贤。"子服景伯把这话告诉了子贡。子贡说："拿围墙来做比喻吧，我家的围墙只有齐肩高，人们在墙外可以看得到房屋的好；老师的围墙却有几仞高，如果找不到门进去，就看不见那宗庙的富丽堂皇，和那房舍的又多又大。能够找到门的人或许不多吧。叔孙武叔那样讲，不也很自然吗？"

19·24　叔孙武叔毁仲尼。子贡曰："无以为也[1]。仲尼不可毁也。他人之贤者，丘陵也，犹可逾也；仲尼，日月也，无得而逾焉。人虽欲自绝，其何伤于日月乎？多见其不知量也[2]。"

[注释]

[1]无以为也：以，此。无以为也就是无用为此，这样做是没有用的。　[2]多：只，恰好。

这一章的意思是：叔孙武叔诽谤仲尼。子贡说："这样做是没有用的，仲尼是毁谤不了的。别人的贤德好比丘陵，还可以超越过去；仲尼好比日月，是没法超越的。虽然有人要自绝于日月，对日月又有什么损害呢？恰恰是表明他的不自量而已。"

19·25　陈子禽谓子贡曰："子为恭也，仲尼岂贤于子乎？"子贡曰："君子一言以为知，一言以为不知，言不可不慎也。夫子之不可及也，犹天之不可阶而升也。夫子之得邦家者，所谓立之斯立，道之斯行[1]，绥之斯来[2]，动之斯和。其生也荣[3]，其死也哀，如之何其可及也。"

[注释]

[1]道：同"导"，引导，教化。　[2]绥：安。　[3]其生也荣：有几种解释：一、"荣"解释为乐，他生时，百姓快乐；二、"荣"

作光荣讲，大家都觉得他光荣；三、"荣"是说世人莫不尊敬亲爱他。

这一章的意思是：陈子禽对子贡说："你是谦恭吧，仲尼难道比你还可贤吗？"子贡说："君子一句话就表现出他有知，一句话也可以表现出他的不知，所以说话不可以不慎重啊。老师的高不可攀，正像天是不能靠梯子爬上去一样。老师如果成为诸侯或卿大夫来治理国家，那就会像人们所说的那样，教百姓立于礼，百姓就能立；引导百姓，百姓就会跟着走；安抚百姓，百姓就会来归顺；动员百姓，百姓就会同心协力。他活着大家都敬爱他，他死了大家都哀痛。我们怎样能赶得上呢？"

[**点评**]

以上三章都是子贡谈孔子，可以连读。子贡所说，充分体现了他对孔子的崇敬。9·10章"颜渊谈孔子"，可参读。

至于一般人看不到孔子的伟大，子贡说是因为没有找到门径进入孔子的思想殿堂，可以理解。这可以给我们启示：要克服长期以来形成的对于孔子的负面评价，首先要帮助大家了解孔子；要了解孔子，先要学习；学然后能了解，了解后自然知其伟大。人人认真读《论语》，是了解孔子，传承弘扬儒学和中华文化的基础一环。

尧曰篇第二十

20·1　尧曰[1]："咨[2]！尔舜！天之历数在尔躬，允执其中[3]。四海困穷，天禄永终。"舜亦以命禹。曰："予小子履[4]，敢用玄牡[5]，敢昭告于皇皇后帝：有罪不敢赦。帝臣不蔽，简在帝心[6]。朕躬有罪[7]，无以万方；万方有罪，罪在朕躬。"周有大赉[8]，善人是富。"虽有周亲[9]，不如仁人。百姓有过，在予一人。"谨权量[10]，审法度[11]，修废官，四方之政行焉。兴灭国，继绝世，举逸民，天下之民归心焉。所重：民食、丧、祭[12]。宽则得众[13]，信则民任焉，敏则有功，公则说。

［注释］

[1]尧曰：以下引号内的话是尧禅让帝位给舜时说的话。　[2]咨：感叹词。　[3]允：诚信。　[4]予小子履：履是商汤的名字。予小子是他自称。这一段是商汤向天祈祷求雨的话。　[5]玄牡：玄，黑色。牡，公牛。　[6]简：有两种解释：一、阅，计数，引申为明白的意思；二、选择。　[7]朕：我。从秦始皇起专门用作帝王的自称。　[8]赉（lài）：赏赐。"周有大赉"以下几句是说周武王的事。　[9]周亲：至亲。　[10]谨权量：认真整顿量衡使之统一公平。自此以下是孔子的话。权，秤锤。量，斗斛。　[11]审法度："法度"有两种解释：一、法度即度，量长短，与前句"谨权量"合说一事，谨慎地审定度量衡。二、法度泛指一切礼乐制度。　[12]所重：民食、丧、祭：一说民食、丧、祭三件事，另一说民、食、丧、祭是四件事。　[13]宽则得众：以下几句与17·6章孔子答子张问仁的话基本相同，缺"恭则不侮"四字。信则民任焉，"民"字应为"人"。"公则说"三字有人认为是"惠则足以使人"误写成这样。

这一章的意思是：尧说："唉！你舜啊！天命已经落在你的身上了，老老实实地掌握好那中道吧。如果天下百姓都陷于穷困，上天赐给你的禄位也就永远终结了。"舜在让位给禹的时候也这样对禹说。商汤说："我小子履谨用黑色公牛来祭祀，明白地告于伟大的天帝：有罪的人我不敢擅自赦免，天帝的臣仆我也不敢掩蔽，都由天帝的心来分辨，选择。我自己有罪，不要牵连天下万方；天下万方有罪，罪责都在我一人身上。"周得到上天的厚赐，善人于是多起来。武王说："纵然有至亲，不如有仁人。百姓有过错，都在我一人。"（孔子说：）认真整顿衡器量器，周密地制定法度，重新修立已废弃的官职，天下四方的政令就通行了。复兴已灭亡的国家，接续已断绝了的家族，提拔被遗落的人才，天下的百姓就会真心归服了。所重视的是三件事：百姓的吃饭问题，丧葬，祭祀。宽厚就能得到众人的拥护，诚信就能得到别人的任用，勤敏就能取得成功，秉公就能使人高兴。

[点评]

　　本章记叙尧、舜、禹、汤、武王治国思想的要点。"谨权量，审法度"以下是讲孔子的治国思想，但没有用"子曰"，体例与《论语》全书不合。所以对于本章有许多疑问和不同的解释，也有人怀疑本章是《论语》编者所加入。

　　20·2　子张问于孔子曰："何如斯可以从政矣？"子曰："尊五美，屏四恶[1]，斯可以从政矣。"子张曰："何谓五美？"子曰："君子惠而不费，劳而不怨，欲而不贪，泰而不骄，威而不猛。"子张曰："何谓惠而不费？"子曰："因民之所利而利之，斯不亦惠而不费乎？择可劳而劳之，又谁怨？欲仁而得仁，又焉贪？君子无众寡，无小大，无敢慢，斯不亦泰而不骄乎？君子正其衣冠，尊其瞻视，俨然人望而畏之，斯不亦威而不猛乎？"子张曰："何谓四恶？"子曰："不教而杀谓之虐；不戒视成谓之暴；慢令致期谓之贼；犹之与人也^[2]，出纳之吝，谓之有司^[3]。"

[注释]

[1]屏：同"摒"，除去。　[2]犹之与人：同样是给人。犹之，同样的意思。与，给予。　[3]有司：古代负责具体事务的小官吏。这里是说，这样就不是在上位的人所应做，而只是有司的事。所以这一句译成有失身份。

　　这一章的意思是：子张问孔子说："怎样做就可以治理政事了呢？"孔子说："尊崇五美，排除四恶，这就可以治理政事了。"子张说："什么是五美呢？"孔子说："君子要给百姓恩惠而不破费自己，使百姓劳作而不使百姓怨恨，要有欲望而不贪，舒泰而不骄傲，威严而不凶猛。"子张说："怎样叫作给人以恩惠却不破费自己呢？"孔子说："就着百姓能得利的地方引导他们去得利，不就是给了百姓恩惠而不破费自己吗？选择可以让百姓劳作的时间和事情去让百姓劳作，又有谁会怨恨呢？自己想要仁而就得到了仁，又还贪什么呢？君子对人，无论多少，无论大小，自己总不敢怠慢，这不也就是舒泰而不骄傲吗？君子对自己，端正自己的衣帽，严肃自己的目光，庄严地使人见了就生敬畏之心，这不也就是威严而不凶猛吗？"子张问："什么叫四恶呢？"孔子说："不经教化就加杀戮，叫作虐；不先告诫而要求立刻成功，叫作暴；开始不加督促，到时候又限期完成，叫作贼；同样是给人财物，却出手吝啬，叫作有失身份。"

[点评]

　　本章讲为政。所说"尊五美，屏四恶"，今天也还值得借鉴。

20 · 3　子曰："不知命，无以为君子也；不知礼，无以立也；不知言[1]，无以知人也。"

[注释]

[1]知言：善于分析别人的言语，辨别其是非善恶的意思。

这一章的意思是：孔子说："不知命，便不能做君子；不知礼，便不能立身处世；不善于分析别人言论的是非善恶，便不能了解人。"

[点评]

本章所说知命、知礼、知言，在前文中都有说过。把这三点放在一起，作为《论语》的最后一章，有什么特别的意义，无从查考。

主要参考文献

论语译注　杨伯峻译注　中华书局1980年版

四书章句集注　（宋）朱熹撰　中华书局1983年版

论语正义　（清）刘宝楠撰　中华书局1990年版

论语新解　钱穆著　九州出版社2013年版

《中华传统文化百部经典》已出版图书

书　名	解读人	出版时间
周易	余敦康	2017 年 9 月
尚书	钱宗武	2017 年 9 月
诗经（节选）	李　山	2017 年 9 月
论语	钱　逊	2017 年 9 月
孟子	梁　涛	2017 年 9 月
老子	王中江	2017 年 9 月
庄子	陈鼓应	2017 年 9 月
管子（节选）	孙中原	2017 年 9 月
孙子兵法	黄朴民	2017 年 9 月
史记（节选）	张大可	2017 年 9 月
传习录	吴　震	2018 年 11 月
墨子（节选）	姜宝昌	2018 年 12 月
韩非子（节选）	张　觉	2018 年 12 月
左传（节选）	郭　丹	2018 年 12 月
吕氏春秋（节选）	张双棣	2018 年 12 月
荀子（节选）	廖名春	2019 年 6 月
楚辞	赵逵夫	2019 年 6 月
论衡（节选）	邵毅平	2019 年 6 月
史通（节选）	王嘉川	2019 年 6 月
贞观政要	谢保成	2019 年 6 月
战国策（节选）	何　晋	2019 年 12 月
黄帝内经（节选）	柳长华	2019 年 12 月
春秋繁露（节选）	周桂钿	2019 年 12 月
九章算术	郭书春	2019 年 12 月
齐民要术（节选）	惠富平	2019 年 12 月
杜甫集（节选）	张忠纲	2019 年 12 月
韩愈集（节选）	孙昌武	2019 年 12 月
王安石集（节选）	刘成国	2019 年 12 月
西厢记	张燕瑾	2019 年 12 月

书　　名	解读人	出版时间
聊斋志异（节选）	马瑞芳	2019 年 12 月
礼记（节选）	郭齐勇	2020 年 12 月
国语（节选）	沈长云	2020 年 12 月
抱朴子（节选）	张松辉	2020 年 12 月
陶渊明集	袁行霈	2020 年 12 月
坛经	洪修平	2020 年 12 月
李白集（节选）	郁贤皓	2020 年 12 月
柳宗元集（节选）	尹占华	2020 年 12 月
辛弃疾集（节选）	王兆鹏	2020 年 12 月
本草纲目（节选）	张瑞贤	2020 年 12 月
曲律	叶长海	2020 年 12 月
孝经	汪受宽	2021 年 6 月
淮南子（节选）	陈　静	2021 年 6 月
太平经（节选）	罗　炽	2021 年 6 月
曹操集	刘运好	2021 年 6 月
世说新语（节选）	王能宪	2021 年 6 月
欧阳修集（节选）	洪本健	2021 年 6 月
梦溪笔谈（节选）	张富祥	2021 年 6 月
牡丹亭	周育德	2021 年 6 月
日知录（节选）	黄　珅	2021 年 6 月
儒林外史（节选）	李汉秋	2021 年 6 月
商君书	蒋重跃	2022 年 6 月
新书	方向东	2022 年 6 月
伤寒论	刘力红	2022 年 6 月
水经注（节选）	李晓杰	2022 年 6 月
王维集（节选）	陈铁民	2022 年 6 月
元好问集（节选）	狄宝心	2022 年 6 月
赵氏孤儿	董上德	2022 年 6 月
王祯农书（节选）	孙显斌	2022 年 6 月
三国演义（节选）	关四平	2022 年 6 月
文史通义（节选）	陈其泰	2022 年 6 月

书　　名	解读人	出版时间
汉书（节选）	许殿才	2022 年 12 月
周易略例	王锦民	2022 年 12 月
后汉书（节选）	王承略	2022 年 12 月
通典（节选）	杜文玉	2022 年 12 月
资治通鉴（节选）	张国刚	2022 年 12 月
张载集（节选）	林乐昌	2022 年 12 月
苏轼集（节选）	周裕锴	2022 年 12 月
陆游集（节选）	欧明俊	2022 年 12 月
徐霞客游记（节选）	赵伯陶	2022 年 12 月
桃花扇	谢雍君	2022 年 12 月
法言	韩敬、梁涛	2023 年 12 月
颜氏家训	杨世文	2023 年 12 月
大唐西域记（节选）	王邦维	2023 年 12 月
法书要录（节选） 历代名画记	祝　帅	2023 年 12 月
耶律楚材集（节选）	刘　晓	2023 年 12 月
水浒传（节选）	黄　霖	2023 年 12 月
西游记（节选）	刘勇强	2023 年 12 月
乐律全书（节选）	李　玫	2023 年 12 月
读通鉴论（节选）	向燕南	2023 年 12 月
孟子字义疏证	徐道彬	2023 年 12 月
嵇康集	崔富章	2024 年 12 月
白居易集（节选）	陈才智	2024 年 12 月
李清照集（节选）	诸葛忆兵	2024 年 12 月
近思录	查洪德	2024 年 12 月
林则徐集	杨国桢	2024 年 12 月